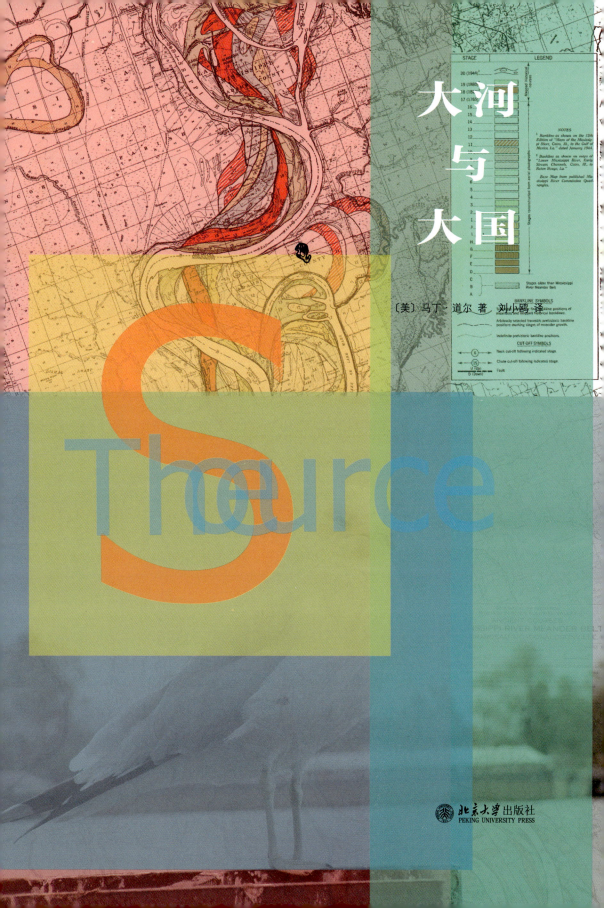

献给乔丹、斯图尔特和伊夫林——我的船头桨手们

目 录
Contents

前　言 i

第一部分　联邦制

美国东部的地形造就了最初各州的版图，美国版图和航运的扩张首先要突破的就是地形的阻隔，同时航运也凸显了联邦与各州的权力界限的模糊，后来的防洪问题更是使这个问题成为焦点，谁应该掌握控制河流的权力？

第 1 章　为共和国引路 1
第 2 章　密西西比河上的生活 27
第 3 章　防洪堤的出现 41
第 4 章　防洪 57

第二部分　主权与所有权

随着用水需求的剧增，各州对于水资源的争夺日趋激烈。美国建造了大规模的水利工程来调配各州的水量，同时水产交易的出现，让围绕水资源的主权问题变成了财产权问题。

第 5 章　水战争 87
第 6 章　一个新的水市场 107

第三部分　税收

19世纪中期芝加哥排污工程创造了一种新的城市治理和税收体制,"美国人开始向供水特区"交纳自来水费和排污费。政府在提供清洁饮用水和处理污水的过程中,创造了复杂的集资和金融手段,极大地改变了美国的经济和政治结构。

第 7 章　流动的水　　　　　　　　　　　　　　　　121
第 8 章　"熊熊烈河"　　　　　　　　　　　　　　　142

第四部分　监管

从水力磨坊时代到20世纪70年代,为了发展内陆经济,私人水力和电力企业有权征用河流沿岸土地,但要为社会提供基础服务。但当这些企业的目的从服务变成追逐利润时,政府的监管视角也随之转变。如今环境保护在优先级上甚至超过了电力生产,监管的视角又一次发生了转换。

第 9 章　能源监管　　　　　　　　　　　　　　　　167
第 10 章　河流之能　　　　　　　　　　　　　　　　177

第五部分　保护

为了防洪以及工业规划等目的,工程兵团对全美的河流进行了裁弯取直、疏浚加深等渠道化改造,但渠道化带来的破坏和伤害不断暴露后,河流恢复运动又兴起了,这一运动不仅催生了恢复河流的专门产业,同时当河流恢复后,也带来了整个生态的恢复,而一个健康的生态也开始显露巨大的经济潜力。

第 11 章　渠道化　　　　　　　　　　　　　　　　　199
第 12 章　恢复经济学　　　　　　　　　　　　　　　222

致　谢　　　　　　　　　　　　　　　　　　　　　　241
注　释　　　　　　　　　　　　　　　　　　　　　　244
索　引　　　　　　　　　　　　　　　　　　　　　　266

美国地形图。其东西两侧是绵延的山地,中央是宽广的大平原

美国南部地区河流地图

美国西南地区河流地图

美国东北地区河流地图

美国西北地区河流地图

美国主要河流地图

前　言

美国有 25 万多条河流，总长逾 300 万英里[1]，穿流过全国的田野、城市和森林。它们不是普通的河，而是世界级的大河。密西西比河的流域面积超过 100 万平方英里[2]，这片土地上的降雪和降雨最终汇入大河之中，每天产生 3900 亿加仑[3]的水，这些水如果均匀分布，足以淹没整个美国，水深达到几英寸[4]。这些河流沿着大陆的地形自高向低奔流，产生了巨大的能量：哥伦比亚河的大古力水坝是美国最大的水力发电站，但它的发电量也只占了哥伦比亚河总发电量的三分之一。美国的河流同样跨越了巨大的气候梯度。科罗拉多河携带着来自终年积雪的落基山脉的径流，穿越数千英里的沙漠，为近 3000 万人提供水源，灌溉 180 多万英亩[5]的土地，在这片地球上最干旱的区域之一，使这里的耕地产出了全美国 15% 的农作物。在美国，任何在冬天吃沙拉的人，享用的都是用科罗拉多河水灌溉出的生菜。河流是美国景观的最重要的特征。

河流塑造了美国许多基本的方面。当然，最基本的是以河为界，例如密西西比河、俄亥俄河、雷德河、哥伦比亚河和科罗拉多河都是州界的一部分，而里奥格兰德河则分隔开了美国与墨西哥。同时，全美有 16 个州以及 150 多个郡都是以河流命名的。

---

[1]　1 英里≈ 1.61 千米。——译者注
[2]　1 平方英里≈ 2.59 平方千米。——译者注
[3]　1 加仑≈ 3.79 升。——译者注
[4]　1 英寸≈ 2.54 厘米。——译者注
[5]　1 英亩≈ 4046.86 平方米。——译者注

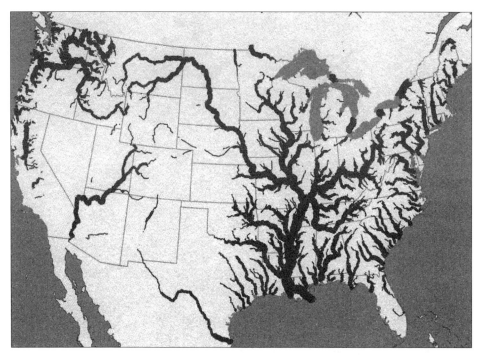

按流量大小显示粗细的美国河流示意图

河流也塑造了我们生活的土地。当欧洲殖民者到达美国东海岸时，他们在海滨平原建立了农场，那里土地平坦，平缓的河流、小溪和沼泽易于开发和利用。随着新到来的移民继续向内陆前进，在大西洋滨海平原与皮德蒙特交界的地方，他们遇到了一种阻碍交通的地质特征，那就是瀑布线。在瀑布线的上游，河流被限制在狭窄而陡峭的河谷中，而下游是海滨平原上平缓的水流。在瀑布线那里一般会出现急流，甚至形成瀑布。任何人想要用船从内陆运出一捆棉花或一蒲式耳谷物的话，瀑布线就成了航线的终点。在瀑布线，向下游漂流的独木舟必须先卸货，然后通过陆路搬运绕过那里，再重新装货回到船上。于是，在瀑布线形成了一系列内陆"港口"（或者说码头）。要想将货物从大西洋运输至上游，货物必须从较大的沿海船舶或远洋船舶上卸下来，然后通过陆运或用较小的独木舟或木筏逆流而上。

所有这些货物交换意味着货品和钱的易手，其中混杂着乘船而来的外国商人，和跟着货车而来的乡下人。在瀑布线的港口，企业家和求职者一同寻觅着机会。在18世纪的瀑布线港口，村庄和城镇开始形成，并逐渐成长为新兴的商业中心和市场经济中心。这些河流与瀑布线交汇的地方，自然就成了移民落脚的地方，城市在这里逐渐形成，詹姆士河的里士满、波托马克河的华盛顿、特拉华河的托伦顿和几乎其他所有东海岸的城市都是这样形成的。美国东部的主要城市，尤其是各州首府，都位于瀑布线上，这明显表明，自然景观对人口景观的影响是多么微妙。

美国中西部、南方腹地和西部地区的城市略有不同。位于美国内陆的许多城市都在重要的河流交汇处：莫农格希拉河与阿勒格尼河汇合成俄亥俄河的地方就是匹兹堡的所在地；堪萨斯城位于密苏里河和堪萨斯河的交汇处；萨克拉门托坐落在萨克拉门托河与亚美利加河交汇处。南方腹地河流丰富，那里城市的位置通常是为了避免水患。孟菲斯、维克斯堡和纳奇兹均坐落在陡岸上，在安全的高度上俯瞰密西西比河，但同时它们距离河流也够近，让它们能成为繁忙的港口，19世纪往来的是汽船，而21世纪则变成了驳船拖船。密西西比河沿岸的两座最古老的城市是圣路易斯和新奥尔良，它们同样坐落在地势略高的地方，这种地方被称为天然堤，让那里的居民数个世纪以来在水文竞争中立于不败之地。

在美国，其他一些河流塑造的社会中心通常人口比较少，但仍然发挥了巨大

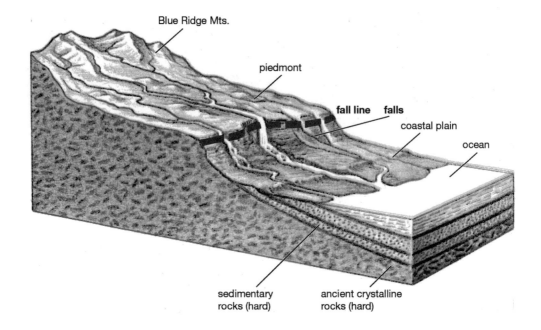

形成瀑布线的地质剖面图

美国瀑布线以东的滨海平原

的作用，它们是能源的中心。无论技术如何飞速变化，当河流被限制在狭窄的山谷或峡谷中，或者从强劲的瀑布上倾泻而下时，河流的物理能量一直被人们开发利用着。18 世纪和 19 世纪的移民将村庄建在小型水坝附近，用水驱动水车；而 20 世纪的工程师和联邦机构修筑了巨大的混凝土水坝和无数涡轮机来发电，产生的电力通过四通八达的电网传输到偏远的城市和广布的工厂。萨斯奎汉纳河产生的水能对殖民地的人们研磨谷物至关重要；梅里马克河则驱动了新英格兰的纺织工业；哥伦比亚河在第二次世界大战中起到了关键作用，它为制造轰炸机的炼铝环节供电，而田纳西河则对提炼制造核武器的铀十分重要。科技的进步让河流帮助美国崛起，使这个国家从被殖民的穷乡僻壤成为工业强权。

在美国历史中，人口、技术和经济等各个方面都受到了河流塑造出的景观的影响。水流侵蚀形成碎石和沉积物，这个简单的地质过程造就了美国的自然特征，这些特征影响了现代社会实践，并将继续发挥作用。

河流同样塑造了"美国应该是什么样"这个概念本身。

比如，这个国家需要设立常备军队，还是维持松散的全国民兵组织就足够了？出于建设州际河流港口的防御工事，常备军队就显得十分必要了。哪一级政府应该负责监管贸易？州际河流上的河流商业促使这个新兴的共和国形成了一体化的国家经济，而不是一系列独立的各州经济。国土面积应该有多大？购买了路易斯安那后，让美国拥有了整个密苏里河流域，它在地理上将美国变成了一个向西延伸的辽阔帝国。这样一来，它给拓荒者和探险的先驱者留下了足够的空间，也带来了美国的"天命论"（manifest destiny）的思想。联邦政府应该有多积极？美国在 20 世纪初遭受了凶猛的大洪水，外加全国经济萧条，联邦政府不得不在国家治理中担当比以前更重要的角色。美国社会的许多问题都源于一个事实：那就是美国是一个依赖河流的共和国。

在河流塑造美国社会的同时，美国人也塑造着河流。人们会将河水排干、截弯取直、修筑河堤、建造水坝，人们一边污染河流，也一边治理恢复。

因此，我们需要在不同时代中，理解当时的政治、人口、技术和经济的特定背景，从而追溯美国河流的历史，同时我们必须了解不停重塑河流的水文事件。在这些事件和背景中，体现着时机、决定和想法的不断发展。有些人青史留名，比如田

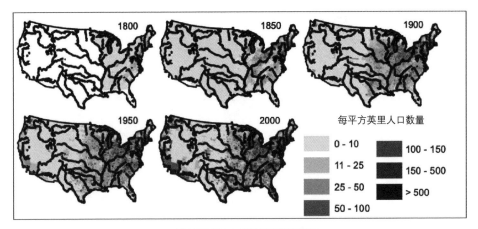

一直以来美国人口都聚集在河流周围

纳西河流域管理局之父戴维·利连索尔,还有在密西西比河防洪中具有远见卓识的专家安德鲁·汉弗莱斯;另一些人或许鲜为人知,但他们同样带来了变革,其中包括工程师、地质学家、拖船船长和纺织厂工人,他们的生活和工作都与河流交织在一起。

理解美国的河流就像阅读一本被不断重写的书,它们就像是某种古老的手稿,上面的文字被洗刷掉或刮掉,为新的内容腾出空间,而在新的一层内容之下,之前每一层的信息仍然隐约可见,但每一层又重叠在一起。美国的河流同样是一系列决定叠加的结果,它们由一个接一个的事件和想法塑造。每个决定、事件或想法都有各自的背景,但没有一个可以完全独立存在,甚至没有一个能从其他事件中完全剥离出来。

这本书将这些背景和事件分为5个部分。

第一部分从联邦制的角度来认识河流。联邦制是美国治国最核心的理念,这个理念影响着美国政府的架构,这种独特的国家结构也塑造着河流航运和防洪。第二部分是关于主权和财产权的思考,这影响着人与人之间、群体与群体之间的水资源分配。随后的第三部分则聚焦于不断发展的税收观念,也就是政府如何获取收入,然后如何花掉这些钱。第四部分追溯了监管的历史。因为随着政府税收能力的提高,政府监管经济的能力随之出现,监管经济中,尤为重要的是能源。最后,第五部分通过思考国家不断发展的环保理念，展望了有关环境保护的充满希望的未来。

任何社会与其特定环境相互作用的方式都是其背后思想的产物，这些思想塑造了社会中的人。它们造就了我们改变景观的方式，也影响了我们构建政府或监管经济的方式。这本书展示了我们的思想如何塑造美国的河流，以及反过来，河流同时如何塑造我们的思想。

第一部分
联邦制

第 1 章
为共和国引路

1784 年 9 月 24 日，乔治·华盛顿正在沿着阿勒格尼山脉西侧前进，来到弗吉尼亚州西北边陲，这里距离他在弗农山的家超过 200 英里。这里是莫农格希拉河的源头，这条河最终汇入阿勒格尼河，并形成了俄亥俄河。在过去的几个星期里，华盛顿一直往返于山区，以检查他在"西部"的土地。这片土地位于阿巴拉契亚山脉以西，前不久刚通过《巴黎条约》割让给了美国。华盛顿本质上是一个土地投机商。像其他许多美国人一样，华盛顿通过积累土地来积累财富，他和其他勘探者获得的大部分土地都在俄亥俄河河谷的西边。那里土地肥沃，但由于交通不便，难以到达，当地的物产也无法运出来，所以那些土地基本上没有价值。它的价值取决于是否能够首先突破瀑布线的障碍，还有更可怕的阿巴拉契亚山脉。因此，从美国独立战争胜利后到华盛顿成为总统之前，他花了好几年时间，试图找到一条连接大西洋和俄亥俄河的通道。

华盛顿想要寻找贯穿该地区的一条路，不仅仅是为了自身利益。他越来越担心阿巴拉契亚山脉会给新生的共和国带来巨大而复杂的问题，托马斯·杰斐逊也有相同的顾虑。1784 年，杰斐逊预见到，新共和国商业扩张的关键是与"西方国家"（指阿巴拉契亚山脉以西的国家）的联系。但他同时敏锐地察觉到，南北方之间的地区差异在共和国成立初期就已经显现出来。他预见到了在竞争中可能会出现分裂，哪个州或地区能控制穿越阿巴拉契亚山脉屏障的路线，就可以抓住"财富和权力的大头儿"。正如欧洲诸强竞相以最快、最有效的方式穿越大西洋的屏障，建立商业中心一样，为了争取成为连接俄亥俄河的通道，波托马克河、哈得孙河和密西西比河沿线的地理竞争如火如荼。杰斐逊确信，"对于伊利湖以西地区剩余的商业机会，哈得孙河（北方）和波托马克河（南方）之间将会有一场竞争"。[1] 因此，在山脉以西地区开发农业的竞争可能是一场南北之间的竞赛。

此外，新成立的美国的经济活力也不容乐观。这种经济竞争不止局限于美国的不同地区，还包括外国势力。从俄亥俄河顺流而下到密西西比河的商品会到达新奥尔良，当时新奥尔良由西班牙控制。那些可能被运输到北方的商品将穿过五大湖，然后经过圣劳伦斯河和加拿大，到达英国控制的范围内。如果阿巴拉契亚山脉的障碍仍然存在，美国将在经济上与蓬勃发展的西方隔绝，欧洲诸强则可以宣称自己拥有当时已知的这片大陆上最肥沃的地区。美国将成为一个虽然拥有广阔的海岸线但却几乎没有内陆纵深的国家，一条坚不可摧的山脉将它限制在大西洋海滨地区。

美国河流独特的地理环境还有另一个更微妙的影响。大西洋沿岸的河流形成了东西走向，这意味着没有重要的河流贯穿北方的自由州和南方的蓄奴州。当时商业运输的主要方式是通过河流运输货物，这是在单一的政治意识形态中采用的方式。在许多方面，河流商业进一步加剧了共和国的分裂，而非帮助统一国家。杰斐逊发现，如果修建连接西部地区和纽约的水陆联运通道或运河，北方就能获得商业优势，来自西方的商品的主要流通将只经过自由州，再转运到英国的管辖范围。蓄奴的南方其独特的政治经济将被封锁。想要结合两种不同的意识形态，就需要在经济上将它们绑在一起，除了通往西部的穿山道路外，还需要一些南北向的河流航运。

1784 年，当华盛顿长途跋涉前往西部时，这些担忧在他的脑海中萦绕。他采取了当时最有效率的方式前往西部，也就是沿着波托马克河逆流而上，一路到达马里兰州坎伯兰，然后由陆路徒步到达俄亥俄地区。波托马克河在瀑布线处真的形成了大瀑布。在大瀑布的上游，波托马克河尚可行船通过，只是航路中时不时出现急流，航行十分困难。在坎伯兰河的上游，华盛顿不得不放弃水路，徒步翻越阿巴拉契亚山脉，然后回到莫农格希拉河上游，通过这里不比通过波托马克上游河段容易。这是一次水陆兼行的艰苦旅行，走水路意味着需要经常出水，扛着船只绕过急流；而陆路则需要背上所有的补给，还要经常涉水穿过河流和小溪。从 1784 年 9 月 1 日到 10 月 4 日，华盛顿走了 680 英里。

华盛顿此番旅行的重点是对该区域进行勘测，他的日记中几乎没有对人和风景的描写，只有许多冷冰冰的地理事实的记录。他的旅行记录都是各种有关涉水和陆

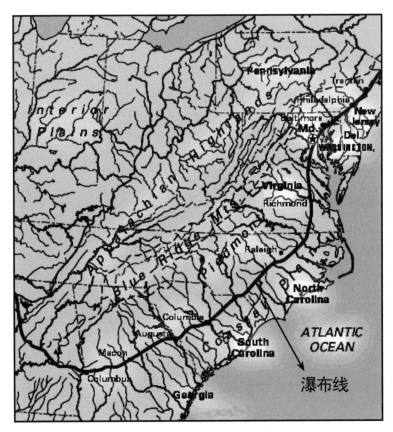

美国东北部的蓝山和阿巴拉契亚山脉为分水岭,向东流淌的河流在穿过蓝山山脉时形成瀑布线

上搬运距离的细节：

> 从莫农格希拉河与奇特河的岔口出发，到摩根镇的法院大楼，走水路大约 11 英里，从那里到前者的西岔口超过 18 英里。从那里到它和小卡诺瓦河的分支之间的一个搬运点，那个叫作布尔斯敦的地方，距离约 40 英里，大多是水路，其间也有陆路，通航状况良好。[2]

在这次勘测之旅中，52 岁的华盛顿既是一位富有的种植园主，也是一位战争英雄。他身材高大，有王者之风，甚至有一股超凡脱俗的气质。他在共和国边陲上未开垦的荒地上奔波，很难不引起注意。当华盛顿听取民众的意见时，他不可避免地吸引了一大群人，最典型的是他在阿巴拉契亚山脉西侧乔治溪的那个九月的夜晚。当时一群人盯着华盛顿，他们挤在一间小木屋里，那里是当地地产经纪人的办公室和家，大约一间学生宿舍的大小。带着对将军的敬畏，荒野猎人和测量师应华盛顿的要求聚集在一起。这些人了解地形，知道如何到达各个地方。他们在小木屋里各抒己见，为连接波托马克河与俄亥俄河的运输线路思索最佳方案。

这群人听从华盛顿的，众所周知，华盛顿带着一股冷漠而拒人千里之外的气质，也有传奇的名声。每个人只在被要求说话时才开口。这群人中有一个怪人，他是个年轻的瑞士移民，讲英语时带有浓重的法语口音。和华盛顿本人一样，他也在这个地区进行调查，寻找一些土地——在连接波托马克河和俄亥俄河的通道修建后能够成为旅行者的必经之处。在合适的地方提早购买这样的土地能为他带来可观的收入。这位年轻人聪明而冲动，在终于厌倦了这群人和华盛顿在可能的路线上模棱两可的意见后，他打断了将军，指着可能的最佳路线，脱口而出："答案不是已经明摆着了吗？"

一阵尴尬的沉默随之而来，小木屋里的人都盯着这位年轻的测量员。华盛顿放下笔，他因为被打断而显得有些恼火，流露出了冷漠的眼神。但后来，当讨论重新开始，将军突然停住，放下了笔。他转头看着这位瑞士移民说："先生，你是对的。"[3]

那晚，当年轻的艾伯特·加勒廷裹着水牛皮，与乔治·华盛顿将军一同睡在那个拥挤的小屋里时,加勒廷一定感到很满足。第二天早晨,华盛顿希望加勒廷能替他监督自己在西部拥有的土地,加勒廷拒绝了华盛顿提供的机会。华盛顿向东越过山脉,向弗农山进发。彼时距离华盛顿登上总统之位还有 5 年,距加勒廷成为财政部长还有 17 年,而 21 年后,刘易斯和克拉克才将密苏里河的三条支流之一命名为加勒廷河。

华盛顿从西部探险归来后,他渴望在连接东西部的问题上迈出第一步,也就是在波托马克河上建立可靠的航运。想要在这条河上进行必要的工作,需要成立一个能够在州际河流上开展工作的公司。但由于当时的政治气候和国家结构,这样的公司很难建立起来。1784 年,美国实施的是《联邦条例》(Articals of Confederation)。每个州各自独立运作,波托马克河是马里兰州和弗吉尼亚州的州界。想要两个州的议会达成一致,批准与波托马克河类似的州际河流上开展工作,其难度不亚于在不同国家之间签订条约,比如美墨之间的里奥格兰德河和哥伦比亚河等。

华盛顿急于开始启动他的公司,但议会在《联邦条例》的约束下不愿意或者说无法承认他已经开始谈判的州际生意,这让他很愤怒。立法者的不妥协导致他一直在亏钱。他向杰斐逊抱怨,鉴于"议会不确定的态度,还有议会成员的缺席",谈判州际商业相关的条约几乎不可能。[4]

次年,也就是 1785 年,来自马里兰州和弗吉尼亚州的代表聚集在弗农山的华盛顿的家中。代表们讨论这条河上的贸易活动的合适的安排,会议的最终成果被称为《弗农山契约》。他们提出了管理波托马克河上通行费、渔业和其他商业利益的计划,还有波科莫克河和切萨皮克湾的航运规划。所有这些都在朝着正确的方向迈进,但在最终达成一致解决华盛顿的公司所面临的问题时,与会代表们指出,还有其他一系列问题有待解决。这份协议依次得到两个州议会的批准,在协议被批准后,来自弗吉尼亚州的詹姆斯·麦迪逊建议就州际贸易问题再次举行会议,并邀请所有州的代表参会。

1786 年 9 月,这次后续会议在马里兰州安纳波利斯(Annapolis)举行。华盛顿又一次受挫,没能推进他的波托马克公司的事宜。事实上,调解许多州际贸易引起的冲突充满困难,这主要是由于现行的《联邦条例》的限制。安纳波利斯会议提出的很多问题都没有解决。与会代表们虽然沮丧,但也看到了进一步扩大对话的好

今天的弗农山庄

乔治·华盛顿的弗农山庄,19世纪中期时的风貌

处，因此他们呼吁再次开会。第三次会议定于 1787 年在费城举行，这成了一次全面的制宪会议。以州际贸易为最初目的，费城会议讨论了一系列广泛的问题，最终甚至决定将《联邦条例》放在一边，制定出一套全新的指导原则，美国宪法由此产生。正如一个多世纪之后西奥多·罗斯福所说，美国宪法起源于州际河流航运。

纽约州北部的伊利运河博物馆就坐落在罗马体育名人堂博物馆（Rome Sports Hall of Fame Museum）的东边。在这炎热的七月里，两个地方的游人都不多。运河博物馆的停车场草坪上有很多碎石。博物馆的标志看上去有些不协调，像是 20 年前粉刷的。建筑旁的杂草贪婪地占据了博物馆的场地，形成了一个安静的生物包围圈。

三位在博物馆工作的人，或者说是在这里闲逛的人，遇见一位参观者的时候都很吃惊，但他们热情地回答了我有关当地历史的问题。他们知道许多有关运河、河上航行的船只，以及在运河沿岸发展的村庄和城市的事情。19 世纪中叶有关运河的逸闻历史滚滚而来，但一个看似简单的问题却难住了他们：现在运河上的商业航运量究竟有多大？

"哇，这是个好问题。"

"我不太清楚。"

"我不确定有没有见过驳船。"

"你说的'商业'是指什么？"

"如果你发现了具体数字，能打电话告诉我们吗？"

"你可以去问问驳船运河上的船闸管理员。他们知道所有的事情。"

当今的伊利运河成了一个谜，对一处深远影响了美国早期历史进程的景观来说，它很难被发现。想要认识伊利运河需要了解地形。这条运河真正的起点是纽约州特洛伊，它就在奥尔巴尼城的上游，也是莫霍克河流入哈得孙河平缓河段的上游一端。从那里开始，运河沿着莫霍克河谷径直向西延伸，莫霍克河以水流平缓而著称，当这条河穿过纽约州北部绵延数英里的丘陵时，出乎意料的是，河床在特洛伊的上游几乎没有升高。当你朝着许多河流的源头走去时，河谷会变得越来越深、越来越窄，形成一种独特的 V 形河谷景观。但当你向西走向莫霍克河的源头时，河

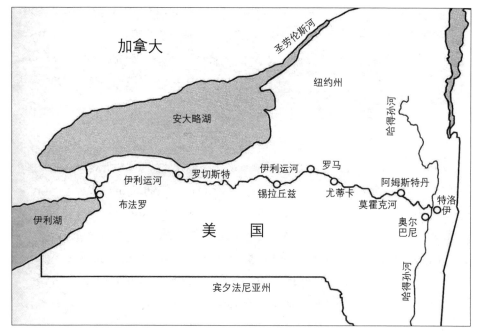

纽约州的伊利运河

谷却没那么明显了。在纽约州罗马西部，莫霍克河谷逐渐变成一种广阔而平坦的景观。

运河有时似乎消失了，或者说变得几乎找不到了。有一部分原因是，伊利运河现在实际上是两条运河。原有的伊利运河在1918年被现代运河取代，它也叫驳船运河。我们只需稍加观察，外加仔细地阅读大量地图，再稍微走些弯路，就有可能找到原来真正的伊利运河，或者说误打误撞地碰上它。今天，在许多地方，原来的运河不过是一条飘满水藻的水沟，和全国任何一个农场的排水沟差不多大，没有更大的魅力。

寻找驳船运河则要容易得多。尽管如此，它仍然与运河全盛时期的模样相去甚远。在运河的全盛时期，你只需随着人群进入熙熙攘攘的村庄、城镇或城市的中心，便能轻易地看到运河。而现如今，你得借助GPS或者沿着乡村小道上不起眼的路标，才能找到运河。

与现代驳船运河系统沿岸的所有建筑一样，20号船闸那里的小房子和电力大楼被涂成深蓝色，上面写有亮黄色的数字。这些颜色与纽约州高速公路用的颜色一样，原因很简单，高速公路管理局拥有并运营着运河系统，并支付其费用。奇怪的是，也是伊利运河让人困惑的一点，高速公路会向汽车和卡车征收通行费，但运河却不会向驳船和船只收费。

今天的船闸管理员，或者说闸门监视长，正在忙着看报纸。在我的要求下，他花了点时间亲切地向我介绍了一般会通过运河的交通工具："有游艇、摩托艇和渔船，都是些常见的交通工具。"当我问起商业航运时，他的眼睛亮了起来。虽然他从未见过真正的驳船通过船闸，但他提到，预计有"数百吨燕麦"将于今年夏天某个时候从加拿大运来。

驳船运河沿线有30多个船闸，在10英里开外还有另一个船闸，那里的两位船闸管理员对我的问题一直带有一丝敌意。这几天运河非常热闹，他们正在帮助4艘房船和游艇过船闸。运河上的另外两个船闸没有太多交通管理的工作，但人们对未来某个时候将要通过的装有"大量燕麦"的驳船都十分期待。而在更西边的一个船闸，船闸管理员以前在高速公路收费站工作过多年，他也听说过来自加拿大的燕

通过伊利运河船闸的游艇

伊利运河如今的商业航运功能大为减弱

麦，据说有"大约100艘驳船的量"，但他不确定这批货物什么时候能到达他所在的这个船闸。

后来在电话中，纽约高速公路一位负责运河运营的代表证实，她也听说了从加拿大运来的大量燕麦："几千吨，或许更多。"电话里的声音很难听清，背景音是从附近90号州际公路上不断传来的卡车轰鸣，这些卡车都要向纽约州缴纳通行费，州政府管理着高速公路，并以此为运河提供资助。

伊利运河现如今的荒废掩盖了它在国家早期作为航运交通命脉的辉煌。正如我们所看到的，州际商业相关的河流航运问题促使各州召开制宪会议。由此产生的宪法并不容易被理解，现在仍然如此。它并没有被构想成一套连贯的命令，而是各派之间的一系列妥协的结果。1787年，在39名代表签署宪法后，他们不得不说服各自的州同意通过宪法，以此将各州重新绑定在一起。但他们的工作还没有结束，他们还必须向选民和其他代表解释清楚宪法的含义。当时有三位匿名评论员承担起了这项任务，他们分别是亚历山大·汉密尔顿、约翰·杰伊和詹姆斯·麦迪逊，他们共同采用了笔名"普布利乌斯"（Publius）来进行这项任务。[5] 他们三人开始为报纸撰写评论，最终，一系列共85篇文章集成了《联邦党人》（The Federalist）一书，现在它也被称为《联邦党人文集》。在当代，《联邦党人文集》的意义在于，它清楚地阐明了代表们在起草宪法时是如何理解宪法的，同样重要的是，它还表明了美国人民在同意宪法时是如何理解宪法的。

宪法中提出的核心思想是建立一个更强大的国家政府，并解散邦联各州之间现有的松散的联盟，这些州在当时更多是以一种联盟的形式被联系在一起的，而非一个国家。这个国家政府现在被我们称为联邦政府，它将成为某些职能的核心，而其余职能将留给各州。那时，许多人认为美国地域过于辽阔，单一的国家政府无法履行任何职能。那时，没有人知道如何将佐治亚州东南部的人民与马萨诸塞州西北部的人民绑在一起。约翰·杰伊在《联邦党人文集》第二篇中表示，美国实际上是一个联盟，而非一个由不同政府组成的团体，而这种联合要通过共享一种共同语言和一个河流网络来实现：

我常常感到欣慰的是，我认识到独立的美国不是由分散和彼此远隔的领土组成，而是一个连成一片、辽阔肥沃的国家，是西方自由子孙的一部分。上帝特别赐给它各种土壤和物产，并且用无数河流为它灌溉，使它的居民能安居乐业。连接一起的通航河流，围绕边界形成一种链条，就像把这个国家捆绑起来一样。而世上最著名的几条河流，距离适当，为居民们提供友好帮助互相来往和交换各种商品的便利通道 [6]。[1]

河流让不同的州之间可以交流，而河流带来的可能的商业贸易也将使不同州的居民联系在一起。

事实上，为了促进各州之间的商业交流，人们普遍同意需要一种新的政府形式。在《联邦党人文集》第 11 篇中，汉密尔顿说："联邦的重要性，从商业方面来看，是很少持有异议的论点之一，而且在实际上得到对这个问题有所了解的人的最普遍的同意。"[7] [2]

《联邦党人文集》的前 25 篇集中阐述了建立一个更强大的中央政府的必要性，并重点讨论了州际河流上类似商业等职能，而这些职能没有中央政府是不可能轻易实现的。《联邦党人文集》进而阐明了中央政府在确立宪法的核心特征，也就是在确立联邦制的过程中不能做的事情。换句话说，尽管国家政府需要承担一部分职能，但还是要将其他职能留给州政府。各州在宪法的约束下将成为各个权力中心，各州也将成为发起项目和方案的政府实体。州政府不可避免地要立刻承担一项关键职能，也就是让河流通航。[8]

18 世纪末，移民们正越过瀑布线进入皮德蒙特，农场开始出现在阿巴拉契亚山脉山脚下。沿瀑布线的每一座城市和城镇都希望通过皮德蒙特的上游河段保持可通航的状态，尤其希望能够方便地在农场和沿海港口之间往返运输人和货物。因此，这些城市及其所在的州需要一条运河来突破瀑布或急流的屏障。运河和河流航运公

---

[1] [美]汉密尔顿、杰伊、麦迪逊：《联邦党人文集》，程逢如、在汉、舒逊译，商务印书馆 2017 年版，第 9 页。——译者注

[2] 同上书，第 60 页。——译者注

司就是用企业给出的答案。如同 21 世纪的网络公司一样，这些公司是当时投资的首选，能改变世界并且致富。

这类公司是私人投资成立的，其所在州的州政府授权公司开凿运河，并清理河道维持通航。作为激励，这些公司获得了垄断河流某些河段的权利，并有权收取通行费。河流和运河公司是最早被公开承认的一类私人公司，这是一种早期测试，让刚成立的美国政府尝试如何介入经济：州政府可以参与这些新项目，而联邦政府则不能，因为根据当时的宪法解释，国家政府对这种私营企业没有关切，也不具备管理职能。

第一批河流航运公司没有很大的野心，它们负责清理河流中的浮木、沙洲和其他障碍物。这些公司通常由当地的地主成立，他们极其希望河流能够通航，州内几乎每一条河流上都涌现出了公司。例如，北卡罗来纳州立法机关批准了菲尔角航运公司、纽斯公司、塔尔河公司和罗阿诺克河公司。因此，该州的四条主要河流都由私营公司控制，这些公司是为促进航运而成立的。运河公司更加雄心勃勃，因为它们拥有更多资本和技术，并且最常关注瀑布线周围的交通。[9]

州政府支持州内的这种经济发展，以股东身份投资这些新公司，但并不参与直接管理或运营。在有关立法允许河流航运公司清理河道或运河公司建造船闸时，立法者起到了约束政府的作用，政府将在财务上支持商业和贸易，但并不会从事实际工作，也不会直接拥有公共工程。截至 1793 年，8 个州共成立了 30 家运河公司，然而到了 1823 年，仅新罕布什尔州就有 20 家运河公司。[10]

几乎同时，早期的公司和它们背后提供赞助的州政府发现，设计和建造运河、船闸需要付出巨额成本，而维持河流适航、保持航运畅通同样需要投入长期的成本。更关键的是，成本几乎总是超出预期，时间线总是被拉得更长，很少有工程能够完全按照原定计划实施。即使项目最终完成，洪水也会常常损坏船闸，随后则需要花费数周或数月时间进行修缮工作，从而影响商业交通，以至于不得不分流到原始的马拉货车的收费公路。[11] 所有这些成本和工作都集中在穿过瀑布线的地方。更大的经济机会将是穿越阿巴拉契亚山脉，将大西洋经济与西部，也就是五大湖和俄亥俄河流域联系起来，但这也是更艰巨的挑战。对于企业家和州政府来说，山脉设置了看似不可能完成的任务。在他们不断努力连接波托马克河与俄亥俄河的过程中，切萨皮克和俄亥俄运河公司面对着一条路线，它预计需要246个船闸，还有一条4英里长的隧道，在海拔1 900英尺的地方穿越分水岭。同样，沿着阿勒格尼运输路线穿过宾夕法尼亚州时，海拔将升高1 400英尺，需要170多个船闸。其他东西走向的线路情况更糟，比如弗吉尼亚州詹姆斯河沿岸的道路。[12] 尽管在山区建造石制收费公路每英里需要花费5 000到10 000美元，而在皮德蒙特的大多数运河建造每英里可能要花费20 000美元到30 000美元，切萨皮克和俄亥俄运河在很大程度上依赖于船闸来克服升高的海拔，当运河进入海拔更高的河段时，每英里花费超过了60 000美元。[13]

当私人资本变成稀缺资源时，州政府继续作为股东来投资推动这些项目。即使过高的成本超过了它们直接的税收收入，各州为了做到这一点不得不承担债务。他们出售州政府背景的债券来充当自己的资本，其中一些资金用于投资运河和河流公司。运河和河流的通行费收入直接流向这些公司，随后资金又返回到持股的州政府那里，成为各州财政收入的重要来源，因此，各州的财政成功与运河和河流公司的成功密不可分。州经济和河流交通交织在一起。而国家政府的财政并未与河流交通发生关联。所有与河流清理和运河建设有关的税收和支出都留给了各州，国家政府并未参与这场如火如荼的热潮，它只与州政府的河流项目相关。

但有一个州的情况有所不同，那就是纽约州。伊利运河连通着五大湖的最高点，在哈得孙河的最高点奥尔巴尼河段附近，海拔上升还不到600英尺，只需要80多个船闸就可以完成。在宾夕法尼亚州、马里兰州和弗吉尼亚州，工程师、铲子、水库和船闸为了跨越东部大陆山脊所必须完成的那些繁重工作，很大程度上是被纽约州奇特的冰川侵蚀地形代劳了。

阿巴拉契亚山脉东侧的大部分河谷形成于河流的侵蚀。这些山谷在源头那里通常陡峭而狭窄，随后出现穿过山麓的急流或瀑布，最终河流流到了布满浅滩的海滨平原。但沿着哈得孙河及其支流莫霍克河，冰川侵蚀着已有的河谷，使河谷的深度和宽度都远远超过了那些南方的河谷，因为南方气候温暖，没有经历过冰川侵蚀。随着冰川退去，海平面上升，哈得孙河谷变成了一个潮汐汊道，形成了一条很容易航行的深河。这条汊道的潮汐一直延伸到特洛伊，深入到了160英里的内陆地区，在高潮时水面仅高出海平面10英尺。因此，更新世冰川已经把哈得孙河挖得很深了。在莫霍克河谷，一样的冰川作用刮去了基岩，随着冰川退去，河谷中沉积了许多层柔软并易于挖掘的沉积物。这条冰川创造的平滑的沟渠是一种独特的景观，它非常适合开挖运河。

伊利运河正是打通大西洋和新兴的西部地区之间的屏障所需要的。有了这条运河，交通和商品能够沿着北方的通道流动，而不必途经南方地区。最初运河完工时，它只有4英尺深，40英尺宽。能让两匹马在平行的曳船道上，以每小时4英里的稳定速度拉运30多吨的货物。货物的运输成本从建造运河前的每吨125美元，下降到运河建成后的每吨不足6美元。在运河建成后的一年内，7 000多艘船在运河上航行。它是北方工业化的重要组成部分，在运河沿岸，锡拉丘兹、尤蒂卡、罗切斯特和布法罗这些曾经默默无闻的城镇，逐渐成为19世纪制造业和工业化的中心。

当其他州的运河还在努力维持少数船闸的运转时，伊利运河甚至在1825年完工之前就已经取得了成功。1825年正是美国河流的关键一年。在运河开通前一年，它的收入已经超过了其贷款利息40万美元。河流经过的村庄变成了城镇，因为即使是尚未完工的运河提供的机会，也大大优于波托马克和其他运河或南部运输道路上那些危险和失事的情况。锡拉丘兹充满沼泽的村庄坐落于州中部与世隔绝的低地上，1820年，当伊利运河建筑工人快要挖到这里时，锡拉丘兹的人口已经萎缩至250人。5年后，这里的人口翻了一倍，达到600人；到1830年，人口几何级数地增长到了11 000多人；再到1850年，人口已达22 200多人。尽管这里几乎没有其他资源或地理优势，锡拉丘兹还是成功地晋升为北部经济的航运路口，在这里，伊利运河提供了通向伊利湖的连续通道，奥斯韦戈运河则向北通往安大略湖。[14]

运河还将纽约市变成了前往美国内陆的移民入境点。1836年，居住在俄亥俄州的卡尔·布伦胡伯写给他在德国的兄弟弗雷德里克的一封信，显明了伊利运河的作用，信中还讲述了移民想要到达美国内陆所必经的旅程：

你如果能在6月中旬前离开埃朗根，就能及时到达美国来帮助收割……先去奥尔巴尼，在伊利运河上乘坐缆船。客船更快，但缆船更便宜，缆船还有空间放我要你带的那些木工工具。尽量找一条没那么拥挤的干净的船。在

20 世纪初的伊利运河

1825年时的伊利运河

布法罗，你必须乘坐汽船穿过伊利湖，到达克利夫兰，在那里可以乘坐公共马车去沃林维尔。切记戈特尔先生在学校告诉我们的：在信任陌生人之前请三思。[15]

这些移民和欧洲的货物在伊利运河上流动，是一个缩影，可以看出 19 世纪发生的转变。19 世纪 30 年代，运河刚刚建成，运河上西行的交通量是东行的 6 倍，人和货物都在向西流动。到 1847 年，西部成了一个主要的货物来源地，货物东行的吨位又超过了西行的吨位。而在南北战争开始时，东行的货运量是西行的 5 倍。内陆地区已经出现物资过剩，过剩的物资通过伊利运河转移到东海岸。[16]

伊利运河沿岸所有这些增长，都给其他州的许多运河公司带来了负面影响。随着运河和航运公司在其他地方遇到的困难越来越大，交通更向伊利运河聚集，其他运河的私人资本逐渐枯竭。波托马克河沿岸的收入仅仅在好的年份能够超过支出，投资者的利润仅为 1.5%，几乎无法吸引额外资本。[17] 几乎所有运河和河流公司的私人资本都在持续萎缩，州政府不得不持续介入，在原本已经很大的投资基础上不断加码，避免这些公司半途而废。当时的运河公司如同 21 世纪初的汽车或银行业，已经变得大到不能倒闭。从 1820 年到 1824 年，全国各州在各种项目和工程中，通过举债已经投资 1 300 多万美元。到 1837 年，全国又增加了 1.08 亿美元的债务。其中一半以上的公共债务都用于运河建设这一项。[18]

尽管整体情况不太乐观，但联邦政府仍然没有参与这股日益高涨的运河热潮。自 19 世纪 30 年代中期起，运河系统在美国第一次大萧条期间崩溃，随之而来的是各州政府的崩溃。1837 年美国经济恐慌是由各州的巨额债务引发的，而这些债务就是为了支持运河和河流航运公司而背负的。当这些公司破产时，它们把国库的钱也掏空了。大多数受到牵连的州政府通过了限制债务的法律，自我约束了承担债务的能力，避免它们在未来承担如此庞大的不可持续的债务。这一财政经验也加强了当时财政联邦制的理论基础，确保了国库与各州财政的分离。

纽约州仍然是个例外。1837 年，当其他大多数州都濒临破产时，伊利运河的官员报告称，运河的全部债务已经偿还。伊利运河突破了阿巴拉契亚山脉，将五大湖与大西洋连接起来，这是其他东部沿海的河流无法做到的。几十年来，伊利运河一直是商业交通的主要通道。1905年，纽约州开始建造更大的驳船运河。这条运河于1918年完工，而它在吸引该地区的水运交通方面，却从未达到原有的运河那般成功。驳船运河的路线与原有的运河略有不同，绕过了一些原有运河滋养的城镇。它甚至没有经过罗马市和伊利运河村博物馆，这两个地方就坐落在原有运河的遗迹旁边。今天的州际公路、铁路与驳船运河平行，运河上穿梭着游艇和摩托艇，还有从加拿大运来燕麦的驳船。商业交通在19世纪末转向铁路，然后在20世纪转向公路（卡车），国家不再进一步改造运河，而是利用高速公路通行费来维持运河的运营。尽管随着时间的推移，伊利运河日渐式微，但它在某种程度上决定了当代美国的面貌。它使纽约成为今天这个国家的商业中心，并使哈得孙河成为美国前半段历史及其军事初建时期的主角。

游客沿着哈得孙河逆流而上，从纽约港到奥尔巴尼和伊利运河，他们会发现，在一个西岸突出的地方有一段明显的S形河段。长期以来，这里以其潜在的战略重要性而闻名。在美国独立战争期间，由于哈得孙河太容易航行，以至于英国海军几乎不费吹灰之力就逆流而上，平息了1777年哈得孙河谷的反抗。为了阻止船只向上游航行，当地的爱国者在这个传说中的地点拉了一条巨大的铁链拦住河道。英国人最终拆除了这条铁链，向上游行驶到当时的首府金斯顿，并立刻将那里夷为平地。然而，一年后，美国反抗军成功地守住了这个地方。反叛者挂上了另一条铁链，随后建造了一座堡垒，最终守住了一座军火库。刚刚建立的军队后来在附近建了一个练兵场，在以后的两个世纪里，新兵学员在这里操练学习，这里成了美国军事学院，也被称为西点军校。

把美国军事学院设在河上的战略要地绝非偶然。在军事学院成立初期，它将重点放在了培养未来的河流工程师上。在18世纪和19世纪之交，美国还是一个在技术上落后的国家。当然也有像本杰明·富兰克林和托马斯·杰斐逊这样的科学界名人。但这里缺乏技术培训的资源。这里的工程师很少，培养工程师的途径更少。乔治·华盛顿仅上任7天时就指出，缺乏工程师对大陆军（Continental Army）来说是一个挑战。1776年4月，一名征兵人员被派往巴黎，寻求增援和军需品，并寻找优秀的工程师。至少有16名工程师前来支援。这些法国工程师进行了至关重要的规划和建设，但他们往往忽视了长期的军事行动。他们的工作范围从为大陆军设计防御工事，到在约克敦概述康沃利斯的围城战役。他们之中包括年轻的皮埃尔·朗方（Pierre L'Enfant），他在战争中的贡献至关重要，后来他也制定了华盛顿特区的城市规划。

在美国独立战争结束时，几乎所有受过正规训练的工程师都与军队有关。但是宪法并没有清楚说明，在战争结束后美国是否应该有一支军队。这些州由前殖民地组成，在这些殖民地中，许多对英国人的抱怨都来自英国军队在和平时期的行动和作为。由于害怕选举出一位有可能成为暴君的总统，特别是当总统之前是将军时，那些对中央集权的国家政府持怀疑态度的人，试图通过让国家仅能在战争时期组成军队的方式，来限制这种暴君出现的可能。即使军队不主动参与镇压，维持一支军队的高昂成本也需要税收，而税收可能是另一种压迫，或者正如詹姆斯·麦迪逊在《联邦党人文集》第 41 篇中所说的那样，"常备军和不断征税会使自由到处遭到破坏"。[3] 19

汉密尔顿通过他一贯的商业视角，认为有必要建立常备陆军和海军。正如他所说，联合各州的全部目的是"其成员的共同防务；维持公安，既要对付国内动乱，又要抵抗外国的进攻；管理国际贸易和州际贸易"。[4] 20 这些政府的核心职能，需要通过一支可以在和平时期和战争期间都能动员起来的军队来实施，确保国家人民不会"遭受不断掠夺"。[5] 21 此外，"经常需要在我们西部边境维持少量驻军"，[6] 移民会持续向那里迁移。22 关于这种商业安全和防卫的付出是否值得，汉密尔顿指出，美国被英国、西班牙和美洲原住民的土地包围着，一些州比其他州更直接地暴露在外国势力面前，特别是纽约州。为了支持各州之间的商业往来，避免给任何一个州带来太大的负担，美国必须拥有一支常备军，在战争之外履行军事相关的职能。

因此，虽然军队规模不大，但国家政府确实拥有一支常备陆军和海军。除了维

---

[3]　[美]汉密尔顿、杰伊、麦迪逊：《联邦党人文集》，程逢如、在汉、舒逊 译，商务印书馆 2017 年版，第 239 页。——译者注

[4]　同上书，第 131 页。——译者注

[5]　同上书，第 167 页。——译者注

[6]　同上书，第 139 页。——译者注

持驻军和防止海盗，常备军的军事职责还包括规划和建造防御工事，以备将来战时之需。当时，这个年轻的国家实际上没有能够设计和监督这类工程的工程师。虽然当时的大学有很好的古典文学和法律方面的训练，但只有少数真正的科学家，并没有工程师。当托马斯·杰斐逊在 1801 年就任总统时，他认为缺乏工程培训的问题可以直接解决。这位总统与弗吉尼亚大学所追求的经典通识教育紧密联系在一起，他建立了美国第一所培养军官和工程师的大学。

杰斐逊放眼国外来选择教官。问题是，该学院聘请的教官应该来自哪个国家。英国的工程模式建立在实践和实地培训的基础上，工程师不一定受过正规的教育。法国的模式则是让学生进入精英学院学习基础科学和理论，然后再让他们进入实际的工程领域。在开凿波托马克运河的问题上，华盛顿一直听取英国工程师的建议。但杰斐逊是亲法的人，他讲法语，曾作为美国的外交官在巴黎生活过。当时英国和美国之间仍有敌意。考虑到这些因素，杰斐逊全面采用了法国的模式。他设想设立一所军事学院，在那里，精锐的军官将接受科学理论基础的培训，然后他们将补充军队中的文官队伍。根据美国独立战争后朗方提出的模式，杰斐逊为美国制定了一项计划，建立起一个公共建设部，它由受过学术训练的工程师组成，这些工程师会负责"改良水道的方法"以及其他事务。[23]

因此，杰斐逊总统于 1802 年在西点军校设立了美国陆军工程兵团，以及一所军事和工程学院。这所学院成了美国军事领导人和工程师的摇篮，并保留了深厚的法国底蕴。20 年来，这里的 7 位教授中有 4 位是法国人，所用的教科书中几乎一半只有法文版。直到 1824 年，另一所专注于技术和工程培训的伦斯勒理工学院才在纽约哈得孙河畔成立。

在西点军校，工程训练和军事训练之间的边界很模糊，但由于他们的严格训练，以及强大的知识或理论基础，陆军工程师具有极高的声誉。几十年来，兵团的精英首先在哈得孙河畔的西点军校接受工程方面的培训。之后，他们才会开始作为河流和港口工程师的职业生涯，并最终成为军事指挥官。到 19 世纪下半叶，工程兵团的选拔十分严格，只有军事学院顶尖的毕业生才能进入兵团。罗伯特·E. 李是这个系统中的代表。1829 年，李以班上名列前茅的成绩从西点军校毕业，随后他选择在工程兵团服役。他总共在工程兵团服役了 20 年，在此期间，他设计并修建了

从菲利普城眺望哈得孙河和西点军校

美国工程兵团徽标

萨凡纳和巴尔的摩的沿海防御工事，以及圣路易斯密西西比河沿岸的防洪堤。他后来转到了西部边境的军事哨所。[24]

尽管西点军校的培训重点从最初到现在已经有了明显变化，但西点军校的校友一直担任着工程师兵团的高层。美国河流在制定关键决策时，其背后的人很可能穿着军装，而且通常毕业于美国军事学院。这种河流管理模式部分是因为军队在早期是工程专业知识的来源，军队之所以拥有这一角色，是因为这个年轻国家决心建立一支常备军。除此之外，这种以军队为基础的河流管理还源于最高法院的一项判决，该判决再次以哈得孙河为中心，深刻地改变了美国技术与法律的格局。

仅仅在杰斐逊成立工程兵团的几年后，一艘鸣着笛、冒着烟的船驶过西点军校，速度比步行的平均速度更慢一些。这是新时代的首个标志。1807 年，罗伯特·富尔顿在纽约城外往他的第一艘汽船中装载货物，将货物运往奥尔巴尼。这次首航是为了概念验证。当他成功后，每个人都知道河流航运的方式已经改变了。当富尔顿证明，蒸汽船的移动无关风或者潮水的时候，曳船道就变得无关紧要了。

富尔顿知道他想出的这个主意会值一大笔钱。纽约州也是这样想的，其他州也一样。所有州都想让富尔顿的汽船在它们的河里航行，所以它们竞相引诱富尔顿的公司。但是，纽约这个最具创业精神的州最终胜出，它承诺给富尔顿在整个纽约州的水域建造、运营和使用汽船的独家经营权，也就是全州的水力垄断。

作为企业家，富尔顿和他的商业伙伴罗伯特·利文斯顿不想亲自承担所有工作。他们很快就建立了一套特许经营权体系，将他们的汽船垄断的某些部分，也就是一些专用河道，租给其他运营商。这些汽船运营商在这些航线上使用着富尔顿－利文斯顿的专利汽船技术，并向两位创始人支付少量的专利税。这些运营商中包括亚伦·奥格登，他租了一条从曼哈顿到新泽西的航运路线。

汽船是哈得孙河上的一门大生意，它吸引了许多有进取精神的人，并产生了竞争。另一位企业家托马斯·吉本斯建立了一条新的汽船航线，在富尔顿－利文斯顿垄断之外，并开始在哈得孙河上与奥格登的航线直接竞争。为了帮助这条新路线竞争，吉本斯雇佣了一个 18 岁的渡船人，这位名叫科尼利厄斯·范德比尔特的年轻人默默无闻却野心勃勃。范德比尔特身上的创业锐气使他成为新汽船服务公司的

密西西比河上的蒸汽船

阿巴拉契亚山脉呈明显的东北－西南向的平行褶皱。下图是上图方框的局部放大

乔治·华盛顿在建国之初就着手建立跨越瀑布线的规划

John Gast 创作的表现美国天命论的油画作品《美国进步》（American Progress）

波托马克河穿过瀑布线时的瀑布和急流

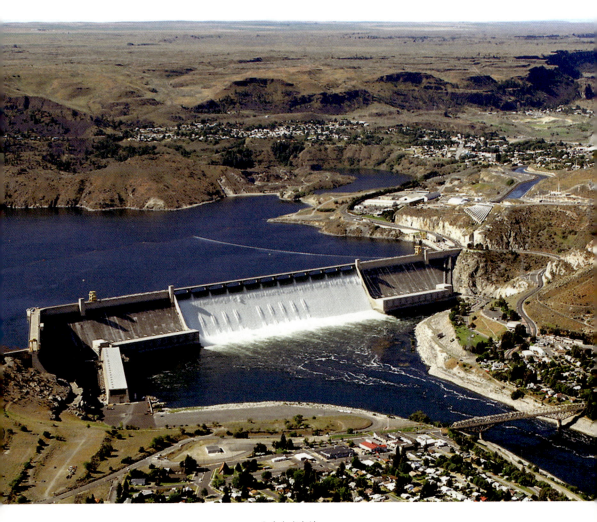

大古力水电站

现代的伊利运河

俯视圣劳伦斯河拐弯处的地形，由于重要的战略位置，这里成为西点军校的校址

西点军校重要的战略位置

西点军校毕业典礼

业务经理，这家新公司很快就分流了州政府原来批准的航线上的交通。奥格登不服气，并起诉了这家新公司，他认为纽约州授予他租赁的富尔顿－利文斯顿的垄断权，这种垄断权应该禁止航线上其他任何轮船与他的竞争。但吉本斯认为，哈得孙河连接着新泽西州，汽船属于州际商业，纽约州授权的垄断不作数。这起争端闹到了法院。

最终，1824年吉本斯诉奥格登案将成为美国法学的一块基石。首席大法官约翰·马歇尔领导的最高法院受理了案件，马歇尔在通过宪法确立司法部门角色的过程中起到了关键作用。《联邦党人文集》第78篇概述了司法部门的角色，它在具体的实施上有权解释宪法，这也是马歇尔最终所采纳的：[25]

> 行政部门不仅具有荣誉、地位的分配权，而且执掌社会的武力。立法机关不仅掌握财权，且制定公民权利义务的准则。与此相反，司法部门既无军权、又无财权，不能支配社会的力量与财富，不能采取任何主动的行动。故可正确断言：司法部门既无强制、又无意志，而只有判断；而且为实施其判断亦需借助于行政部门的力量。[7]

立法机关具有立法的职能，并且有权力拨款来维持政府的正常运作。行政部门有权执行这些法律。但司法部门的作用不太明确。最简单地说，司法部门的职责是决定国会通过的法案是否"违宪"。司法权的范围不仅覆盖美国国会制定的规则，同时涉及州政府制定的规则，当这些规则与宪法相悖，或者相互之间产生冲突时："联邦司法权范围并及于：……涉及两个以上州之间的争讼，一州与他州公民间的争讼；各州公民间的争讼。"[8] 26

吉本斯诉奥格登案争议的焦点在于，一个州是否能够用一种影响州际商业的方式建立垄断。联邦政府需要监管河流商业的想法是一颗种子，它最初萌芽于制宪会议，法院因此裁定支持吉本斯。垄断跨州的汽船交通是违宪的。纽约州无权起诉新

---

[7] [美]汉密尔顿、杰伊、麦迪逊：《联邦党人文集》，程逢如、在汉、舒逊 译，商务印书馆2017年版，第453页。——译者注

[8] 同上书，第467页。——译者注

泽西州。马歇尔将宪法中的商业条款解读为，赋予国会，也就是联邦政府介入州际商业的权力。这一裁决成为吉本斯诉奥格登案对法理学的核心贡献。根据马歇尔的解释，"可航行的水域"归联邦政府管辖，而不归州政府。如果你有一条在河上航行的船，在各州之间运输商业货物，联邦政府有权控制这片水域。或者，正如马歇尔在法院判决中总结的那样，"包括航运在内的商业权力，是美国人民进行管理的首要对象之一"。[27]

尽管吉本斯诉奥格登案的判决成了对宪法的适当解释，其后还有数百个类似判例，但法院无法执行这一判决，也无法详细说明如何执行这一判决。行政部门应当负责执行司法部门的裁决，而立法机关将制定反映司法解释的法律。吉本斯诉奥格登案强化了联邦政府在可通航河流的管理授权，当时在可通航河流方面发挥作用并提供专业知识的唯一联邦机构是美国陆军工程兵团。因此，工程兵团成为负责河流工程和管理的主要联邦机构，它最终成了河流总工程师。

同样在1824年，国会通过了一项议案，清理密西西比河和俄亥俄河上阻碍航运的沙洲，这两条河都是具有商业价值的可通航河流。国会的另一项议案则要求对"对国家十分重要的"道路和运河的路线进行勘测。在这两种情况下，行政部门委派军队负责。尽管伊利运河完全位于纽约州内，这条水路留给了纽约州政府管辖，但当国会下令沿俄亥俄或伊利诺伊的州际河流修建船闸和水坝时，负责这项工作的还是工程兵团。最后，兵团成为所有河流事务的联络中枢。近两个世纪过去了，从哥伦比亚河上建造水电站水坝，到管理大沼泽地，工程兵团监督了一系列与河流相关的决策。当1972年《清洁水法》通过时，工程兵团是其中的关键机构，负责实施这项新的环境保护法规中的重要部分。这种宪法解释的范围可能远超出汉密尔顿、麦迪逊和杰伊的设想，然而，这正源于他们在《联邦党人文集》中阐述的对宪法的解释。

吉本斯诉奥格登案还有一些其他意义，它们对国家经济，甚至最终对国家的地理同样具有重要影响。通过打破州政府对河流的商业垄断，最高法院的裁决使河流成为开放的竞争平台，任何拥有汽船、平板船或木筏的承运人都可以参与其中。在接下来的一个半世纪，河流的商业交通将不再由运河公司或州委员会的权力决定，而是由数百名船长的奇想决定的，这些船长在大陆中部的浑水中随心所欲地航行。

第 2 章
密西西比河上的生活

"沃尔尼科特湾、迪斯特拉克申、格拉索克、费尔维尤、布莱克希尔、杰克逊角……"

唐尼·兰德曼刚刚爬了 4 层陡楼梯,走进"克里斯托弗·帕森内奇"号拖船的驾驶室。他滔滔不绝地说出那些名字,回答我那艘船当时行驶到哪里,以及接下来会有什么参照点。他累得有点上气不接下气。兰德曼胸膛结实,脾气暴躁,是一位 21 世纪的拖船引航员,他看起来更适合哈雷·戴维森拉力赛,而不是拖船驾驶室。他和船长轮班驾驶"帕森内奇"号,船长从下午 6 点就开始工作了。船长罗伯特·迪蒂在密西西比河的外号是"豪迪·迪蒂"[9],看起来像年轻版的圣诞老人,笑起来也很像。这是密西西比河下游一个漆黑无月的夜晚,这次换班是在午夜,在密西西比州与路易斯安那州交界处北部的一片荒凉的地区。

豪迪在雷达屏幕、GPS 的屏幕的荧光和声纳的读数中度过了 6 个小时,这些仪器不停地为他提供数据,让他纵览 21 世纪密西西比河的全貌。除了驾驶拖船,豪迪还有源源不断的故事,他知道如何把事情串连在一起。河流的每一道弯,经过的每一位引航员,都会让他想起另一个故事,其中大部分都与河上发生的事情有关。他说其中一些可能是真的。当兰德曼到了驾驶室,等待接管拖船继续顺河而下时,豪迪的注意力转到了驾驶室顶上聚光灯射出的光柱。现在光线聚焦在河对岸,照亮了四分之一英里外河岸上一片直径 15 英尺的圆形区域。豪迪偶尔会把聚光灯移到水面上,照亮经过的红色浮标,这些浮标标记出了河上的主航道,引航员能够在这条狭窄的航道中放心航行,主航道有足够的深度让船通航。豪迪注意到浮标的位置,并稍微调整了一下路线后,他将光柱转回河岸,向兰德曼展示了他们的位置。即使在无月之夜,兰德曼只需向河岸边漆黑的树林里瞥一眼,就能精确地定位"帕森内奇"号,误差不超过八分之一英里,他还能按正确的顺序说出接下来即将遇见

---

[9] 后文出现的"豪迪""豪迪·迪蒂"均指罗伯特·迪蒂。——译者注

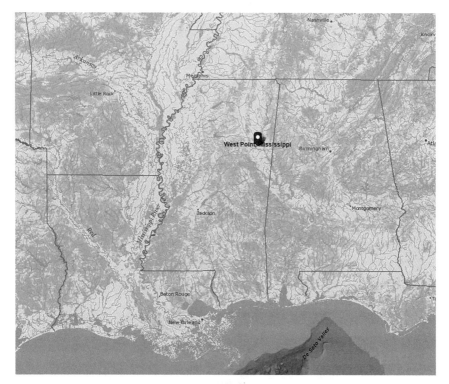

密西西比河下游地图

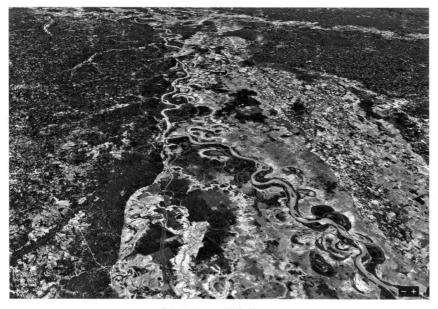

密西西比河下游蜿蜒的河道

的每一个弯道、站点、沙坝和航点。要知道，这一切发生在深夜，还没有咖啡的帮助。

在 21 世纪，这种在密西西比河上观察河岸，而不是从陆地看河流的机会并不多。在密西西比河的下游，从圣路易斯到新奥尔良，现在是一条工业高速水路。在这段河上乘坐一艘小艇，甚至一艘渔船，就像在新泽西高速公路的卡车和拖车车流之间骑自行车一样。豪迪和唐尼此次驾驶"帕森内奇"号的任务是把 30 艘驳船拖到新奥尔良。每艘驳船其实就是一个浮式集装箱，每个集装箱宽 35 英尺，长 200 英尺，高 12 英尺或 13 英尺；驳船满载时可重达 2 000 吨。船员们把这些驳船绑在一起，变成一系列浮筏。它们由前面的"帕森内奇"号拉动，如果把它们视为一个整体，共 210 英尺宽，1 400 英尺长，加上前面 180 英尺长的拖船。这种驳船拖船的尺寸大得可以在上面并排放下两艘"泰坦尼克"号，还绰绰有余。

在 19 世纪中叶运河的全盛时期，伊利运河上的一艘满载的船只能运数百吨货物。现如今，被"帕森内奇"号牵引的这些驳船，每艘都比当年伊利运河上的船只大 10 倍。总的来说，"帕森内奇"号拖动的 30 艘驳船，总重量超过 60 000 吨。要认识这个数字，可以将它与其他两种现代重型运输方式进行比较，也就是火车和卡车。一艘驳船的载重量与 16 节满载的火车车厢相同，也就是 70 辆牵引式卡车的重量。如果要达到豪迪·迪蒂一艘拖船运输的那些重量，则需要 400 多节轨道车（需要 12 个火车头）或 2 000 多辆牵引式卡车。

船只的操纵性通常来自它们的吃水深度，这使船体像一个巨大的舵一样工作。但是密西西比河上的船将货物的重量分散在一个巨大的区域，这使它们能在浅水中承载更多的重量。驾驶驳船拖船与其说像驾驶汽车，不如说更像放风筝。驳船拖船仅仅掠过水面，而不会深切入水中。在经过曲流转弯时，像唐尼和豪迪这样的引航员通常不会控制四分之一英里长的拖船转向，而是让船体滑过弯道。他们必须完美地通过数百个弯道，当他们从一个弯道出来时，要保证船的位置正好可以绕过下一个弯道，或者让驳船能从孟菲斯、格林维尔或维克斯堡桥墩之间狭窄的跨距中滑过。无论在枯水期还是汹涌的洪水期，无论白天还是夜晚，他们都必须这么做。这就是为什么唐尼能在黑夜里说出沿河所有要经过的要冲的原因。他心里必须一直装着一份清单，知道接下来会以何种顺序遇到什么，这样他就知道如何定向这艘笨重的大船的轨迹，并成功越过下面的一连串转弯和障碍。唐尼、豪迪还有其他领航员都记住了这条河。

现代拖船的建造本身和引航员的技术一样令人印象深刻。"克里斯托弗·帕森内奇"号的这次航行是一次常规任务，它负责沿河接送驳船，并将其送至新奥尔良。这意味着，两名引航员必须先到孟菲斯和阿肯色州的罗斯代尔分别装上两艘船，随后在密西西比州格林维尔再装两艘。整个运输过程始于伊利诺伊州的开罗，在那里甲板船员开始"对接拖船"，这是份累人的差事，他们要用小船推着水中几十艘难以驾驭的驳船，最终组装成"帕森内奇"号可以控制的一串拖船。

当值的甲板船员一般两三个人，他们在驳船上跳上跳下，把新运到的驳船绑在越来越满载的拖船上，最终拖船是一个巨大的筏，由一系列钢缆绑在一起，这些钢缆有 50 英尺长、1 英寸粗，每根将近 100 磅重[10]。这些钢缆上加了巨大的钢齿轮、铁链和挂钩，使拖船甲板看起来像来自中世纪生了锈的机械。在夏季建造拖船需要每 6 个小时的轮班工作，他们像在一口巨大的钢制平底锅上，不停举起形状不规则的重物，这口锅在南方的高温下被"炖煮"和移动。像所有船长一样，豪迪·迪蒂和唐尼·兰德曼的职业生涯都是从甲板水手开始的，豪迪从 18 岁开始在甲板上工作。现在，作为一名引航员和船长，豪迪从甲板 4 层装有空调的驾驶室俯视着甲板水手建造拖船，笑着说："是的，这就像是有可能把人淹死的监狱。"

组装地点恰好在这个标志性的河流交汇点：上游是俄亥俄河，东面是田纳西河，北面是密西西比河上游和伊利诺伊河，西面是密苏里河。当拖船组装好后，四分之一英里长的"帕森内奇"号滑入密西西比河干流，向南驶去，沿密西西比河和伊利诺伊河逆流而上能够找到玉米，沿密苏里河向上能够到达内布拉斯加和达科他州的小麦产区，而沿着俄亥俄河逆流而上可以找到阿巴拉契亚的煤炭和匹兹堡的钢铁。密西西比河上的航运和商业，把边远的经济和看似不可调和的社会联系在一起。一个半世纪以前，逆流而上能通向自由，顺流而下则走向蓄奴。即使到了今天，密西西比河仍然让不同的地区交织在一起。引航员在河上不分昼夜地听着来自其他船长的简短无线电对话，这些对话往往带有奇怪口音：来自威斯康星州的船长

---

[10]　1 磅 ≈ 0.45 千克。——译者注

带有扁平鼻音，亚拉巴马州的引航员有典型的南方拖音，阿肯色州的人则语调低沉，而来自路易斯安那州的法国后裔则会使用令人费解的法语方言。所有这些船长开着拖船在熙熙攘攘的河道上奔波，运输着 21 世纪美国最重、最大宗的货物。

对美国来说，19 世纪早期的密西西比河刚刚开始被人们青睐并利用。刚成立的美国通过《巴黎条约》结束了独立战争，同时获得了横贯阿巴拉契亚山脉的地区，美国的范围从最初的 13 个州的西部边缘延伸到密西西比河。但数年来，美国不得不与其他国家共享密西西比河。在 1803 年以前，新奥尔良在西班牙的控制下，然后被法国控制，直到 1803 年，杰斐逊在路易斯安那购地案中从法国手中购买了 828 000 平方英里的土地。这次领土扩张不仅让美国的国土面积增加了一倍，还使美国获得了极其重要的新奥尔良港口。有了新奥尔良和密苏里河流域，再加上美国原本就已拥有的密西西比河流域的其他地区，可通航的大河成为美国地理的核心特征。

之前美国围绕大西洋沿岸的河流发展起来，而这些新的河流与大西洋沿岸的河流截然不同。它们尤其与伊利运河周围发展的经济大不相同，伊利运河的移民和货物都集中在纽约州政府管理和经营的唯一的商业高速水路上。与之形成鲜明对比的是，密西西比河－密苏里河、密西西比河－伊利诺伊河、密西西比河－俄亥俄河以及其他大量河流网络都错综复杂。密西西比河及其相关的河流使移民沿着河流方向，向深入内陆的地区扩散。在边境，移民收获了小麦、煤炭和棉花，然后这些物品沿着河流，运向新奥尔良等心脏地带。在 1810 年到 1820 年之间，这座位于海平面以下的城市，如堂吉诃德般的故事一般，其发展速度超过了美国其他任何一座城市，当时，它已经稳稳地坐上了美国第二大出口城市的交椅，仅次于纽约。[1]

到 19 世纪中叶，汽船可以轻易地通过密西西比河下游新奥尔良到圣路易斯之间的高速水路。一路上没有船闸和水坝，一些船继续沿着密苏里河蜿蜒的河道逆流而上，航行 2 200 英里，从圣路易斯一直航行到蒙大拿州本顿堡，在那里，密苏里河遇到了大平原的麦田。其他汽船在看似一望无际的河流、沼泽和南方腹地的泥沼中往来穿梭，运输着利润丰厚的棉花。当伊利运河在冬天被冰封时，河上的交通会停止几个月，但新奥尔良的商业全年繁荣，那里只是偶尔会出现轻微的霜冻。密西西比河流域成为美国河流景观的新代表。

不断发展的船舶技术促成了这种新的经济发展。公司快速迭代汽船的设计，并持续调整，在提高其运载能力的同时使其吃水变浅。新的设计让船只能通过以前难以通过的三角洲、沼泽和泥沼，甚至装载更重的货物在其中航行。在19世纪40年代，一艘重170吨的中型汽船能装载50吨货物并搭载80名乘客，它已经比当时在狭窄的伊利运河上航行的那些船都要大了，能在深度只有22英寸的水中航行。众所周知，汽船引航员是一个傲慢且好胜心强的群体，他们吹嘘只要"一大滴露水"就能航行。1815年至1860年间，汽船的经济生产力的发展速度超过了当时其他任何运输方式，甚至超过了铁路的发展速度。[2]

汽船技术与南部和西部河流的自然特征相结合，在该地区创造了一种独特的政治经济：政府几乎没有理由介入，农民和汽船引航员因此几乎不受政府收费或干预的影响。这与东海岸情况完全不同，克服东海岸瀑布线的地理屏障，需要运河和政府支持的船闸和水坝时，通行费由中央政府决策，就像州的运河委员会一样，这既有必要，也包含政治因素。规划和工程是确保运河运输保持开放和高效的主要因素。然而，在大河上，强势的汽船推动着商业活动，这些汽船在很大程度上不受变幻莫测的政治因素和政府资助的影响，继续着它们的生意。当为了疏浚沙洲或河道截弯取直等工程，政治和资金被纳入河流的等式时，这样做的目标是确保州际河流上的商业航运，从而使航运依旧不需要交通行费。汽船引航员可以非常独立，因为与东部或北部的河流相比，南方腹地和中西部地区的河流规模更巨大。伊利运河于1825年开通时，水深4英尺，宽40英尺，可容纳30吨级的船。在1862年第一次扩建时，水深变为7英尺，能够通行240吨级的船只。而在1860年，一艘在密西西比河上航行的汽船可以运输600多吨的货物，这还不包括搭载的乘客，除了装卸所需的临时码头外，汽船可以独立运行。密西西比河和密苏里河的河道通常有数千英尺宽，俄亥俄河、田纳西河、伊利诺伊河和艾奥瓦河这些主要支流也不窄。在西部河流上引航的技巧是调整船只的路径，而不是河流的走向。设计运河的工程师受到尊敬，但密西西比河上的汽船引航员更受追捧。任何能驾驶汽船的引航员，或任何拥有平底船的企业家，都能在数千英里的水路间移动，以此发家致富。[3]

他们确实成功了。汽船引航员是一个危险但回报丰厚的职业。19世纪中叶，汽船的平均寿命一般只有几年。河道里的浅滩、原木、冰，还有不成熟的蒸汽动力技术加在一起，导致船只和货物时常倾覆。但风险和回报紧密相关。在格外险恶的密苏里河上，一艘汽船的制造成本只需不到两次往返便可收回，因此引航员每月落入口袋的收入可高达汽船总价值的 5% 至 10%。一个半世纪后，豪迪·迪蒂意识到，由于他没有大学文凭，驾驶拖船是为数不多的能够支付给他足够费用的工作，使他负担得起良好的医疗保健，让他的妻子不用工作，在家抚养孩子，并让孩子上大学，这样他们就不会像豪迪或者豪迪的父亲那样，也得做引航员。[4]

同样，任何带有码头的滨河农场或种植园，都可以依赖川流不息的汽船，所有汽船都想着要把货物在上下游之间转移。在密西西比河的冲积区，需要的投资只有汽船搬运工的成本，和买卖双方的河岸码头的成本。河流的规模和滨河农场的数量造成了激烈的竞争，仅仅一个人或者一家公司垄断河流商业是不可能的。多亏了约翰·马歇尔和最高法院，州政府被禁止沿河航线的垄断。沿南部和西部河流运输货物的价格由于竞争而维持在较低水平，而不是由运河公司或州立法机关设置的通行费造成的。

美国各种河岸地区不仅在技术和经济上有所不同，在艺术和文学上也各异。19 世纪中叶，哈得孙河派的典型艺术特征是朦胧、田园风光和河流景观，人只出现在画作的角落里，只是为了提供一种尺度感，甚至是一种代表该地区财富的感觉。但当时密西西比地区的艺术更关注人，比如乔治·宾汉所画的平底船船夫。在这片充满新移民的中部大陆上，各种各样的故事、短语和漫画在密西西比河沿岸不断地被挖掘和放大，年轻的见习汽船引航员塞缪尔·克莱门斯能够在一个绝佳的位置观察当代社会。

像克莱门斯这样的引航员在沿河的许多地方停下来接送乘客或装载货物，不断与沿河的人们交流。但就像 150 年后的豪迪·迪蒂和唐尼·兰德曼一样，这些早期的引航员了解河流，能够读懂滚滚水流，避开水下浅滩。像克莱门斯这样的引航员不用 GPS 和水下声呐来测量深度，而是依靠测探员用的工具伸进河水来测量深度。这些测探员会用英寻[11]计量深度，一英寻就是一个标记。对于一艘汽船来说，一位见习引航员想要听到测探员大声喊出的安全深度，应该是两英寻，或者用 19 世纪

---

[11]　1 英寻 =6 英尺 ≈ 1.83 米。——译者注

马克·吐温

密西西比河上的"马克·吐温"号

50年代的这些河流工作者的俚语来说,那就是"马克·吐温"。这也成了塞缪尔·克莱门斯的笔名。马克·吐温是一位作家,以汽船引航员开始了自己的职业生涯。考虑到密西西比河畔带有的新奇、活跃而热情乐观的特质,这里培养了19世纪最重要的讽刺作家也就不足为奇了。

19世纪80年代,也就是密西西比汽船的黄金时代过去25年后,马克·吐温回到了密西西比,再次来到密西西比河河畔,但他发现政府、科技和经济已经重新塑造了这条大河。托马斯·杰斐逊的工程兵团起初由一小批军官组成,目标并不明确。在《联邦党人文集》中,汉密尔顿认为,国家政府应当能够运用税收机制,包括关税、土地税或人口税,支持政府的职能工作:"一个政府应该具有管理事物和执行责任所需的各种权力,除了关心公益和人民的意见以外,不受其他控制。"[12] 6 起初,联邦政府仅依赖于关税,因为政府的功能非常受限,开支也很有限。在19世纪20年代前,联邦政府在河流航运中并没有发挥什么作用。

然而到了1824年,伊利运河完工。在此之前的一年,约翰·马歇尔宣布联邦政府是州际商业的主要监管者。美国国会在1824年通过了一项看似无关痛痒的法案,即《改善俄亥俄河和密西西比河航运能力的法案》,它是联邦政府主动插手河流航运的首项法案。这项法案精准地将联邦政府的行动限制在那些被认为在州际商业中发挥关键作用的河流上。法案由美国陆军工程兵团贯彻实施。

获得这个最初的立足点后,国会随即通过了一系列法案,基本上每隔几年就会通过一项。每次都在进一步强化联邦政府在河流治理上的角色,并将更多河流纳入治理范围,而每项法案都通过美国陆军工程兵团下设的密西西比河委员会执行。马克·吐温内心充满了怀疑,甚至十分不屑于他们治理河流的能力:

> 了解密西西比的人会立刻断言,或许不会说出来,但一定会在心里想,哪怕有一万个河道管理委员会,哪怕它们背后有强大的支持,都无法驯服这

---

[12] [美]汉密尔顿、杰伊、麦迪逊:《联邦党人文集》,程逢如、在汉、舒逊 译,商务印书馆,第173页。——译者注

条不受约束的河流，无法压抑它也无法约束它，无法命令它"来这里""去那里"，无法让它服从。他们无法拯救已经被这条河深刻塑造的河岸，也不能拦住河流不让它通过，河流根本不会把这些障碍放在眼里。但一个谨慎的人不会将这些话说出来。对西点军校的工程师而言，什么都不如他们。他们认为自己那套深奥的科学能够揭示一切，因此，他们相信自己能够束缚和限制河流，并且驾驭它。对没那么了解科学的人来说，保持沉默、低调，静观他们行动则是一种智慧。[8]

尽管马克·吐温提出了质疑，但工程兵团仍然让那"深奥的科学"持续产生巨大的影响。18世纪到19世纪，《联邦党人文集》中所设想的对联邦政府的约束，是工程兵团会建造一处临时岸堤，或者截弯取直，但总体说来工作非常分散。直到南北战争时期及之后，联邦政府仍然在犹豫是否要干预河流航运，他们总怀疑针对一条河的工程是否真的属于联邦政府的州际议题，还是应当留给州政府自行解决。

但到了1930年后的美国经济大萧条时期，联邦政府发现河流工程对吸纳劳动力格外有效。在撰写《联邦党人文集》的时代，许多对财政或联邦政府的约束被认为是必要的，但到了大萧条时期，这些约束都被大范围地解除。富兰克林·罗斯福批准了大量联邦预算，或者说大量联邦债务，投入河流航运。在此之前，联邦政府只会在战时背上债务。在1837年运河溃堤引发第一次全国经济衰退时，联邦政府对州政府的经济困境毫无作为。但在一个世纪之后的大萧条时期，联邦政府成为财政活动的关键角色，而州政府的行动则相对迟缓。由于这种范式转移，联邦政府在河流项目上的花费从1929年的5700万美元，上升至1937年的1.78亿美元。河流航运工程是首选的支出项，部分原因在于这类工程有长期的经济效益，同时能够吸纳劳动力。单单是在蒙大拿州偏远地区建设佩克堡大坝，就雇用了11000多人，该工程改善了河流交通，开启了对密西西比河的长期治理。在密西西比河上游，之前改善交通的多次尝试大都失败了。然而，新政时期为工程注入了大量资金和劳动力，到1940年，密西西比河上游已经有26座船闸和水坝，在圣保罗与圣路易斯之间开通了9英尺深的连续航道。[10]

在这股河流建设潮流的中心是陆军工程兵团，他们擅长截弯取直、加深河道，也就是对河流进行渠道化的改造。曲流让船只和驳船的航程变得曲折而漫长，危险的沙堤和湍流更易频繁地出现。为了使航运更加便捷，同时降低失业率，将河流渠道化成为工程兵团最喜欢的建设项目。兵团同样集中力量改造密西西比河下游，下游被缩短了150多英里，仅仅是经流密西西比州格林维尔的河段，就从原先的51英里缩短至24英里。在全国范围内，从1936年到1972年，陆军工程兵团改造了超过11 000英里的河流，极大地改变了河流景观。

陆军工程兵团一直没有停止航道改造，即使在大萧条时期结束后也没有停下脚步。到1948年，工程兵团拥有200名军队工程师、9 000名平民工程师和41 000名平民雇员。半个世纪后，在21世纪初，兵团负责总价620亿美元的土木工程建设，职工人数略有收缩，降至35 000人，但这一数量仍然超过能源部、劳工部和教育部的总和。工程兵团逐渐与分肥拨款项目画上等号。在里根政府执政末期，资金相对紧张，在工程兵团1986年的项目中，获得相关项目资助的最主要决定因素是，项目是否位于众议院或参议院领袖家乡的州或地区。20年后，在乔治·W.布什总统否决的12项议案中，第一个是有关工程兵团资助的议案，而众议院和参议院都轻而易举地推翻了总统的否决。他们都迫切希望通过工程兵团将联邦资金引向自己所在的州。[11]

兵团项目的这段历史，甚至是分肥拨款，还使豪迪或唐尼·兰德曼这些人受了益。移除的每一道河弯，在上游建造的每一座水坝都使下游的水流更加平缓，让他们在河流中航行变得更加容易。豪迪在夜晚引航"帕森内奇"号时习惯自负地高谈阔论，政治和河流历史是他最喜欢的话题。他自言自语的主题千差万别，其中包括不少长篇大论，有关于驳船运输与卡车运输的效率、商业运输在农业经济里的中心地位，以及美国政治史。对于自己从事的行业，他简洁明了而准确地捕捉到了其复杂的历史，或许还对此感到一丝愉悦。"国会很久以前就决定河流是为商业服务的，这就是现状。他们要求工程兵团让一些河流像我们的这条河一样可以通航。现在就是这样。兵团在这条河上做得很好。他们把这里变成了一条平缓而容易通行的河流。"

兵团确实在密西西比河下游施展了水力的魔法。到了21世纪，兵团基本上驯服了密西西比河，但还没有征服它。这些努力意味着，"克里斯托弗·帕森内奇"

号和其他拖船在航行过程中非常通畅，都几乎不用停下来。豪迪·迪蒂和唐尼·兰德曼无时无刻不在河上奔波，每天 24 小时、每周 7 天、每年 365 天不间断。正如船员经常开玩笑的那样，唯一能阻止"帕森内奇"号开动的事情就是他们没有咖啡或香烟了。拖船引航员夜以继日地在随处可见的浮标之间穿梭，这些浮标由美国海岸警卫队设置并维护，它们标明了水下的危险，不仅有浅滩，还有工程兵团为"驯服"这条河而建设的基础设施的边缘。虽然我们基本上看不见它们，但为了保持河流通航，联邦政府建设的基础设施越来越多，这些设施包括石堰、护岸、浮标、英里标记和疏浚的沙洲等。早在几十年前，远在密西西比河上游的偏远地区，工程兵团建造了大量水库，来储存春季的径流，并在夏季让这些水库缓慢地外泄。为了防止河流在夏季干涸，这些水坝防水的流量经过精确的计算，确保河流达到足够的深度，供拖船在数千英里长的下游行驶。

豪迪不需要了解石堰的原理，也不用知道各水库储存了多少水。"帕森内奇"号推动的驳船需要 12 英尺的吃水深度。豪迪知道工程兵团正在尽一切努力保持浮标之间的深度达到最小深度。他知道海岸警卫队会定期测量河流的深度，移动浮标来标记航道的边缘。联邦政府不仅有责任标记"两英寻深度"，还有责任尽量保持航道位置的稳定，让拖船领航员不必时常更新记得的那些信息。

即使河流交通在很大程度上并没有引起人们的注意，即使随着伊利运河的遗迹几乎消失，即使河流交通在东海岸几乎不复存在，河流交通仍然是国家经济的核心。用驳船运输货物的成本低得惊人：2014 年，利用豪迪和唐尼的驳船航线将一吨谷物从明尼苏达运到新奥尔良，其成本仅为 6 美元。从伊利诺伊州开罗到新奥尔良，费用只需 3 美元。全国水道系统的主要河段的运输量持续增加：从 1924 年到 1970 年，河流货运总量从 3 400 万吨增加到 4.72 亿吨；到了 2000 年，全国 25 000 英里的可通航水道的运输量达到 8.8 亿吨。这不仅仅是将谷物从中西部运到新奥尔良，在密西西比河下游同样也在运输石油产品。正如豪迪有一次喃喃自语中所说，"你负担不起用卡车把谷物从中西部运到新奥尔良的费用，甚至火车的运输费用也几乎无法负担。你得有河流，要有驳船"。[12]

大河上的现代商业交通范例来自密西西比州纳奇兹，那里的特点有明显变化。沿着豪迪·迪蒂和唐尼·兰德曼向南的航线，顺密西西比河而下，他们偶尔向迎面

1927年洪水期间,密西西比州格林维尔的临时人行道

而来的拖船广播，协调两船如何擦肩而过。但从纳奇兹开始，"帕森内奇"号的无线电通讯成了持续的背景音，而不再是偶尔一通电话。引航员开始在广播里听到外国口音，一些新的船型出现了，那些大船看起来显然不是为了河流而生的。在纳奇兹河段，工程兵团的疏浚驳船停泊在海岸警卫队的船只旁边，后者正在处理一些突发事件。在纳奇兹，豪迪·迪蒂变得没那么健谈了，相反，他把注意力集中在不间断的无线电沟通上，让"帕森内奇"号在巨大的远洋船只周围移动，沿着这条深度疏浚的河流缓慢地蜿蜒前行。当"帕森内奇"号到达新奥尔良时，河上成了驳船、拖船、轮船、谷物升降机、精炼厂和管道的大集合。想象一下，这就像在一年中最繁忙的旅行高峰时期，把一个卡车站、一个购物中心的停车场、一个工业园区和一个休息区合在一起，然后再把所有那些东西都放大，在河流中不断移动，你就知道密西西比河上的新奥尔良是什么样子。

在纳奇兹和新奥尔良之间，美国河流的过去和现在开始交织在一起。甲板上的船员开始拆卸"帕森内奇"号的拖船，小拖船成群结队地围着不断缩小的船体，它们分别把不同的驳船送到上游或下游不同的码头，或者送到开往中国的船上，而此时的豪迪·迪蒂已经开始为北上的行程准备文件了。就在下游，许多空驳船一切就绪，等待着被拉到上游，在那里再装满来自美国内陆的产品，然后被运回新奥尔良出口。

在18世纪70年代，当宪法的制定者解释宪法的含义并计划如何实施时，东部沿海的港口是当时的商业中心。从詹姆斯河上的里士满到哈得孙河上的奥尔巴尼，这些河流和港口坐落在海洋和陆地的连接处，处在18世纪的进出口之间，在经济上起到了至关重要的作用。木筏或平底船顺河流而下，上面装载着农场和种植园的农产品，而沿河向上的船只则运输着从欧洲运来的货物。

豪迪·迪蒂在新奥尔良遇见的驳船和轮船的组合，就像陆地和海洋的结合，相当于殖民时代河流上平底船遇见海洋纵帆船。正如《联邦党人文集》第二篇中设想的那样，新奥尔良的密西西比河是美国的集合体。由于运输商业的工作以一种必要方式将公民聚集在一起，因此出现了拖腔和鼻音这些不同的口音混合在一起的情况。这是一个起点，把不同的人捆绑成一个国家，虽然不完美，但仍然可能有凝聚力。

第 3 章
防洪堤的出现

从密西西比州维克斯堡到田纳西州孟菲斯,想要在密西西比三角洲上行驶 200 多英里,你有两个选择。3 号公路位于三角洲东部边缘,沿三角洲边缘穿过粉砂和粘土的丘陵,丘陵上满是葛藤。向西,1 号公路径直深入三角洲的平坦地带。1 号公路没什么起伏,70 英里宽的三角洲也没什么地貌变化,除了一座与密西西比河平行走向的小丘。这是个防洪堤,是唯一的地理特征,横亘在密西西比河和 7 000 平方英里平坦肥沃的耕地之间。

防洪堤是最直接的防洪设施。最简单的形式的防洪堤只是沿河堆积的小土堆,为地面增加一两英尺的高度,可能刚好能在洪水期将河水限制在河道内。但最宏伟的防洪堤是经过精心规划、设计和管理的基础设施,整个城市、地区和经济都依赖着这种基础设施。在密西西比三角洲,防洪堤沿着每条主要和次要的支流、每个沼泽和泥沼而建,延绵数英里。

密西西比河干流河道的防洪堤规模惊人,形态高度统一,它是一堵坚实的土墙,底部宽度超过 300 英尺,高度差不多 4 层楼高,堤上有一条宽阔的道路。想象一下,用一大块梯形的泥土填满一个大学足球场,一直填到看台的顶部,再在上面修一条路,然后用这些被填满的"体育场"一个接一个地连续排在河流两岸,从维克斯堡一直排到孟菲斯。这就是人们给密西西比河穿上的"紧身衣"。防洪堤向南延伸到新奥尔良,向北延伸越过孟菲斯,向上游延伸数千英里,直到明尼阿波利斯,还沿着俄亥俄河和密苏里河等其他主要支流,延伸到相交的其他河流上。

2013 年 5 月,密西西比河的峰值流量达到每秒 126 万立方英尺(cfs,一种河流流量的标准描述)。为了让你对密西西比河的水流有个概念,126 万 cfs 相当于每秒流过 880 万加仑的水,这些水足以在三天多的时间里,让米德湖的水位上升到胡佛大坝的顶部。由于密西西比河流域面积广阔,地理环境多样,5 月的洪峰实际上是当年维克斯堡两次洪峰中的第一次。第一次洪峰的水来自俄亥俄河谷和中西部地区,水流通常来自早春时节雷暴和冷锋产生的降水。第二次的水流来自落基山脉和大平原的融雪径流，它一路穿越大陆的"咽喉"，也就是密苏里河，然后继续流进密西西比河。洪峰的时间相当有规律，但洪水的大小每年都会有大幅度波动。2013年是典型的一年，河水一直漫到河岸边，有些地方甚至漫到了防洪堤底部，但离防洪堤的顶部还很远，这些防洪堤能够承受的最大流量是2013年流量的两倍多。

肯特·帕里什在美国陆军工程兵团维克斯堡分队工作，他管理着410英里的防洪堤。2013年的河水流量不大，帕里和维克斯堡工程兵团办公室的其他人都很平静。工程兵团是负责防洪的联邦机构。兵团的工程师修筑堤坝，每当发生洪水、决堤或其他水文灾害时，兵团会主动调动军用卡车和直升机来执行各种抗洪任务。但在洪水来临前后和洪水来临时工程兵团那些台面上的工作，掩盖了美国防洪工作中更真实的部分。

帕里什在工程兵团主要负责防洪堤管理，他表示，在洪水期间，兵团参与的大部分工作十分单调："我们在兵团只是建造防洪堤。"帕里什的大部分工作并不出风头，他大多时候只是检查洪水水位，或者打电话之类的。帕里什说，真正的工作是由负责防洪堤，或者说堤防区的机构完成，他们负责维护防洪堤，在洪水期间冲在最前面。与工程兵团相比，堤防区更鲜为人知，但它们无处不在，如果你仔细查看一张河沿岸防洪基础设施的大地图时，就会发现它们的存在。有些防洪堤被标记为属于工程兵团，而其他一些被标记为属于某片地区。许多堤防区都坐落在一座巨型的防洪大坝的下游，大坝是由工程兵团建造并运营的。在防洪方面，工程兵团的作用可能并不如这些堤防区，这些被忽视的堤防区才是理解防洪的关键。

帕里什密切合作的一个堤防区是密西西比河防洪堤委员会，位于密西西比州格林维尔上游约100英里处。格林维尔不偏不倚地坐落在密西西比三角洲的中心。密西西比河沿岸的大多数城市都发展于河流弯向河谷边缘的地方，这些城市通常靠近陡岸，维克斯堡、亚祖奥市和巴吞鲁日等城市都是这样。陡岸上的城市离河流不算远，但也能免遭洪水侵袭。但格林维尔却离河很近，而离陡岸很远。这座城市需要依赖防洪堤。

格林维尔市中心就挨着防洪堤的一侧，这里的老城区就在防洪堤脚下。在河边，防洪堤被铺平了，成为城市公园的停车场。沿防洪堤向上是一系列铜牌和线。每条线都标出了洪水期间河面的高度，铜牌上的数字代表年份。当太阳从西边落山

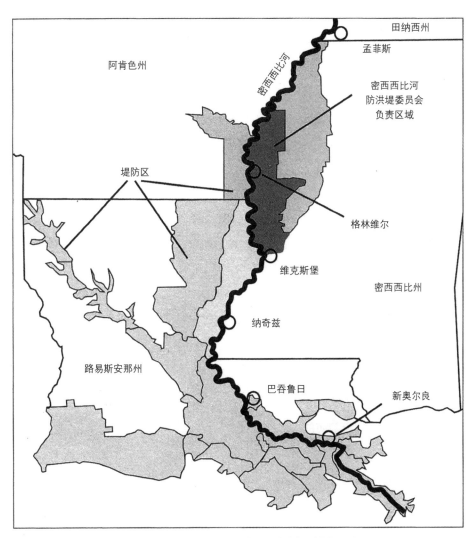

密西西比河下游河谷的主要堤防区,像拼布一样拼在一起

时，防洪堤投下的阴影从街道上溜出来，慢慢爬上大楼的立面，就好像防洪堤溃决时城市被水慢慢占领似的。

这些防洪堤不仅在地图上被标记为密西西比防洪堤委员会的地盘，委员会对防洪堤还有着更深远的贡献。密西西比防洪堤委员会的总部很小，并不起眼，它在一栋办公楼里。但大楼内部有一条走廊，走廊两旁着历任总工程师的黑白照片，这些照片可以一直追溯到 1865 年，当时南方的防洪堤经历多年的战争，还有前后三次巨大洪水洗礼，已经变得千疮百孔。这些照片中的人物中有 S. W. 弗格森将军、威廉·史塔林和威廉·埃拉姆，他们在河流科学和水利工程领域十分著名，都是防洪领域最具代表性的作者，出版了许多相关的科学文献和图书。对于流体力学和水利工程领域的泰斗来说，密西西比州的乡村地区似乎不是一个天然的理想之处，尤其是格林维尔。这些工程师似乎会在维克斯堡或新奥尔良和工程兵团一起扎根下来。但格林维尔这里的堤防区一直是工程中心，现任总工程师彼得·尼姆罗德也延续着这一传统。

当尼姆罗德走过前辈们的照片时，他喝了一小口咖啡，慢慢地拉长声音："就是这样，这是条令人望而生畏的走廊。"除了这个名人堂，这座小办公楼里还有一间会议室，它同时也是令人印象深刻的图书馆和博物馆，里面的所有东西都与洪水有关。会议室的墙上排列着历史上发生的洪水的照片，当时堤防区的情况并不乐观。一些照片里，狭窄的防洪堤上设有难民营，防洪堤被数英里的水包围。还有照片记录了淹水深度达 5 英尺的格林维尔，以及负责运输沙袋的人的照片，他们正试图抵御洪水上涨的最后几英寸，还有一些照片提醒人们，防洪堤委员会常年需要避免什么。

尼姆罗德和他的助理工程师鲍比·汤普森花了一个小时来讲述防洪前线的生活。他们描述了他们管理的防洪堤，从庞大的主防洪堤到更隐蔽的回水和支流防洪堤。他们了解这片区域内数百英里防洪堤，还有它们周围的每座小丘和每栋房屋。肯特·帕里什和下游的兵团负责密西西比河沿岸的规划以及整体的防洪堤系统，而尼姆罗德和防洪堤委员会则负责处理属于他们的特定地理区域内，那些防洪堤日常管理的各种细节，比如不断修剪防洪堤上的草。另外，他们还需要加宽和加厚防洪堤，这就需要他们处理与土地所有者之间的长期问题。委员会目前正在与一位固执的房主谈判，这位房主的房子就在防洪堤需要拓宽的区域内。即使防洪堤委员会拥有土地征用权，而防洪堤是唯一立在房主的家和河流之间的东西，但这样的问题仍然会发生。当时河水流量没有太大的年份，比如 2013 年，尼姆罗德和汤普森就需要处理这类事情。而在洪水期间，堤防区进入抗洪模式。在洪水期间，政府每晚会检查防洪堤的每一处，他们要发现问题，并组织人员填塞沙袋，遇到防洪堤可能不稳固时，还要及时撤离容易受洪水影响的区域。

这种看起来杂乱无章的责任划分，给防洪工作带来了一定的混乱。谁在负责？谁要做什么？工程兵团和防洪堤委员会都是政府为防洪工作而设立的。两个机构都有工程师、水文学家、推土机和船只。它们在防洪方面的角色和责任不同，但两者又有重叠和交叉。这种重叠及其产生的"谁在负责"的混乱，就是来自联邦制，也就是美国治国的最基本要素。1787 年，当宪法的制定者开始重新思考政府结构时，他们面临的最大挑战是平衡中央化的国家政府的需要与州和地方自治的渴望。最终的结果就是联邦制的概念，也就是不应该只有一个单一的政府，而是伍德罗·威尔逊后来描述的"政府内的一系列政府"。[1]

在这种联邦制体系下，权力不仅应该在政府各部门之间共享和分割，还应该在政府各层之间共享和分割。从联邦政府到各州，再下到郡、市、村和镇区，每一层政府都将承担各自的工作和责任。立宪者设想了一个国家中央政府，它将负责只有它才能保障的更广泛的利益，例如国家安全、通过自由贸易实现的经济发展，或者基础科学研究。其他所有职能都将移交给最接近社区的最基层政府来解决问题，因为这一级政府最了解那里的人民和地区真正的需求。[2]

整体思路大致如此。而要将这种理念付诸实践，意味着首先必须通过联邦制的理念提炼出政府职能。因此，对于防洪来说，恰当的问题并不是"什么政府机构应该负责防洪？"相反，核心问题其实在于"哪一级政府应该负责防洪？"这个问题的答案，就像几乎所有防洪的创新和发展一样，来自密西西比河下游河谷。

19 世纪初到达密西西比河谷的移民面对着数万英里的可通航的河流，与世界上最肥沃的土壤。拓荒者的梦想是把这片土地变成冲积的沃土，但他们唯一受到的限制就是洪水。密西西比河谷的主要城市有新奥尔良、维克斯堡、孟菲斯和圣路易斯，它们地形特殊，能够远离洪水。然而，想要开发河谷的潜力，农场主必须防洪，这意味着要修筑防洪堤。

当时，联邦政府基本上没有什么行动。州政府承担着几乎所有的政府角色和责任，它们转头又试图把这些责任推给地方政府。19 世纪 30 年代，在密西西比州和路易斯安那州开始出现堤防区，这种防洪的解决方案就是在这种政治气候下自然形成的。例如，整个密西西比州不需要通过征税来积累筑堤的资金，因为该州的大部分地区都不易受到洪水影响。来自洪水泛滥的三角洲的种植园主组织起密西西比防洪堤委员会，密西西比州政府承认堤防区是正式的政府单位，与格林维尔或杰克逊的市政府同级。但是，市政府有着更广泛的责任，而堤防区的责任只有一个，那就是防洪。堤防区能够向该地区内的土地所有者征税，并以公司形式运作，包含主席、董事会和监事会。堤防区之于洪水，类似现代学区之于教育，两者都是具有特定职能的政府单位，在某片区域内以某种目的进行自治。

按照联邦制的理念，堤防区的规模依问题而定，这些区域要大到足以建造更长的、更坚固的防洪堤，资金也比土地所有者分散地提供的更为充足。然而，这些区域也要小到能确保堤防区对管辖的区域有足够的了解。州政府在促进或规范堤防区运作上发挥一些作用。例如，州政府会购买堤防区的股票，来提供财务支持，同时制定了一些跨区域的工程设计标准，这很像今天全州范围内的学校教育标准。但这些地方政府单位负责一些实际工作。[3]

防洪堤不止出现在密西西比河谷。其他大多数州都采用了堤防区的管理方式，使它们成为南方腹地普遍存在的地方政府单位。然而，将政府职能下放到最地方一级的政府，能够产生广泛的影响，因为成功的管理取决于地方的主动性、专业知识和尽职程度。并非所有的堤防区都具备这些合适的素质。在淘金者疯狂地涌入加利福尼亚州中央山谷定居后不久，萨克拉门托针对 1850 年的洪水建立了一个临时堤防区。但萨克拉门托并没有沿河修筑防洪堤，而是修建了一个环绕整个城镇的防洪堤。仅仅过了两年，当防洪堤建成后第一次面对洪水来袭时，就溃决了。[4]

地方政府的能力不是唯一的问题，主动性也成了一种长期问题。例如，历史学家约翰·汤普森找出了伊利诺伊州大天鹅堤防区的一次会议的会议记录，在那里，修建和维护防洪堤的工作常常是农民的一项副业。正如会议记录反映的那样，出席

会议的人并没有比参加市政厅或业主协会会议的人认真到哪里去：[5]

　　在不停地推迟，还有记错会议的时间和地点之后，晚上（防洪堤）委员会的委员一个接一个地来了，他们都在谈论农场的事情，还有社区里的闲言碎语，也许有一个或几个委员听到了一些十分值得商榷的笑话。

　　因此，每个主题都难以推进，没有任何人提示或暗示此次聚会的目的，一个人开始伸手去拿他的帽子，另一个没戴帽子的人手握着门把手，主席建议，我们可以听听上次的会议记录或者类似的记录，如果有这样的记录的话，还有类似付讫或以其他方式处理的账簿。我开始翻找这些标记，同时注意到有一位委员已经离席，当我阅读完账簿抬起头时，我听到下边的门枰的一声关上，因为最后一位委员已经离开了屋子，因此我认为会议暂时休会。

　　　　　　　　　　_____ 主席 _____ 秘书

　　　　　　　　　　如果你回来，请在这里签字。

　　尽管在美国某些地区，一些较小的堤防区不把它们的任务当回事，但密西西比下游河谷的堤防区关注着防洪堤建设和维护的每一个细节，尤其是格林维尔的密西西比防洪堤委员会。在整个19世纪和20世纪早期，堤防区购买土地修筑最好的防洪堤，然后重建或修复遭受洪水破坏的防洪堤。他们认真对待这项任务，从各堤防区为筹集资金而设置的高额税收就可以看出这一点，这些资金被用来雇佣国内最好的水利工程师。由于堤防区在防洪中发挥了关键作用，同时该地区的农业经济蓬勃发展，到了20世纪初，这些堤防区已成为水利工程专业知识的核心。美国完全依赖防洪堤来防洪，而联邦制将这一责任留给了堤防区。

　　但是，防洪堤并不是防洪的唯一工具。防洪的目标是尽可能以最可控的形式将所有降水从流域中排出。防洪堤是将河流的水流限制在可控的河道里，这可以使河流变窄，从而提高水流速度，并加深河道。更深、更快的水流会让河流进一步侵蚀河床，因此降低洪水的水位，带来额外的好处。

　　另一种防洪的方法是截弯取直。当河流沿着它们自然弯曲的路径蜿蜒前进时，流速在拐弯处会显著减慢。当河流变直后，水流加速，使更多的水能在较浅的深度上流过，从而降低洪水的水位，同时冲刷河床。

第三种方式是利用出口或分流，将水从河谷中排出。洪水分流基本上是可控的，额外的河道能接纳过多的水流，减少主河道的水量。阿查法拉亚河是密西西比河通往墨西哥湾的一个天然的出口，也是密西西比河的第二条河道。这条河道始于巴吞鲁日下游，新奥尔良的上游。新奥尔良可以利用这个天然出口进行防洪，减少主河道经过新奥尔良时的流量。

第四种方法最彻底。它利用时间而非空间来延长洪水，或者随时控制流经河流的水量。这就是水库的用处。水库可以在早春积蓄小支流上的洪水，然后在整个夏季的很长一段时间内缓慢释放洪水。通过精心规划和设计水库，可以调控支流水库释放的流量，让下游的洪水不会达到临界水位。工程师们经常说水库是"拦洪削峰"。

直到20世纪中叶，由地方政府管理的防洪堤一直是管理洪水最常见的方法。虽然堤防区通常向州政府要求更多的资金支持，而州政府会转而游说联邦政府更多地参与防洪，但联邦政府仍然保持距离，认为洪水是地方的问题。在19世纪中后期，联邦政府给予了州政府极大的尊重。在未明确涉及州际商业利益的地区，联邦政府一直没有介入承担防洪的责任。

19世纪中叶，密西西比三角洲不断发生洪水。堤防区一直在积极修建和维护一条不断增长的防洪堤线路，但他们的工作不断被春季的洪水摧毁。然而，该地区是一个新兴的农业区，在国家经济中的作用越来越重要。由于三角洲对整个南方地区的经济具有重要影响，而新奥尔良也是一个在国家层面十分重要的港口，联邦政府不得不介入处理三角洲长期存在的洪水问题。国会并没有在防洪方面做任何实际的工作，而是选择资助了一个关于密西西比河谷洪水的大型研究项目，作为一种国家介入的方式。该研究项目将针对密西西比河谷解决洪水问题，但也能为全国其他地区的洪水问题提供一定见解。也就是说，联邦政府是在资助基础科学研究。

国会最初计划对密西西比河下游的洪水进行一项研究，帮助厘清问题并提供解决方案。但最终国会委托进行了两项独立的研究，每项研究分别提出了一套方案。负责两项研究的两位工程师截然不同，他们的研究对未来的防洪和联邦制的影响也大不相同。

平民工程师小查尔斯·埃利特首先迈出了第一步，第一个完成了研究。国会起初考虑资助工程兵团的项目，工程兵团通常是联邦政府的科学和工程中心。但是到了 19 世纪中叶，平民工程师的地位已经大大提高，他们的出现也让民众对军事工程师产生了更多不信任的情绪。平民工程师不仅大量参与到全国河流的堤防区工作，而且还负责大量运河工程、船闸和水坝，以及全国各地越来越多的纵横交错的铁路建设中。选择埃利特是为了响应平民工程师的要求，让这一群体独立评估密西西比河的项目。

埃利特最初的职业生涯反映了当时平民工程师的典型经历。他 17 岁时在苏斯奎汉纳运河上以助理工程师的身份见习，随后从事切萨皮克运河和俄亥俄运河的早期勘测工作。他早期的训练纯粹来自国内工程建设中的亲身实践。但埃利特后来通过寻求更正规的教育，使自己从平民工程师中脱颖而出。他移居法国，那里是土木工程教育的中心。在与拉斐特（Lafayette）本人见面后，埃利特进入了国立路桥学校学习，那是世界上最古老的土木工程学校。除了进行正式研究之外，埃利特还参观了诸多基础设施，它们比 19 世纪 30 年代的美国的设施要先进得多，包括四通八达的运河网络、悬索桥，还有瑞士的一些水坝和水库。[6]

回到美国后，埃利特成为美国最杰出的工程师之一，他拥有极广泛的专业知识，是刚成立不久的詹姆斯和卡诺瓦运河公司的总工程师，后来提案并设计了美国第一批悬索桥，分别位于费城的斯库尔基尔河和弗吉尼亚州惠灵的俄亥俄河。他写了一篇论文，提出了一种设置通行费率和运费的理论，来资助运河及铁路的内部改进。在南北战争期间，埃利特将注意力转移到造船学和海战上，随后又转移到了军事战略上。他是最早批评麦克莱伦将军的军事战术的人之一，后来，亚伯拉罕·林肯解除了麦克莱伦将军的指挥权。

无论在哪个领域中，埃利特都被视为一位有学识的科学家和工程师。总而言之，他的能力赢得了平民工程师的广泛赞誉，他们称埃利特是那个时代的大师，他就像是 19 世纪科学与工程界的史蒂夫·乔布斯，有能力对任何问题提出创新的解决方案。1862 年埃利特去世后，许多工程杂志称赞他在技术上的成就。在他去世将近一个世纪后，著名的《政治经济学》杂志提到了埃利特开阔的思路和综合思考的能力，说他是"罕见的实干家，能从一般位置审视问题，能够将大量看似不连贯的

埃利特设计的悬索大桥

埃利特

物理和经济数据整理成一系列明显的关联性"。[7]

另一位受国会委托调查密西西比河洪水的工程师是安德鲁·汉弗莱斯。如果说埃利特是一只聪明的狐狸，那么汉弗莱斯就是一只刺猬，他的生活和事业都与洪水、防洪堤和密西西比河下游密不可分。汉弗莱斯毕业于西点军校。当时，西点军校还是美国工程界"婴儿"的唯一官方"托儿所"。汉弗莱斯从西点军校毕业时，在全班31人中排第13名，毕业后他在一个接一个默默无闻的岗位上轮换，这些岗位是为无人注意的军官而准备的。当时埃利特在平民工程圈已初露头角，汉弗莱斯在军事工程界仍然毫无建树。

汉弗莱斯在一次海岸调查中取得了事业的突破，当时他以一丝不苟的工作给上级军官留下了深刻印象。从这个相对平淡的起点开始，汉弗莱斯被选为负责密西西比河勘测项目的军事工程师。他被分配了和埃利特一样的任务，但他以军事工程师的观点来研究这个问题。

这两个人不仅背景不同，处理问题的方式也大不相同。汉弗莱斯从军事和经验上解决这个问题。他组织了三个小组，研究密西西比河下游的水力学和沉积物的运动。他收集和整理数据，像一位军官带领着一排收集数据的士兵那样处理问题。相比之下，埃利特则把他自己当作学术休假的学者来进行这项工作。他带着妻子和家人搬到了新奥尔良。他利用关于密西西比河已有的信息，还有之前他做出的有关俄亥俄河航运方面的一些成果。大多数时候，埃利特是思考和写作。[9]

1851年夏天，当埃利特完成他的报告时，汉弗莱斯的精神崩溃了。这项勘测任务的体力和脑力消耗让这位军官不堪重负，汉弗莱斯停止了项目的所有工作。他先搬到费城养病，然后又到欧洲继续康复，同时检查那里的河流工程。直到1857年，汉弗莱斯才重新开始了密西西比河的勘测工作。那时，埃利特的报告已经在国会那里放了5年多。汉弗莱斯回来后找了亨利·阿伯特中尉做他的助手。汉弗莱斯把阿伯特送回密西西比河，完成剩下的勘测工作。最后，在南北战争来临前夕，汉弗莱斯和助手阿伯特完成了他们的报告，那是一份长达500页的关于河流水力学和密西西比河的论文，报告在南北战争刚刚开始之时提交给了国会。

两份报告有很多不同之处，但在最基本的层面上，埃利特看到了更遥远未来的潜力，而汉弗莱斯和阿伯特则关注眼前的限制。汉弗莱斯和阿伯特的报告从头到

汉弗莱斯

尾信息都很密集，报告的标题包含令人望而却步的字眼——《密西西比河物理和水力学报告》。以这份报告为基础，军事工程师就河流的流动方式展开了一篇精辟的论文。他们的报告中有大量的数据、表格、计算和脚注。用多年后阿伯特的话说，这次勘测摸到了"大河的脉搏"，他们艰难地测量了大河上下游在所有深度上和所有有记录的洪水中复杂的运行机制。从各个方面来说，这代表了决定论和还原论，这两者是 20 世纪早期工程学的特点。事实上，报告中的科学一直被认为是开创性的。在随后的几十年里，汉弗莱斯的报告确立了他作为世界水力学权威的地位，再加上他在南北战争中的表现，最终他登上了令无数人垂涎的美国陆军工程兵团总工程师的职位。[10]

汉弗莱斯将他的分析总结为：防洪堤是唯一的选择，这也成为他之后的职业生涯中不断强调的一点。在对数据和公式进行了详细评估后，汉弗莱斯全面抨击了其他所有观点，傲慢地对所有其他方案置之不理，包括上游水库蓄水和分流等，他认为这些方案是"不现实的"。只要有机会，汉弗莱斯就利用他的数据来反驳其他观点，特别是埃利特的。他经常将"直接测量"几个字改成斜体，使他在所有问题上的权威性有了一个优越的基础。他测量过，而其他人都只是在猜测。在对其他防洪方案进行了数百页的攻击之后，他终于提出了建议，那就是"必须依靠有计划的防洪堤系统来抵御密西西比河谷的洪水"。读者如释重负，抨击结束了，我们找到了解决办法。接着，他将他的经验方法变成斜体，强调这不是直觉的方法："*已经证明*，无论是通过支流分流，还是修建水库，都没有任何优势，而且截断（曲流）和新建或扩建出海口的方案成本过高，也十分危险，不值得尝试。"[11]

但更关键的在于，汉弗莱斯不仅巩固了防洪堤的原理，而且巩固了现有的防洪政策，也就是联邦制。在他总结的气温和历史洪水水位高度的表格中，有 13 页的内容包含了堤防区治理的历史，这是一份藏在科学研究中的政策文件。他特别指出，密西西比州的堤防区是"明智的州政府运作系统"，其他州应该效仿。汉弗莱斯-阿伯特的分析的最终结果是建议维持现有联邦制模式：联邦政府应该提供科学原理，而州应当监督堤防系统。

相反，埃利特的报告的基调和角度截然不同，这份报告名为《密西西比河和俄亥俄河：包括保护三角洲免受洪灾侵袭的计划，以及通过水库改善俄亥俄河及其他河流航行的实践性和成本的调查》)。从标题开始,埃利特的报告就不同。报告的标题将密西西比河与俄亥俄河联系在一起,并表明水库是解决方案。汉弗莱斯的报告其实是一篇关于水力学和密西西比河的论文,而埃利特的则着眼于分水岭和治理,并分析了联邦制的失败。[12]

埃利特的报告的主旨是,密西西比河下游河谷的各州,尤其是路易斯安那州,正受到上游许多州活动的负面影响。因此,整个国家对下游的州负有责任。埃利特研究了洪水的水力学,并意识到,像汉弗莱斯所做的那样,在历史上洪峰波及地区规划防洪堤,简直是种幼稚的做法,因为过去的洪水并不能很好地预测未来那些不可避免的泛滥。埃利特认为,上游河谷的沼泽和森林地区本身就是蓄洪的巨大水库,因为大型洪水可以蔓延到谷底,并像在水库中一样在那里被保留下来。然而,随着中西部的农业持续发展,导致上游森林和滩涂消失,进而影响到了密西西比河下游河谷。

因此,埃利特希望联邦政府介入。直到1849年,分布在河流和河漫滩的未开发的沼泽地一直是公共区域,它们归联邦政府所有,类似于21世纪的美国国家林务局的土地。为了促进土地开发和内陆地区的人口定居,国会分别于1849年、1850年和1860年通过了《沼泽地法》,该法将15个州近6 500万英亩的沼泽地的所有权转给了州政府。这种所有权转让带有一条限制:各州出售这些土地所得的收入,必须用于建设土地开发所需的防洪堤和排水系统。联邦政府不仅鼓励移民迁到易受洪水侵袭的地方,还要求对中西部地区河流上游的沼泽和河漫滩的森林进行砍伐,于是密西西比河下游河谷的洪水压力大大增加了。埃利特将联邦政府视作问题的一部分,并认为联邦政府也必须成为解决方案的一部分。[13]

因为下游的洪水相当严重,而且只会变得更糟,埃利特的解决方案认为任何方法都应该尝试。他希望在密西西比河下游开挖通往博恩湖的河道出口,并扩大普拉克明河口和阿查法拉亚河的河道出口。考虑到上游活动对下游地区的影响,他反对截弯取直,这并不是因为他认为截弯取直无效,而是因为他担心这样做会加剧下游洪水泛滥。最重要的是,埃利特倡导修建水库。他建议在俄亥俄河和密西西比河的支流上建立上游的水库系统。水库可以在春季储水,然后在夏季数月中逐步释放水流,尽量减少洪水,并在枯水期补充航运所需的水量。埃利特设想的水库非同寻

第 3 章 防洪堤的出现 | 55

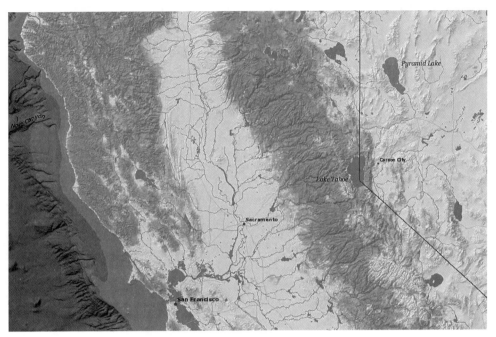

萨克拉门托河在加利福尼亚州中部形成了肥沃的河谷

常,预估的规模和成本惊人,但埃利特认为水库必不可少。防洪堤起到了一定的作用,但应当谨慎修筑,作为最后手段来使用。埃利特认为,仅仅依靠防洪堤,给了人们"一种虚假的希望,和最危险的纵容,因为防洪堤带来了一种虚假的安全。"[14]

1862 年,就在汉弗莱斯提交报告的几个月后,埃利特在第一次孟菲斯战役中死在了密西西比河,此时距埃利特提交报告已有数年。相比之下,汉弗莱斯在南北战争中声名鹊起。他继续担任兵团的总工程师,领导兵团执行自己的建议。他的建议的核心,因此也成为美国陆军工程兵团防洪政策的核心,就是严格的"只限防洪堤"的防洪原则。兵团逐渐进入了防洪的领域,但只用自己的方式,那就是防洪堤。

在接下来的几十年里,防洪堤的规模和数量都在增长,覆盖范围也远远超出密西西比河下游河谷。到第一次世界大战开始时,密西西比河上游已经建设了 52 个堤防区,保护了几十万英亩的河漫滩,并沿伊利诺伊河修建了 330 多英里的防洪堤。为了保护加利福尼亚州萨克拉门托河谷的农田,又有数百英里的防洪堤建了起来。[15]

埃利特在这场防洪战役中输给了汉弗莱斯,其中既有意识形态的原因,也有科学的原因。汉弗莱斯支持的防洪方法以州政府为驱动,以堤防为中心,这在 19 世纪后期联邦制的合理范围内。但埃利特提出的解决方案需要在全国范围内进行系统的规划,并由联邦政府提供大量资金,这就不得不重构联邦制。除了在州政府的监督下修筑和维护防洪堤之外,如果要采取其他任何方法来进行防洪,就需要某种事件,动摇国家对防洪堤和联邦制的看法。一系列的特大洪水提供了这样一个契机,而大萧条则是另一个契机。

第 4 章
防洪

1927 年春雨时节来临之际，密西西比河沿岸的农民像以往一样惴惴不安，他们在估计当年农作物减产的可能性。一方面，防洪措施已经明显提升，密西西比河下游的防洪堤所用土方超过 2.5 亿立方码[13]，这些土足以把 240 平方英里的土地覆盖一英尺的。堤防区的工程师是备受认可的科学家，他们游历各国，在著名的学术期刊上发表文章。防洪堤也起到了更大的作用，从南北战争结束到 1927 年，沿河农场受洪灾的可能性大约降低了一半。[1]

然而，人口增长、工业和农业的快速发展使大河沿岸地区更容易受到防洪堤决口的影响，防洪堤和城市地区的防洪墙也尚不完善。1897 年密西西比河洪水淹没的区域占密西西比河防洪堤委员会管理区域的 87%，也就是委员会管理的 2593 平方英里中的 2270 平方英里被淹没。虽然经过大规模的重建，1912 年防洪堤再次决口，淹没了超过 52% 的地区。城市地区受到的影响也不小。1907 年匹兹堡中心商业区遭受洪灾，造成 10 万工人失业，劳资关系紧张。随后，1913 年俄亥俄河的洪水比先前的最高水位高出 15 英尺，造成 3 亿多美元的损失，700 多人被夺去了性命，这比 1871 年芝加哥大火的死亡人数还要多。随着萨克拉门托河不断泛滥，加利福尼亚州日益增长的人口也面临着毁灭性洪水的威胁。在 20 世纪初，当地工程师估计，萨克拉门托河可能出现每秒 30 万立方英尺的洪峰，而在 1907 年和 1909 年，萨克拉门托河的洪峰都已接近每秒 60 万立方英尺。[2]

但是，没有一次洪水比得上 1927 年密西西比河的洪水，这次洪水对一个地区，甚至整个国家，都造成了深远的影响。几乎所有对 1927 年洪水的描述或统计都过了头，但却都没能完全概括这场灾害的全貌及其严重性。密西西比河干流的防洪堤出现 100 处决口，洪水淹没了 7 个州共 26 000 多平方英里的土地，这一面积超过了西弗吉尼亚州的总面积。70 多万人流离失所，从屋顶、堤顶，甚至树上救起了约

---

[13] 1 立方码 ≈ 0.765 立方米。——译者注

30万人。洪水造成了数以万计的牲畜损失,还有数百万英亩全国最高产的农田被淹没。³

除了这些直接影响,洪水还带来了间接影响。美国中西部的农民一直依赖密西西比河将他们的产品运送到新奥尔良再出口。由于河流和大量地区被洪水破坏,所有待出口的农产品都堆积在中西部上游地区。数周来,由于3 000多英里的铁轨被淹没,火车无法跨越圣路易斯以南的密西西比河。全国各地都受到了影响,总体损失难以估计,至少约10亿美元,要知道,当时的联邦预算通常不足30亿美元。由于路易斯安那州和密西西比州遭受洪水侵袭,密苏里州和堪萨斯州的农产品变质,造成了浪费,防洪不再是地方问题,开始逐渐上升到了国家层面。⁴

1927年后,洪水继续肆虐。从1928年的佛罗里达州开始,在接下来的10年里,洪水袭击了美国几乎所有地区。1928年夏末,佛罗里达州中部和南部的洪水造成2 500人死亡,其中大部分是大沼泽地的贫穷黑人。⁵随后,从1935年1月起,华盛顿州、弗吉尼亚州的詹姆斯河和西弗吉尼亚州的卡纳瓦河都发生了致命的洪水,造成数十人死亡,数百万人遭受损失。同年春天,堪萨斯州和得克萨斯州的洪水又将人们的注意力引向了美国中部地区。接着,洪水席卷了纽约和俄亥俄河沿岸地区。总计有200多人死于1935年的洪水,累计损失超过1.3亿美元。不到一年后,洪水又开始在美国东北部肆虐。在那里,河流水位达到了前所未有的高度,康涅狄格河达到了自1639年欧洲人定居以来的最高值。整个宾夕法尼亚州有8.2万栋建筑被摧毁,在圣帕特里克节[14]当天,匹兹堡被16英尺深的水淹没,造成47人死亡,6.7万人无家可归。整个宾夕法尼亚州的损失估计超过2.1亿美元。华盛顿特区的洪水再次让人们认识到了大自然的威力:波托马克河水位几乎高出洪水位20英尺,淹没了首都的滨河公园,需要数千个沙袋筑成防洪堤来保护林肯纪念堂和华盛顿纪念碑。⁶

这些接连到来的洪水结束了以州为中心的防洪时代。随着1928年《防洪法》颁布,联邦政府开始介入防洪。1928年的《防洪法》十分惊人,它为密西西比河和萨克拉门托河的防洪拨款3.25亿美元,相当于2010年的45亿美元,这使它成为有

---

[14] 即3月17日。——译者注

1927 洪水淹没了 Nearhelm 附近的铁路

1927 年洪水淹没的城市

史以来最大的公共工程项目,这项拨款甚至超过了建造巴拿马运河的3.1亿美元拨款。该法将重点只放在了两条对于州际贸易最重要的河流上,使国会能够以航运的名义介入防洪。但随后,当国会通过1936年的《防洪法》时,范围大大拓展。国会不仅为防洪批准3.1亿美元,而且该法的第一部分的《政策声明》声称"国会认为防洪是联邦政府的一项恰当的举措"。换句话说,联邦政府开始全面介入防洪。美国陆军工程兵团作为联邦政府的下属机构,负责规划和建设全国最易受洪灾侵袭的那些河流。[7]

1928年的《防洪法》侧重于密西西比河以及萨克拉门托河,而1936年的《防洪法》则是一项全国性法案,它试图解决美国各地的洪水问题。更重要的是,除了防洪堤之外,这项法案还力图采取水库、泄洪渠和截弯取直等其他有效方法进行防洪。事实上,在该法案批准的资金中,有近三分之二用于新英格兰、纽约、加利福尼亚州和密西西比河支流(包括俄亥俄河及其支流和阿肯色河)的水库建设。每个地区的每条主要河流都会有一个用于防洪的水库。

大萧条时期洪水的多次袭击成了一个重要因素,促成了联邦制防洪模式的转变。到了20世纪30年代,人们的思维模式发生了两个根本性的变化。首先,由于防洪工程规模之大,所吸纳的就业岗位之多,使其在吸纳劳动力方面十分理想,因此以此为名义,基础设施的巨大成本被转移到了联邦政府。在广阔的分水岭上修建水库,意味着美国许多地区都有工程项目,美国各地的工人都能获得工作。由于大部分工作都是简单的体力劳动,可以从贫困乡村地区吸引需要工作的贫穷的工人。其次,在20世纪30年代,美国进步时代到达顶峰,当时的领导人热衷于系统规划、优化和建设。查尔斯·埃利特将洪水视为一个与整个流域有关的系统问题,它符合当时的进步思想:系统必须优化,这意味着一个中央机构必须负责规划、建设和协调,这个机构就是工程兵团。

大河流域很快就布满了工程兵团设计的水库、泄洪渠或旁路。防洪堤和防洪墙仍然是系统的关键部分,它们被不断扩建,但上游水库会在春季蓄洪,然后在夏季逐渐释放蓄水,从而在航行、灌溉或水力发电流量不足时提供补充。必要时,泄洪渠将被启用,将一部分水从主河道中分流出去。河流系统成为精心安排和优化的水力机器。20世纪初的洪水提供了动机,进步派提供了意识形态,而新政则提供了资源。

在1936年《防洪法》颁布的75年后，2011年，当面临如1927年一样的大洪水时，工程兵团的肯特·帕里什和密西西比河防洪堤委员会的彼得·尼姆罗德在这个系统中分别管理着他们各自负责的部分。每个机构利用各级政府的优势，有各自的作用和责任。2011年的洪水揭示了这个系统极为顺畅的运作。

自联邦政府第一次介入防洪以来，几十年过去了，联邦政府在密西西比河下游实践了埃利特的设想。联邦政府构筑的系统，将密西西比河自然的水流及其变化，转变为一条概念化的管道，这条管道上有阀门和水箱，也就是旁路和水库，能够转移和储存洪水，应对最严重的情况。在最糟糕的情况下，各支流将同时达到或接近最大流量。为了控制水流，水库将会蓄水，同时旁路将在精确的位置进行分流。

这是现在仍然在使用的河流管理系统，这也是肯特·帕里什在与密西西比河和俄亥俄河上下游的工程兵团人员进行电话会议时考虑的问题，也是他与国家气象局的水文学家会面时思考的问题。在19世纪末和20世纪初，防洪堤工程师不得不凭借上游毫无计划的电报和沿河生活多年所获得的直觉，来猜测河流水位每年会达到多高。而21世纪，联邦政府的管理使河流系统中的信息更加完善。在美国地质调查局（USGS）、国家气象局和工程兵团等联邦机构的合作下，通过气象站、流量表和计算机模型等方式，现在可以非常准确地预测沿河每座城市的水位上升幅度。

2011年春天，俄亥俄河流域及密西西比河上游已经连续降雨数周。回忆起两年前发生的事情，帕里什仍然记忆犹新。2011年耶稣受难日[15]那天，他和他的工程师一同参加跨部门会议。当天，美国国家气象局在会议上投下了一颗重磅炸弹，他们给出了水位的预测：格林维尔的水位将达到59英尺，而到了5月13日，维克斯堡的水位将达到53.5英尺。帕里什回忆说，当他们说出那个数字的时候，他惊讶得张大了嘴。房间里有人吹了一声长长的口哨。根据20世纪50年代中期的洪水水位测量预测，这场即将到来的洪水将超越1873年或1973年的洪水，达到1927年洪水的水平。结果即使这样，他们还是低估了这场洪水，5月19日，密西西比河洪峰最终在维克斯堡达到了57英尺。

---

[15] 基督教节日，复活节前一个星期五。2011年耶稣受难日为4月22日。——译者注

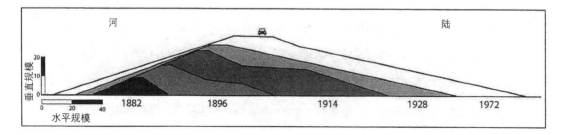

1882 年至 1972 年期间,密西西比河的防洪堤越建越高

1927 年密西西比河洪水期间,格林维尔附近一处喷水冒砂地点

但比准确的信息本身更重要的是，联邦政府现在管理的基础设施都是以一种有管理、有组织的方式，作为一个系统运作的。或者如帕里什所说，"你必须协调好这件事"。由于预测到的上游洪峰会顺流而下，坎伯兰河和田纳西河等主要支流的水库被提前清空。这是为了稍后在俄亥俄到达预计洪峰时，能降低流量。因此，正如埃利特在一个多世纪前所建议的那样，协调水库的运作成功地降低了系统的总负荷。

尽管如此，密西西比河下游的水位仍在上升。一旦进行了预报，利用了水库和泄洪渠，防洪就落到了地方政府身上，它们在洪水中首当其冲。这就是堤防区的由来。

当地堤防区的工作似乎总离不开沙袋。在密西西比河的防洪堤还没到现在这么高的时候，工程师一直担心河水会漫过河堤，从而破坏河堤稳定，导致决口。为了避免漫顶，人们用沙袋把防洪堤的高度再增加几英尺。然而，现在防洪堤已经非常高了，漫顶的可能性降低，而喷水冒砂[16]成了堤防最大的威胁。当河流到达洪水水位时，河流水平面比防洪堤另一侧的土地高出几十英尺，成为地上河。这就给防洪堤本身造成了巨大的水压。密西西比河在洪水期对防洪堤施加的水压，差不多相当于一辆校车将所有的重量都压在一平方码的面积上。为了抵御这种压力，防洪堤不断被加筑和重建，对水而言，穿过防洪堤下的松软土壤反而成了阻力最小的路径。如果水在防洪堤基础下流动太快，就会带走其下的沙土。这会让防洪堤的向岸侧产生喷水冒砂的现象，因为堤下的水流侵蚀了这里的沙土。如果持续产生喷水冒砂的现象，加之地下土壤侵蚀，防洪堤将承受不住自重而坍塌。[8]

对抗喷水冒砂的方法是增加向岸侧的水压，来抵消下方水流的压力，用沙袋围住喷水冒砂的区域可以解决这个问题。当水在沙袋的包围圈里上升时，看起来像是一个游泳池。一旦水的深度足够，压力就会平衡，就能减缓防洪堤下的水流。

用沙袋解决喷水冒砂就属于当地堤防区的工作。这是抵御洪水的最后一道防线，就像一场堑壕战。在2011年的洪水中，仅路易斯安那州的堤防区就在波伊

---

[16] 一种不良地质现象，土壤浸水液化时，土中的水连带砂土颗粒喷出的现象。——译者注

尔周围放置了 100 多万个沙袋。在密西西比河，来自密西西比防洪堤委员会的彼得·尼姆罗德和其他人来回检查着他们负责的防洪堤，不放过 212 英里上的每一英尺，寻找喷水冒砂或其他问题。当喷水冒砂出现时，堤防区必须立即找人来处理。调动沙袋队的工作通常在半夜，尼姆罗德在堤防区工作中的很大一部分就是负责这项任务。

对于和沙袋打过交道的人来说，大多数人会选择在沙子干燥的情况下搬运沙袋。但尼姆罗德指出，抗洪时沙子是湿的："浸在洪水中的沙袋是湿的。想象一下它们有多重，大约有 65 磅到 70 磅。"在防洪堤工作的人通常包括争取减刑的囚犯，每次出现喷水冒砂，他们都冲过去，用沙袋把喷水冒砂区域围起来。这项工作十分累人，常常需要整夜地工作，而在防洪堤的另一边，四层楼高的河水就在他们头顶上方隐约可见。在 2011 年这些人在洪水中战斗喷水冒砂的地方，堤防区委员会的鲍比·汤普森讲述了他在抗洪的日日夜夜中的感受："我不害怕。我只是累了。我从未参加过战争，我不知道是真正的战斗累人，还是与洪水战斗更累。"

这项前线工作平凡而艰巨，正是 21 世纪防洪工作的一部分。它涉及一系列惊人的政府机构和责任：美国国家航空航天局（NASA）的卫星系统负责报告降水量，美国国家气象局负责预测洪水水位；美国陆军工程兵团需要调动直升机四处奔波，调控水库的水位，并利用旁路和泄洪渠进行分流；在可能被洪水淹没地区，州政府需要疏散居民；河流上下游的地方堤防区负责基础的工作，确保防洪堤的结构完整。整个体系是分级联邦制的结果，以多种方式运作。2011 年 5 月 8 日，在密西西比州格林维尔，密西西比河水位自 1927 年以来首次超过 60 英尺；但防洪堤仍然屹立，同时上游水库的蓄水量达到了顶峰。事实上，2011 年，在伊利诺伊州开罗到路易斯安那州巴吞鲁日河段，密西西比河的流量比 1927 年的流量还要高，但洪水造成的损失却微乎其微。[9]

尽管 2011 年防洪堤管理取得了巨大成功，但两年后，当我到访那里时，他们的注意力已经转移到了下一个有潜力的工程上，那是一个巨大的水泵。这台水泵被称为"亚祖河回水工程"，它将大量水从三角洲的亚祖河地区抽出来，跨过防洪堤输送到密西西比河。虽然该工程的大部分已经建成，包括防洪堤都已落成，但还剩最后尚未建成的部分是水泵。在我们参观这一地区的防洪堤时,肯特·帕里什和彼得·尼姆罗德都反复提及水泵。他们感到沮丧,因为他们没能从联邦政府那里得到建设所需的资金,但他们觉得这一地区非常需要这项工程。他们指出,国会在20世纪中期批准了这项工程,但是议员还没有为这项工程拨款。这个非常成功的基础设施工程是保护密西西比河三角洲工程的一部分,令帕里什和尼姆罗德感到沮丧的是,联邦政府不会为工程的另一部分拨款。也许更自私的想法是,他们正试图把一些政治恩惠带到他们自己家乡,保护他们所在的地区免受洪水侵袭。而这么想的显然不只他们。

出于控制洪水的需要,联邦政府介入了水坝和防洪堤的事务,而在大萧条期间需要吸收劳动力,才使联邦政府在防洪基础设施上有了更自由的开支。当各州和防洪堤地区陷入经济困境时,联邦政府会介入并支付这些项目的费用,这主要是为了提供就业机会,同时建设大型项目。但大萧条结束时有些项目并没有结束。联邦制权力重心的钟摆戏剧性地摆向了联邦政府一边,人们并不想回到过去。

防洪基础设施项目成为接下来半个世纪中最受欢迎的政治恩惠项目。国会领导人发现,他们可以利用联邦政府的钱为地方谋求福利,美国陆军工程兵团提供了一份源源不断的项目清单,让国会提供资助。1936年《防洪法》启动了一系列的工程,工程兵团建造了数百座防洪水库和数万英里的防洪堤。8年后,1944年《防洪法》同意在密苏里河上修建巨大的水坝和配套的水库。佩克堡大坝、加里森大坝、奥阿希坝、大本德大坝、兰德尔堡大坝和加文斯点大坝,这些大坝在河流上排列着,延绵750多英里,一系列人工湖中储存了近7 400万英亩英尺(acrefeet)[17]的水,这些人工湖连在一起比密歇根湖和苏必利尔湖加起来还长。随后的防洪法案接踵而至,批准了美国各地的项目,包括了1936年的法案中没有囊括的地方。从美国建国起,到1928年,地方政府承担了大部分防洪支出;但从1928年到20世纪末,联邦政府开始拨款。这是联邦政府对防洪的限制最少的时期。[10]

正如这段时期的开端非常具有戏剧性,而后,同样带有戏剧性的事情发生了,联邦制的权力钟摆摆回来了。1986年11月17日,正值里根执政顶峰,总统努力削

---

[17]　1英亩英尺≈1233立方米。——译者注

弱联邦政府几乎所有方面的社会角色，防洪基础设施的钟摆也开始戏剧性地转向各州。对于防洪来说，这意味着地方和州政府自己在防洪项目上出钱。1986 年 11 月通过的《水资源开发法》，要求地方或州政府支付一半的项目费用。拟议中的项目都戛然而止，甚至那些已经获得国会批准的项目都停摆。当堤防区和州政府不得不支付 50% 的费用，且这些费用通常要价过高时，他们意识到对防洪工程的需求并没有那么大。事实上，密西西比州的亚祖河回水工程就是这样。该项目于 1941 年获得批准，随后建造了一部分。但在 1986 年的法案颁布后，由于当地无力承担相关费用，最后泵站的建设被无限期推迟。美国各地的项目都面临着类似的命运。从 1986 年起，大规模建设防洪基础设施的时代基本结束了。联邦政府限制了开支，地方需要分担部分责任，这些足以遏止建设巨型防洪基础设施的热情。

基础设施是防洪中最初的政治恩惠。但是，随着联邦政府的金库不再向基础设施建设打开，寻找政治恩惠的人开始寻求其他的联邦资金来源，他们发现了大量救灾物资。建设防洪基础设施不一定是贪婪的，或管理不善，同理，在不受联邦制约束的情况下，提供救灾资金也可能刺激不正当的激励。查尔斯·埃利特在一份政府报告中预测了防洪系统的问题，而这次，由美国陆军工程兵团一名准将格里·加洛韦撰写的另一份关于洪水的科学报告，也将暴露出新的救灾问题。

格里·加洛韦出身陆军工程兵团的世家。他的父亲是西点军校的毕业生，后来成为西点军校的工程师指挥官，他曾在华盛顿特区外的贝尔沃堡指挥了庞大的陆军基地，退休时已是少将。格里跟随父亲的脚步，从西点军校毕业并加入了工程兵团。他在普林斯顿大学攻读工程学硕士学位，并在宾夕法尼亚州立大学获得公共管理学硕士学位，又在教堂山大学获得地理学博士学位，随即迅速晋升。在军队的早期和中期职业生涯中，他获得了一项最具声望的任命，成为密西西比河谷地区的指挥官，负责管理联邦政府在整个三角洲地区建造的主要堤防。

但后来，加洛韦选择了一条不同的路，他并没有继续在等级森严的军队中工作，如果那样，他有可能成为一个世纪前安德鲁·汉弗莱斯那样的总工程师，相反，他在某种程度上算是离开了兵团，他选择加入西点军校，成为一名教官。他在西点军校的职业生涯同样显赫。他很快成为西点军校的院长和首席学术官，并晋升为准将。加洛韦在陆军工程兵团服役期间是一名工程师，后来在西点军校培养了几代工程师，因此，他在美国河流管理者心中是一名出色的防洪工程师。当他的名字出现在艾奥瓦州或密西西比州时，堤防区管理人员都知道他是谁，格林维尔的尼姆罗德也不例外，他们直接称他为"将军"。但在20世纪90年代初，加洛韦也参与了工程兵团之外的工作。他拥有职业军人的真诚和正统的家庭背景，但他也将一部分时间分给了工程兵团边缘的工作，一部分是在学术上，一部分是作为陆军工程师的工作。

1993年，也许正是因为加洛韦这种一半局内人、一半局外人的身份，克林顿总统任命加洛韦负责评估中西部大洪水的影响。那一年，中西部大部分地区经历了100年来最潮湿的夏天。1800多英里的河流和支流达到了破纪录的流量，其中包括密西西比河上游500多英里、密苏里河400英里，以及艾奥瓦河和堪萨斯河上将近200英里的河段。每一条河流和支流都是沟满壕平，水位居高不下，洪水几乎成了常态。圣路易斯的密苏里河在4月初首次超过洪水水位，直到10月中旬才完全恢复正常。1993年，抗洪用了超过2600万个沙袋，但收效甚微。河水越过堤岸，淹没了道路；洪水冲破防洪堤，在陡峭而狭窄的密苏里河漫滩肆虐，侵蚀了数百万吨的表层土壤。在一些地方，河流冲刷着漫滩上的巨大裂口，土地就好像在战争中被轰炸过一般。在其他地方，洪水裹挟着沙子流淌，农田里堆积了几英尺厚的沙子，颗粒无收。1993年的洪水在地理上和经济上的影响远超过1927年密西西比河洪水，前者的影响范围达到了2000多万英亩，而后者为1300万英亩。[12]

洪水发生时，格里·加洛韦正在西点军校。23年后，加洛韦现在已经从工程兵团和西点军校退休，但仍然在全职为马里兰大学工作，他回忆说，1993年的洪水是"CNN（美国有线电视新闻网）第一次报道洪水"，也是克林顿政府第一次面对自然灾害，政府在加洛韦的帮助下与洪水搏斗。这位将军从西点军校休假，成立了一个专家组，专家组一同在拉法耶特广场旁的一栋褐色砂石建筑里办公，他们的办公室正对着白宫。但加洛韦的任务不是监督重建基础设施、运营善后或救灾。相反，他被请来是为了弄清洪水的原因和后果，并评估联邦、州和地方各级政府对洪水的应对，和一个多世纪前的汉弗莱斯与埃利特一样。

加洛韦回忆起他从何处着手解决这个问题，他谈到了1936年《防洪法》颁布后的第一件事:"36年后，没有人提出我们是否应该继续在错误的地区开发和建设。"这是加洛韦小组处理1993年洪水的核心观点，这一观点同样贯穿了加洛韦之后的职业生涯：在谈论防洪之前，首先要问的是，我们真的应该在河漫滩（洪泛区）生活和工作吗？

20世纪末，防洪基础设施创造了巨大的水文安全感，但它也无意中带来了一种不合理的刺激，它把人们吸引到了一些区域，而这些地方以前曾被认为是开发风险过高的（因为洪水的危险）。修建防洪堤最初目的是保护农场和一些农村房屋，现在它们保护着社区、工业园区和部分城市。防洪基础设施的经济评估开始转为保护可能被洪水摧毁的东西，而不再是保护以前存在的东西。在评估潜在的防洪工程时，成本效益分析可能表明，如果这个项目仅用于保护农场，那就太不划算了。但是，如果防洪是意在保护新的工业园和住宅区，让它们取代农场，那么成本效益就会大大提高，证明工程的合理性，从而支持基础设施的建设或扩建。

这种新的逻辑是在1936年的法案颁布之后发展起来的，并且加洛韦在工程兵团的大部分职业生涯中都是如此。它创造了一种重复逻辑，导致防洪基础设施与河漫滩开发相互依存，诱导在极端危险的地区进行开发。规划的防洪工程不仅增加了这种发展的可能性，还依赖于这些发展。堤防区、州政府和联邦工程师建造起庞大的水库，精心设计了防洪堤，创造出一种洪水已经不复存在的样子。整个社会开始相信，河漫滩能免于洪水侵害。虽然在防洪方面的大量投入降低了全国洪水发生的次数，但随着生活在河漫滩的人越来越多，洪水对经济的威胁却逐年增加。由于这一转变，沿着河漫滩建设起了更多防洪基础设施，从而进一步吸引更多的人来河漫滩生活。因此，当类似1993年的洪水发生时，尽管防洪基础设施有了巨大的发展，但由于洪水过于严重，灾难的规模仍然十分惊人，或者说，也许正是因为这种防洪基础设施的发展，过多的工业和人口生活在河漫滩上，才导致了这样的受灾规模。[13]

在20世纪初期和中期，联邦制问题是"联邦政府在预防洪水发生的方面应该扮演什么样的角色？"到了20世纪末，这个问题变成了"在洪水发生期间，以及洪水之后，政府应该扮演什么样的角色？"美国缺乏应对自然灾害的整体政策或具体方案，但在1927年那样具体的重大洪水之后，国家确实提供了一些财政救济。

然而，在 1950 年，国会批准了一项相对较小的法案，拨款修复明尼苏达州雷德河沿岸的道路和桥梁。这项小的法案其实是一件大事，批准的资金仅仅用于重建工作，并且只能用于当地。而从这一先例开始，联邦政府在救灾中的作用迅速提升，就像它之前在基础设施建设方面的作用一样。到了 1980 年，救灾工作已经被重组为一个新的行政机构，被称为美国联邦紧急事务管理局（FEMA）。联邦政府通过 FEMA，承担起提供临时住房、修复受损的国有财产、失业补偿金、医疗服务拨款，以及补偿社区的税收损失的款项，支出不断增长，责任也不断增加。[14]

除了为这些受到洪水影响的地方提供资金外，联邦政府的另一项做法颇受争议，那就是如何评估灾害是否有资格获得救济资金。受灾害影响的州，会由州长向总统申请发表灾难声明，如果申请得到批准，该州就可以获得联邦政府的资金。这些灾难声明的申请是通过 FEMA 递交，但 FEMA 并不在内阁级别的监管范围内，因此他们的审查只对白宫负责。除了缺乏系统的机构监督之外，1988 年《斯塔福法》明确禁止使用"算术公式"（如效益成本分析）作为灾难声明的基础。救灾脱离了传统的经济评估，纯粹成了一种政治决策。因为在救灾中，联邦政客可以乘坐直升机出入灾区，随之而来的就是联邦资金的承诺。对白宫来说，批准州长提出的灾难声明十分具有吸引力，克林顿政府批准了 709 份灾难声明，平均每周约 1.7 份，而小布什政府宣布了 1037 份，平均每周 2.5 份，奥巴马政府则批准了 938 份，平均每周 2.25 份。[15]

联邦救灾反过来减轻了地方和州政府的负担。在联邦救灾中，非联邦的费用只占救灾费用的 25%，这就确保了联邦政府承担大部分费用。然而，地方和州政府的责任经常被削弱，在许多严重的灾害发生之后，非联邦的费用份额经常被降低，甚至完全免除，许多地方和州政府被免除了大部分救灾费用。几乎没有地方政府呼吁灾害资金改革，基本上也没有联邦政府的领导层持续呼吁建立财政纪律，因为没有参议员或国会代表能保证，他或她的选民能在下一个季度免受洪水的伤害。联邦政府在 20 世纪中叶的防洪基础设施工程，已经被 20 世纪末同样大规模的联邦救灾和恢复援助项目所取代。[16]

联邦政府为纠正这一系列系统性错误做了极少的努力，且效果往往也适得其反。由于私人保险业对洪水造成的巨大风险没什么兴趣，河漫滩的产权所有者并没有多少保险计划可以选择,联邦政府介入,并提出了一项新的低成本保险计划,被称为国家洪水保险计划(NFIP)。而在洪水频发地区中,NFIP 是财产保险的唯一选择,这意味着,联邦政府只为高风险的财产进行担保。由于不可避免的风险,NFIP 入不敷出,因此不得不长期从联邦财政中借款。NFIP 产生的这种意外效果,也成了联邦政府对河漫滩生活成本的补贴。[17]

整个防洪和救灾系统引起了格里·加洛韦的注意,他和团队独立分析了 1993 年密苏里河洪灾的原因和后果。现有的基础设施,包括上游的所有水坝和下游的防洪堤,确实大大降低了损失。但加洛韦的分析揭示出了保险和救灾计划中的严重问题。在 1993 年的洪水中,受损的财产中只有 20% 投了保,但 NFIP 支付了 2.93 亿美元,而联邦政府直接的救灾支出为 42 亿美元,前者大约是后者的 7% 不到。甚至为增加地方的费用分摊也遭到了削弱。为了应对洪水,住房和城市发展部(HUD)的项目提供了 4.5 亿美元,被洪水淹没的社区可以在他们认为合适的时候使用这些资金。但一些社区却反过来将这些 HUD 资金用作洪水恢复的"非联邦份额",从一个部门拿到的联邦资金,被用作了另一个部门的非联邦资金。[18]

加洛韦和他的团队详细记录了受灾地区的这类案例。然后,他们在一份报告中对其进行了总结和分析,这份报告读起来更像是一篇关于洪水政策的论文,而不是一份政府报告。这份提交给白宫的报告最终被称为《加洛韦报告》,它是最早对美国防洪和河漫滩管理的系统分析和批评的材料之一。自汉弗莱斯的报告成为工程兵团的权威报告以来,新的报告针对延续了几十年的假设和实践进行了一次全面而前沿的分析,甚至可能是一次攻击。尽管盖洛韦的报告将洪水的破坏完全归咎于大自然,称中西部洪水为"重大水文气象事件",但报告也将洪水的影响归咎于联邦制的消亡:"事实上,通过提供灾害援助,政府可能正在刺激地方政府和个人莽撞地行事。"报告的主旨是希望联邦政府更为克制,从而使地方政府表现出更大的主动性。[19]

这也是最早认为联邦的救助具有道德风险的报告之一。当一个人负责决定承担多大的风险,但另一个人负责承担成本时,一旦情况出现偏差,就会造成道德风险。长期以来,保险公司一直担心过度慷慨的赔偿会造成道德风险,如果他们的保险政策过于慷慨,那么客户可能会以更冒险的方式行事。同样的情况出现在金融领域，在 2008 年经济大衰退期间，规模巨大的银行被认为绝不能破产，而联邦政府的救市行为也产生了道德风险，银行可以发放高风险的贷款并享受高额回报，但美国财政部却承担了这些风险的成本。这一体系产生了一种道德风险，潜在地鼓励了银行采取冒险的行为。

加洛韦认为，现有的联邦救灾计划在全国的河漫滩地区产生了一种道德风险。通过向社会提供成本过低的保险以及赈济，联邦政府是在鼓励个人和社会在河漫滩做出更有风险的决定。事实上，加洛韦报告认为最糟糕的部分是联邦政府的保险计划，它是道德风险的根源。虽然只有 20% 的受灾财产上了联邦政府的保险，但超过三分之一的保单是在受灾后的几天内购买的，因为联邦保险计划的索赔等待期只有 5 天。那些住在河边的人只是等着冬季和春季的天气和洪水预报，看看他们所在的地方是否会被洪水淹没。然后，在洪峰来临的一周内，他们购买了保险，随后就能从联邦保险的金库中获得全额赔款。[20]

在 19 世纪中期密西西比三角洲洪水中，埃利特希望联邦政府介入，而加洛韦希望联邦政府的角色能有所限制。1993 年发生了三次自然灾害，包括中西部洪水、安德鲁飓风和加利福尼亚州北岭地震，非联邦份额的要求降低了，灾害开支却与日俱增。因此，保险计划背负上了越来越大的债务。地方责任感逐渐丧失，让人们认为联邦政府会永远当一位乐善好施的大哥，愿意投入越来越多的钱，这就像一张确保财务安全的网。最终，这就鼓励人们继续开发危险的河漫滩。

加洛韦并不是唯一一位持这种态度的人。越来越多科学家、工程师和规划者也开始主张限制联邦的投入。或许更令人惊讶的是，一些州和地方政府，也就是那些从联邦政府的救灾中受益的政府，在经历了道德风险效应后，同样开始希望减少联邦政府的参与，而非扩大这种参与。20 世纪 90 年代，北卡罗来纳州的河流发生了一系列洪水，《罗利新闻与观察家》的一篇社论谴责了联邦政府在以纳税人为代价制造道德风险："来自纳税人的数亿美元，让联邦政府破坏了州政府几十年来的努力，州政府一直试图阻止河漫滩的发展。"[21]

在接下来的十年里，加洛韦报告作为一份洞见深刻的文件，受到工程师和规划者的广泛关注，这份报告揭示了系统性问题，并提供了系统性解决方案的思路。然而，在工程兵团中，甚至在联邦政府内部，加洛韦并没有从他的分析和批评中直接

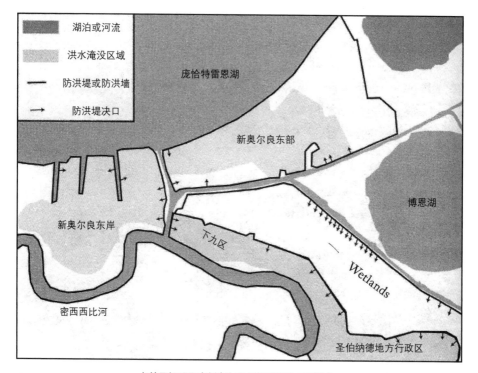

卡特里娜飓风中新奥尔良的防洪堤决口和洪水

获益。他的观点中有一个关键是，河漫滩可能更适合作为环境廊道，也就是沼泽和湿地的自然生态系统，而不是开发成购物中心和郊区扩张。环保组织赞扬加洛韦的报告及其见解，但土地开发商和堤防区开始质疑他对防洪的贡献。1995年，在加洛韦报告发表一年后，加洛韦被提名担任美国陆军土木工程助理部长一职，这是陆军工程兵团最主要的政治任命，对一位被广泛认可的河流政策的杰出人物来说，这也是个合适的职位。然而，传统的防洪利益集团感到了紧张，因为加洛韦获得了环保人士的认可，他们担心加洛韦会破坏他们赖以生存的现状。当加洛韦最终未获得任命时，《华盛顿邮报》讽刺地指出，一点点环保的标签，就足以使西点军校一名现役准将的提名落空。[22]

在落选助理部长一职后，加洛韦继续工作。他成为美国国防大学的院长，并于1998年正式退休。在接下来的20年里，格里·加洛韦将军在广播或电视上演讲，解释洪水的相关成本为什么在增加而不是减少。他呼吁更加严格地贯彻联邦制，减少联邦政府的作用，同时增加地方对防洪和救灾的责任。他偶尔会写一些社论，重新强调他先前那份报告中的建议。他还指出了一些特别容易遭受灾难性洪水袭击的地方，比如新奥尔良。

在所有的灾难中，卡特里娜飓风有一个令人产生疑虑的区别，那就是在全国电视直播中揭露联邦制、防洪和道德风险的混乱。如果说1993年的中西部洪水灾后的惨状使其成为第一场被"CNN报道的洪水"，那么卡特里娜飓风则是第一次在洪水发生的过程中就被报道的洪水灾害。但在许多其他方面，卡特里娜飓风的洪水仅仅是历史趋势的延续，它是在短时间内高强度地集中发生在一小片区域里。

像其他容易发生洪水的城市一样，新奥尔良的水文环境复杂，它地势平坦，汇集了多个水源。这座城市的南边是密西西比河，北边是庞恰特雷恩湖，东边是博恩湖（湖泊实际上是通往墨西哥湾的潮汐汊道），而城市被夹在了中间。因此，洪水从四面八方涌向城市。就像1927年的洪水一样，飓风期间的洪水从河流上游或从沿海涌向湖泊。

最初的城市地形异常，这里是位于密西西比河蜿蜒河流北岸的一处小型天然堤。在过去发生的洪水中，这条河在其他许多地方都造成了泛滥，令人惊讶的是，这里小幅度的地形上升使城市一直免于洪水侵害。这条河的大部分水流可以向西流去，延伸到西北方向 200 多英里远的阿查法拉亚盆地，也可以流往城市北部的庞恰特雷恩湖，再从下游经过新奥尔良市中心的丘陵。然而，在 19 世纪末和 20 世纪初，在工程兵团仅仅采用防洪堤防洪的年代，这些通往阿查法拉亚和庞查特雷恩湖的天然出口被封死。密西西比河只能流经新奥尔良的河道。这座城市因此完全依赖防洪堤来应对洪水。郊区扩张是另一个重要的地理转折点。从第一次世界大战开始，新奥尔良的人口开始从市中心向外扩散，远离天然堤的高地，向靠近湖泊的低洼地区扩散，尤其是向北部的庞恰特雷恩湖扩张。

随着城市和地区的发展，两种趋势共同作用，城市越来越依赖防洪基础设施。首先，自然因素和人为因素的综合作用导致地面沉降，这座城市实际上正在沼泽中越陷越深。最初的市中心仍在略高于海平面的地方，像 18 世纪初那样。但是，不断扩大的市中心外围区域一直下沉到海平面以下，特别是市中心以东被称为下九区的区域，以及北部沿庞恰特雷恩湖附近。由于城市的大片地区低于海平面，雨水和地下水渗入沼泽土壤，因此，这里的墓园不得不建造地上坟墓而不是地下坟墓。

新奥尔良位于一条大河的三角洲上，处于海平面的高度，除此之外，它还位于地球上最潮湿的地方之一，直接降雨常常导致洪水泛滥。这里年平均降雨量超过 50 英寸，还可能发生震惊的极端事件。1927 年，在密西西比河洪峰到达新奥尔良之前，该市 48 小时内的降雨量达到 18 英寸。为了不被洪水淹没，整个城市必须通过一系列排水管道或运河，将雨水或渗透到地下的水收集起来，然后排出。巨大的液压泵将这些不断渗出的水抽出，跨越防洪堤，注入经过市中心边缘的运河，然后向北排放到庞恰特雷恩湖。没有这些水泵，当地的地下水和雨水就无处可去。水会积聚起来，这个海平面以下的城市很快就会变成一个巨大的水坑。

在 20 世纪初，城市和庞恰特雷恩湖岸之间存在大面积的水边湿地，城市开始陷入这片低地。当地的一个堤防区在湖边建造了防波堤，然后用泵将沙子从湖床上抽出，在防波堤的后面创造了旱地。随着运河沿线的湿地干枯，更多旱地可以被利用，来满足不断扩张的城市发展。因此，这座城市向北部湖区的区域扩张，占据了以前的湿地区域。从市中心向湖泊排水的运河两旁都是独栋房屋。运河从市中心流向湖泊，不再是穿过湿地，而是穿过长期缓慢下沉的新郊区。低矮的土垒最初是为

卡特里娜飓风引起的洪水淹没了新奥尔良市

76 | 大河与大国

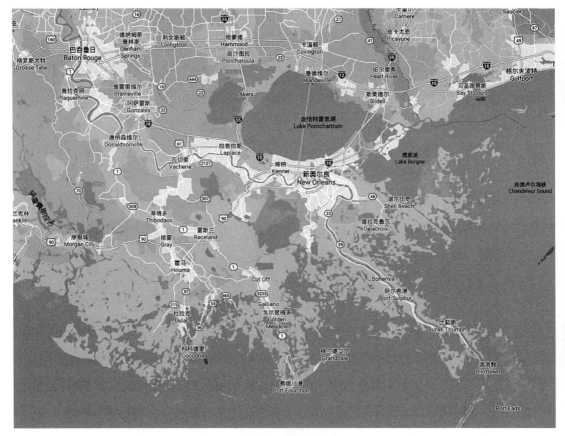

新奥尔良市的地形

了保持运河的排水量而建造的，但随着这些城市的新区不断占据那些曾经的湿地和湖床，土垄现在已经成了城市重要的防洪基础设施。随着房屋越建越多，土地需求不断增加，增加防洪堤的占地面积越加困难。加高防洪堤需要拓宽相应的地基基础，这会占据那些本可以用于开发的土地。取而代之的是，已有的小型防洪堤被加上了板桩墙和混凝土墙防洪墙，来增加河堤的高度，保护不断下沉的城市。

随着防洪堤和防洪墙越建越高，土地沉降得越来越深，这座城市变成了一个"大坑"，周围环绕的墙挡住了上涨的河水或潮水。多亏了排水的沟渠，唯一不被淹没的地方被围在中间。到 2005 年，这里已经修筑了 172 英里长的排水渠和数千英里长的雨水管，还有巨大的水泵不停地抽水，这些水跨过周围的防洪墙被排进水沟，然后流向湖泊。生活在新奥尔良的历史学家道格拉斯·布林克利（Douglas Brinkley）形容这座城市"像漂浮在水里的精致的碟子"。[23]

这里的基础设施是简单拼凑在一起的，而负责它的政府机构更是如此。从联邦政府到地方，每个政府部门的角色和职责混为一谈。新奥尔良市有 6 个堤防区，每个区都是资金充裕的大型机构，它们的主要作用是保持城市中某片区域不被淹没。尼姆罗德所在的密西西比堤防委员会管理着密西西比河上游数百英里，而这里的堤防区也一样，它们拥有广泛的权力征税和出售债券，资助防洪工程，并管理各种各样的活动。这些活动可以超出纯粹的防洪范围，事实上也确实超过了，他们将土地开发纳入其中。到 2005 年，其中较大的奥尔良堤防区的年经营预算为 4000 万美元，雇员 300 多人。这个堤防区负责维护超过 100 英里的飓风防洪堤，以及这段河上的 127 个船闸，还有 28 英里的密西西比河防洪堤及其上的 76 个船闸。

工程兵团也是新奥尔良防洪系统的一个组成部分。自 1928 年以来，兵团一直在密西西比河下游修建防洪堤，加固现有的堤坝。兵团还开始在大量旁路和泄洪渠上进行建设，对密西西比河进行分流。但到了 20 世纪中叶，工程兵团开始意识到，新奥尔良的洪水可能来自河流，也有可能来自湖泊。1849 年的洪水是新奥尔良市区范围内密西西比河防洪堤的最后一次决口。

为了应对飓风风暴潮的威胁，在 20 世纪 60 年代，国会授权工程兵团在庞恰特雷恩湖沿岸建造防护设施。这项工程包括沿湖设置屏障，抵御风暴潮，同时也将保护从湖泊流入城市的主要运河。通常情况下，这些运河起到排水的作用，把城市的渗水带到湖中。但在飓风期间，它们有可能逆转，使风暴潮跨过湖滨的屏障，倒灌入城市。工程兵团为了解决这个问题，提出在每一条运河的入湖口设置防洪闸。在飓风期间，闸门会关闭，就能防止巨浪进入运河、流入城市。根据工程兵团的说法，运河口的闸门是最有效，也是成本最低的选择。

负责管理排水系统的堤防区和排水与水务委员会（Sewerage and Water Board）在这项决定中也有发言权，因为国会要求他们支付一部分工程费用。当地的委员会和地区不同意这个防洪闸的方法。如果闸门关闭，那些雨水和地下水将无处可去，因为它们通常是被泵入运河中的。只要闸门关闭一段时间，就会让运河满溢，随后水就会回灌到城市中，城市的下水道被水堵塞，城市又变回了大水坑。当地堤防区认为，不应该设置防洪闸，而应该保持湖边运河的开放，任由它们受风暴潮的影响，但运河沿线的防洪堤和防洪墙应该加高和加固。更高的防洪墙能确保河水不漫顶，并让风暴潮进入开放的运河。这些堤防区将进一步受益，因为防洪堤和防洪墙的高度增加后，还有助于解决长期以来的内部排水问题。防洪闸只能应对风暴潮引起的洪水，而更高的防洪墙则有助于防洪和排水。

当时，联邦制的复杂性再次显现。兵团通常认为内部排水是一个地方问题，因此不能由联邦政府出资。因此，当地的排水与水务委员会负责所有水泵、沟渠和运河的内部排水，而堤防区则负责了运河沿线的防洪堤和防洪墙。只要运河沿线的防洪堤只与内部排水系统相连，堤防区就必须支付所有建设和维护费用。但是，如果将运河沿线的防洪墙与飓风防护联系起来，堤防区可能会让联邦政府来支付大部分费用。工程兵团对选择防洪闸还是防洪墙的态度模棱两可，只要对工程兵团来说成本最低就行，堤防区就说服了国会，批准了加高防洪墙这一替代方案。[24]

从工程和风险规避的角度来看，这些方法有着本质的不同。兵团将把注意力和资源集中在三个重要防洪闸上，确保它们的完整性和功能性，它们是重要的水力要塞。与此相反，防洪墙的方案需要坚固的基础设施，对运河系统沿线的所有防洪堤和防洪墙都是如此。这个防洪系统的稳固性将取决于延绵的防洪堤和防洪墙的强度。俗话说，链条的强度取决于它的最薄弱的环节，这也适用于防洪堤和防洪墙系统。只要一个薄弱环节就会破坏整个体系。

联邦制需要地方政府尽到自己的责任，同时要求中央政府不做超出需要的事情。放基础设施上来说，这意味着联邦政府，也就是工程兵团，会进行一些工作，但随后会将重要的角色和责任移交给当地机构。彼得·尼姆罗德在格林维尔维护防洪堤的工作就是个很好的例子。在新奥尔良，移交工作很复杂，一些问题也显现了出来。首先是6个堤防区，每个区都有各自的董事会、支出重点和惯例。其次是其他政府单位的参与，例如独立的排水委员会，它负责运河水泵。除此之外，路易斯安那州交通部还负责审批可能危害防洪堤的活动，并指导堤防区委员会成员和检查员的培训。更重要的是，地方政府部门原本应该只专注于防洪，但却没有规范防洪堤涉及的范围。例如，奥尔良堤防区利用部分收入建造了公园、码头、机场，以及为赌场船只设置的码头。1995年，堤防区印刷了一本小册子，上面写道，"我们抵御飓风、洪水，还有无聊"。[25]

另一个问题是，沿着湖泊和运河修建防洪堤的一个重要因素在于，未来这片区域会进行充满风险的开发活动。为了证明整个项目在批准时是合理的，工程兵团和堤防区已经将预测的新发展纳入了成本效益分析。整个项目有79%的经济效益来自未来的发展，而不是已有的发展。杰斐逊地方行政区增加了47 000套住房，而奥尔良地方行政区又新建了29 000套住房，这些房屋建设在曾经是沼泽的地方，但那些地方被迅速地排干水，修筑起防洪堤，但它们仍在不断沉降。[26]

在完成了部分工程的建设后，工程兵团已将大部分防洪堤移交给了当地堤防区，这些区域将承担起运营和维护的责任。但一些堤防区拒绝承担这些责任，因为他们不清楚需要何时开始承担责任，或者他们只愿意承担最小程度的维护任务，比如除杂草。总的来说，地方行政区声称"主要"问题仍然是工程兵团的责任，"次要"问题是堤防区的责任，而这只是一种随意的划分。从防洪堤本身的高度可以看出，不同机构的作用相互冲突，或者至少是某种不一致，防洪堤的高度取决于谁负责。在一个管辖权已经（不公开地）易手的泵站，一堵混凝土墙连着高度全然不同的硬土堤。在彼得·尼姆罗德所在的密西西比河防洪堤委员会，那里维护的防洪堤高度一致，就像激光切割过一样，但在新奥尔良保护运河的防洪堤系统中，至少出现了5种不同的高度，这些高度差异的背后很可能代表了不同的负责机构。[27]

2005年8月29日，当卡特里娜飓风横扫整个地区时，新奥尔良防洪系统的弱点暴露了出来。防洪墙和防洪堤的缝隙和这些不一致成了薄弱环节，水从这些地方最先涌入城市。飓风于早上6点在新奥尔良以东登陆。6点30分，第17街运河的防洪墙被冲破，洪水进入市中心西部的杰斐逊地方行政区。到了上午9点，下九区的积水超过6英尺深。早上晚些时候，一股风暴潮将水送到了圣伯纳德地方行政区，那里的水位最终达到10英尺到15英尺，全区95%的面积被淹没。上午四点，工业运河的防洪墙决口，洪水通过一个大缺口涌入下九区，这个缺口大到驳船整个被吸了进去，并沉在了附近。当天下午晚些时候，当伦敦大道运河防洪堤决堤时，洪水涌进了新奥尔良的广大地区。两天来，洪水一直从防洪堤和防洪墙的缺口里倾泻而下。只有老城区没有被淹没，因为它坐落河边天然的高地上。

卡特里娜飓风来临时，防洪基础设施出现了问题，联邦制是问题的大背景，而联邦制也在一定程度上加剧了救灾的混乱。当然地方政府也做出了许多正确的决定。在卡特里娜飓风到来的前两天，新奥尔良撤离了100多万人，约占总人口的85%，这对一个在地理上隔绝的城市来说是一项巨大的成功。卡特里娜飓风过后，搜救工作由地方和州的机构主导。路易斯安那州野生动植物和渔业部门的许多人员对受灾地区很熟悉，他们使用了200多艘平底船在城市中搜索，并从上涨的洪水中救出了许多人。当地的海岸警卫队也调用了4 000人、近40架飞机和数十艘小船，进行了大量的救灾工作。[28]

但也有很多地方出了大问题，尤其是在联邦政府一级。受到"9·11"恐怖袭击阴影的严重影响，联邦政府对卡特里娜飓风反应迟钝。在"9·11"之前，救灾工作和FEMA直接向白宫汇报，形成了从总统到前线行动的直接指挥链。然而，"9·11"之后，救灾的行政总部转移到了国土安全部。这一决定反映了一种假设，即未来最严重的灾难很可能是恐怖袭击。联邦政府一个显而易见的官僚做法，使应对自然灾害成了国土安全中不受重视的方面。[29]

联邦的救灾行动极其缓慢，部分是因为这次重组。联邦官员迟迟没有意识到灾难的严重性。在20 000人涌入莫里亚尔会议中心后的24小时里，他们被困在这个没有食物和水的地方，国土安全部部长迈克尔·切尔托夫在国家公共广播电台上说，"实际上，我还没有听到有报告说明会议中心里有数千人没有食物和水"。即使联邦应急人员意识到了情况的严重性，FEMA的反应还是受到新的《国家应急计划》的约束，这份计划是在"9·11"后编写的一份长达400页的手册。在卡特里娜飓风后迅速发生的一系列事件中，这份手册成了联邦政府决策的一个瓶颈。[30]

联邦制在卡特里娜带来的恶臭的海水中划出了一条模糊但关键的界线，那就是调用国民警卫队。在 20 世纪末，国民警卫队通常被用于自然灾害的恢复，但它总是在受灾州州长的明确要求下参与。这种做法代表着国民警卫队和正规军队之间有一个重要的区别。国民警卫队是美国境内的军队，由受灾州的州长指挥。除非州政府不愿意或无力镇压违反美国宪法的暴力行为，否则不能在美国境内调用联邦军队，也就是正规军。

总统还可以将国民警卫队联邦化，有效地将一个州的民兵组织纳入联邦政府的指挥，这与派遣联邦军队来约束州内的行为差不多。不过时政府不愿看到总统这样做，由州长控制国民警卫队是联邦制的军事体现，也就是州对联邦权力的制约。1957 年，艾森豪威尔违背州长的意愿，调用了陆军第 101 空降师，还以联邦政府的名义指挥阿肯色州国民警卫队，强制小石城的学校废除种族隔离。这是为数不多的几次采取这种行动。在违背州长的意愿的情况下，派遣联邦军队执行法律，维持秩序，或者以联邦政府的名义调用州的国民警卫队，这可能比总统的其他任何行动更能激起联邦制拥护者的愤怒，尤其当这一切发生在南部的州。[31]

在新奥尔良被洪水淹没后，路易斯安那州州长凯瑟琳·布兰科要求联邦军队协助灾后恢复工作，以便路易斯安那州国民警卫队能够将精力集中在该市的执法工作上。这样一来，联邦军队只进行人道主义的工作，而国民警卫队则进行了更具军事性质的行动。受卡特里娜飓风影响的州并没有充分利用他们自己的国民警卫队，因为当卡特里娜飓风在 2005 年夏末袭击新奥尔良时，在路易斯安那州和密西西比州的国民警卫队中，约有 40% 的人正在伊拉克参与反恐战争。"9·11"后，美国北方司令部是为保护美国本土而成立的一个联邦军队的单位，他们为了支持 FEMA 而迁到了墨西哥湾沿岸。但是，新奥尔良发生的大量抢劫和谋杀事件，让布什政府怀疑当地执法部门和国民警卫队是否真的能胜任他们的工作。然而，除非发生真正的暴动，否则以联邦政府的名义调用国民警卫队，或者派遣联邦军队，都将需要得到州长的许可。尽管暴力抢劫事件和混乱持续发生，但抢劫和暴动并不是一回事。[32]

星期五晚上，在第一处防洪堤决堤的四天半后，路易斯安那州州长布兰科收到了白宫的传真。如果她签署了这份文件，在她的授意下，国民警卫队将交由联邦政府指挥。第二天一早，布什正在准备在玫瑰园发表的公告，宣布他决定以联邦政府的名义调用路易斯安那州国民警卫队和其他救援职能，但州长布兰科拒绝签署文件。尽管密西西比州州长哈利·巴伯（Haley Barbour）的立场没有那么公开，他是总统坚定的共和党盟友，但他同样拒绝了白宫提出要求，拒绝将国民警卫队移交给联邦政府。路易斯安那州和密西西比州都没有召集联邦军队，坚持使用自己的地方资源，并依赖从其他州派遣的 20 000 名国民警卫队士兵处理问题。

联邦制是个复杂、冗余、似乎没有纪律的系统，通过这样的系统来管理防洪这样的关键的政府职能，似乎有些奇怪。从零开始设计系统的人，不太可能让肯特·帕里什和彼得·尼姆罗德监督来自不同级别的政府的防洪堤。在防洪和几乎其他所有政府职能中，联邦制表现出了低效和复杂的影响，而制定宪法的人在设计政府本身时似乎已经完全预料到了。

我们可以将美国政府看作一个正在进行的试验，而不是一个已经被优化的系统，就能更好地理解这种设计。也就是说，制定宪法的人在构建政府时，愿意尝试一些东西，测试它的结果，取其精华，去其糟粕。1787 年，他们树立了最极端的榜样，废除了《联邦条例》，而根据《宪法》重组整个政府。但即使在设计新政府时，他们也将试验作为其愿景的核心部分。《联邦党人文集》讨论了各州批准新《宪法》的情况，其中使用"试验"一词超过了 40 次，而使用"民主"一词还不到 12 次。在美国成立早期，大多数总统经常把政府描述为一个正在进行的试验。安德鲁·杰克逊在 1829 年发表的国情咨文中，很好地解释了这种做法的目的："我们的政府体系被其制定者视为一种试验，因此他们始终提供了一种弥补缺陷的模式。"[34]

如果我们承认政府是一个持续不断的实验，在这个实验中，我们提出并测试承担各种职能的不同方法，那么看似混乱的联邦制结构就开始变成更有用的东西。调整国家一级的机构或整个政府，极其具有破坏性，而调整更多更小的地方政府或机构则要现实得多。也就是说，联邦制提供了一系列规模较小的试验的机会，也能同时进行这些试验。每个试验的失败或成功都可以被传达给其他州或地方政府，其中一个较小的试验失败并不会摧毁整个组织架构。

在密西西比州和路易斯安那州，最早由当地管理的堤防区的试错，使阿肯色州创建了类似但略有不同的堤防区。这个想法最终在伊利诺伊州和整个加利福尼亚州得到了应用。无论是水文特性还是经济特性，各州与各个堤防区都可以因地制宜。正是因为这种快速的适应性，最高法院大法官路易斯·布兰代斯将各州称为政策"实验室"，在这些"实验室"可以在有限的范围内尝试各种想法，这些想法的价值取决于它们的表现，然后才有可能在全国范围内实施。但当政策或方法在全国范围内实践时，这种适应会困难得多。在20世纪的大部分时间里，庞大的防洪基础设施建设势不可当，同时，限制联邦政府在洪水保险上的投入几乎是不可能的。在全国范围的势头下，几乎没有作出改变的可能性，有太多人在现状下投入了太多。[35]

除了适应性之外，联邦制还反映了政府的奠基人反对将过多权力赋予一个机构里的少数人。在大萧条时期，当防洪工作集中在工程兵团时，与之前相比，工程兵团所做的工作非常惊人。并且，这项职能是由工程兵团中的一小群人控制和运作的，这种安排与地方或州所采用的高度分散的方式形成了鲜明对比，比如沿着任何一条主要河流建立几十个堤防区。把防洪作为一项联邦政府的责任，导致了对整个河流系统的集中控制。美国国会授权工程兵团决定密苏里河水坝将放多少水，或者何时启动密西西比河上的旁路水道。农民和当地政府必须调整他们的做法，来应对工程兵团每年管理决策的变化，就像他们必须适应无常的天气变化一样。

而这正是联邦制的症结所在，我们对地方政府与联邦政府在防洪或应对洪水方面的看法，反映了我们对人性本身的看法。要求联邦政府在防洪中发挥强有力的作用，代表着我们认为河流管理者和工程师具有远见、专业知识、理解力和公共利益的意识，能够做出全面而综合的决策，来减轻全国的洪水威胁，最优秀和最聪明的防洪人员被集中到一个的联邦机构中。而另一种观点是，河流和洪水应该是分散到不同的人员、机构、组织、州和地方行政区中。反对将防洪交给联邦政府，是基于一种意识形态的观点，即单一的决策中心容易成为官僚主义的牺牲品，或者可能只是将几十年前的决定执行下去。

如果我们认可一群具有远见的河流工程师和管理者的骨干，他们有能力减轻洪水、管理河道，那我们应该确保这些河流专家有资源和权力，来制定并执行大规模的项目和政策。相反，如果我们天生对任何河流管理者持怀疑态度，无论他们的能力高低，动机是否纯粹，那么最好还是通过分散权力的方式来约束他们，也就是将部分职能交给联邦机构，但保留各州的其他职能，甚至将这些职能保留在类似密西西比河防洪堤委员会等具有特定职能的地方行政区中。

因此，这就是为什么美国人发展出了一种看似有些不明智的复杂的防洪和河流管理方法，这都因为我们的联邦制架构。而这种联邦制政府管理方式，是基于我们不断发展的、摇摆不定的观点，也就是究竟应该赋予一些人多少权力和影响力。归根结底，我们作为一个国家如何管理河流和洪水是我们意识形态的体现。或者正如詹姆斯·麦迪逊在《联邦党人文集》第 51 篇中所说的，"但是政府本身若不是对人性的最大耻辱，又是什么呢？"[18]

---

[18] [美]汉密尔顿、杰伊、麦迪逊：《联邦党人文集》，程逢如、在汉、舒逊 译，商务印书馆 2017 年版，第 305 页。——译者注

第 4 章 防洪 | 85

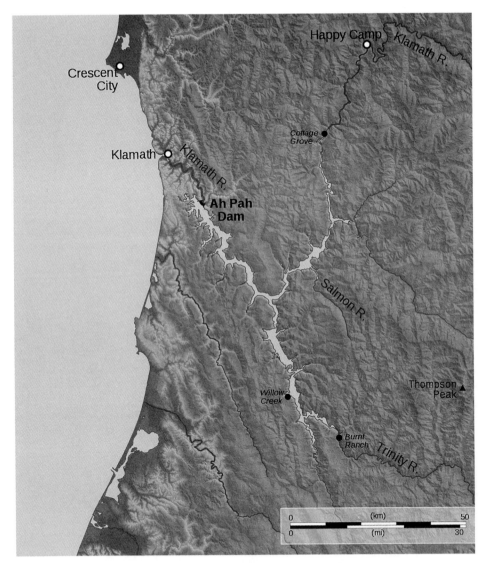

克拉马斯河地图

第二部分
主权与所有权

第 5 章
水战争

克拉马斯河始于俄勒冈州的高原沙漠之上，它一路穿过茂盛的牧场、尘土飞扬的峡谷，还有加利福尼亚州北部长着成排红杉树的山脉，最终在阿克塔以北注入太平洋。这条河不仅将俄勒冈州和加利福尼亚州连在了一起，同时也将牧场主和鲑鱼联系在了一起。它也正是眼下发生的这场水战争中最受争议的一片区域。

水战争更贴切的叫法应该是水政冲突，但对于那些生活在受影响地区的人来说，其严重程度不亚于一场战争。大多数水战争发生在西部地区，这些地方原本就干旱，而旱灾的频发更是让围绕水的争夺大战一触即发。原本战争的前线通常出现在深入西南部的干旱地区，如加利福尼亚州中央山谷的萨克拉门托河和圣华金河以及科罗拉多河。但从 21 世纪初开始，剑拔弩张的争夺几乎蔓延到了各个角落，在得克萨斯州和俄克拉何马州之间，五大湖周边的各州之间，甚至发生在佐治亚州、亚拉巴马州和佛罗里达州这些世界上最湿润的地区之间。对克拉马斯河使用权的争夺就是这些冲突的缩影，因它包含了水战争最典型的元素，比如鱼类、农场主、美洲原住民，以及生活在高原沙漠地区的人，他们舍不得放弃高度依赖水的生活方式。到 2013 年，克拉马斯河上游的农场主和牧场主与下游的美洲原住民已经在水战争中相互争夺了数十年，而现在，一场新的冲突正在浮现。

克拉马斯河流域是一个侧倾的沙漏的形状，一道狭窄的峡谷将上下游广袤的地域分隔开来，峡谷中矗立着数道高耸的水坝，完全将两片流域分开。河流的上游平坦而荒芜，远处被森林覆盖的群山环抱。而下游流域则满是犬牙交错的陡峭山崖，不过以西部的标准来衡量，这里还算是湿润的。

虽然克拉马斯河到达下游部落的土地时已经流经了数百英里，但河流在下游的规模并没有比上游更大。常理来说，在河流逐渐向下游流动的过程中，它的规模应该越来越大，就像人体的动脉一样，不停地有其他支流汇入，河流随着流经的区域和支流的汇聚而逐渐扩大。但是克拉马斯河却更像静脉，在流经这片土地时，要不断地将水流通过支流分散出去，为灌溉供水。在西部的大多数河流都和克拉马斯河有着相似的命运。

在干旱的西部，种植任何作物都得与环境做一番斗争。农场主和牧场主想要在这里生活，就只能寻找水源。他们的生死都和导流坝的建设有关，导流坝可以将河水从原本的河道中引导出来，经过一系列逐渐变窄的运河，最终流向田地里。最简单的灌溉只要用几块胶合板围成楔形，让水涌向田地就可以了，而复杂的灌溉工程则需要借助巨大的混凝土水坝，将水引入州际运河。西部生活的人们借助分流让水流向各地，保持水的流动对他们来说至关重要。实际上，这里的农场主常常被直接称为"灌溉者"，因为灌溉在西部是农业生产的重中之重。

在克拉马斯河流域，汤姆·马拉姆斯会充当一些需要灌溉的农场主和牧场主的发言人。在美国茶党运动兴起时，崇尚自力更生的西部和美国其他地方一样反响强烈，马拉姆斯在此时被选为俄勒冈州克拉马斯郡的政府官员。马拉姆斯作为一个农民出身的政客彬彬有礼，说话温声细语的他思维清晰且犀利。当我第一次看到他时，他身材清瘦，因为常年生活在高原荒漠而皮肤黝黑，那天他穿了一件深色的外套，戴了一条红色的领带。他的办公室收拾得干干净净，井井有条。马拉姆斯很了解水，尤其是在经历了一系列干旱之后，他非常清楚地认识到，对于农场主以及他代表的整个郡来说，失去水的后果有多么可怕。

顺流而下，在距离汤姆的办公室几百英里之外，河流经过峡谷进入下游流域，流向克拉马斯河口附近崎岖的海岸山脉，来到了利夫·希尔曼所在的卡鲁克部落的土地。第一眼看上去，希尔曼和马拉姆斯似乎不太一样。希尔曼是美洲原住民，他身材矮小但壮硕，有一条乌黑的长马尾。我见到他的那一天，他穿着一条短裤和一件背心在工作。马拉姆斯的郡政府办公室在一座崭新的写字楼里，台阶和楼梯边种着精心打理的灌木，而希尔曼工作的卡鲁克部落自然资源办公室看上去简陋而狭小。部落的医疗中心也在同一栋楼里，这栋楼坐落在高速公路边一处狭窄的山谷里。虽然他们俩之间有许多差异，但希尔曼和马拉姆斯还是被克拉马斯河牢牢地拴在了一起。

利夫·希尔曼知道汤姆·马拉姆斯，也知道上游的许多农场主和牧场主。而另一边，马拉姆斯也知道希尔曼和这片流域的部落成员。他们自然知道彼此。在谈到上游的农场主时，希尔曼感叹道："早在我们所有人出生前，他们就注定会成为我的敌人。"而让他们成为"宿敌"的核心原因就是水。

希尔曼和马拉姆斯都将自己的一生奉献给了解决水资源匮乏的现状。马拉姆斯比谁都清楚，在荒芜之地，没有足够的水，勉强维生是多么艰难。但农耕对他来说早已不是一份工作，"它是一种生活方式，是一种精神"。

希尔曼和部落成员也十分清楚农场主的处境："如果他们没法获得稳定的水，农业就没有保障，那就会导致他们那里产生社会动荡。这些灌溉者需要稳定的社会。"希尔曼能够预见到，未来缺水会导致农场小镇萧条，市场萎靡，校舍破败，农田荒芜，年轻人为了另谋生路而背井离乡，这会让农场主散落在西部各地，就像部落所经历的那样。"如果他们想要获得安定的社区生活，就必须获得稳定的水源。"

希尔曼也是一个在缺水地区生活的西部人，他对农场主感同身受，很大程度上也因为，他亲眼看着原本属于部落的水被上游的农场主分流后所剩无几。这些分流减少了克拉马斯河的流量，导致生活在下游的鲑鱼数量骤降。伴随着鲑鱼的减少，下游部落的收入来源一同减少了，这让原住民的生计，连同他们的生活方式和文化，都更加难以维系。

尽管存在这段针锋相对的历史，但牧场主和部落彼此都没有恶意。他们彼此惺惺相惜，就像希尔曼说起上游农场主一样，马拉姆斯也说过，"那群'混蛋'家伙真的太勤劳了，他们只是希望能够继续维持自己的生活，安安静静地和家人聚在一起。我们之间的共同点比我们想的还要多"。马拉姆斯同样把这些生活在河边的部落成员当作朋友。但是西部的水战争是一场零和游戏。如果上游农场主不断将河水分流，灌溉农作物，饲养牲畜，那下游的部落就没有足够的水来保证鲑鱼繁衍。总有一方会吃亏。更深一层地说，总得有人来决定谁胜谁败。

我离开马拉姆斯的办公室后，路过了一个巨大的铁桶，铁桶足有 15 英尺高，上面刻着俄勒冈州的州名，以及西部其他几个州的名字，包括犹他州、爱达荷州和内华达州。这个铁桶是为了纪念曾经的"水桶传递队"（bucket brigade）而建的。"水桶传递队"事件发生在 2001 年,也就是在上一次克拉马斯河流域经历严重的干旱时。在那次干旱中,联邦政府不允许农场主再将水分流到灌溉渠中,而必须让河水顺流而下,来保护河流与湖泊中那些濒危物种的生存,其中包括两种生活在上游的亚口鱼和下游的银鲑。其他西部州的农场主和牧场主认为联邦政府此举越界,对此深感厌恶,为了表示不满,他们排成了一列,横穿克拉马斯福尔斯,用铁桶从河里打水并接替传递,并将水倒入灌溉渠。[1]

2001 年的水桶传递队就是一个 21 世纪版的"山艾树叛乱"[19],当他们认为联邦政府正在对土地、水和其他自然资源进行越权控制后,就将反抗的传统拓展到了对自然资源的抗争上。历史上山艾树叛乱发生在 1979 年,来自犹他州的反抗者推倒了联邦政府土地上的围墙,宣示这块土地应当属于犹他州及当地郡政府。在内华达州,联邦政府控制了州境内 87% 的土地,立法机关则通过了一项法令,要求对内华达州境内所有的联邦土地进行重新评估,潜台词就是将它们全部收归州政府所有。1980 年,当时的总统候选人罗纳德·里根被问及对山艾树叛乱的看法时,他的回答是,"算我一个"。[2]

发起叛乱的西部农场主并非想要推翻政府,他们的诉求是保证州政府在如何使用自然资源的问题上有最终决定权,而不是联邦政府,这些自然资源包括土地、木材和水等。所以山艾树叛乱究其根本是围绕着主权。

汤姆·马拉姆斯和克拉马斯的农场主认为,俄勒冈州政府才是对水拥有主权的主体,而拥有了主权的州,已经将这些水作为财产赋予了这些农民。他们是正确的。利夫·希尔曼、卡鲁克部落和其他生活在克拉马斯的部落,在水究竟该由谁来决定的问题上持有不同观点,他们的观点来源于,超过一个半世纪以来,他们一直是决策的输家。希尔曼指出,至少在理论上美国承认部落拥有主权,而作为一个拥有主权的地区,部落一直以来拥有克拉马斯河,因此部落和俄勒冈州政府对河水拥有相同甚至更优先的权利。他和部落的这种说法也是对的。这两群人都正确,结果完全取决于当权者的选择。那到底谁拥有主权呢?

---

[19]　山艾树叛乱(Sagebrush Rebellion)指 20 世纪 70 年代发生在西部的一次运动,起因是西部居民反对联邦政府在地方上权力过大。——译者注

不妨思考一下，我们是如何给土地分界的。我们在地图上画一条线。有的线是根据自然条件来的，比如沿着蜿蜒的河流或山脉，有的则是完全依据政治划分，主观地通过精确的经纬度来划界。只要定下了界线，我们就会遵守。我们依靠这些地图上的界线来规划地盘，并且认可这块地盘里的人拥有对这块地区的管理权。这就是主权，也就是在地理上划分出地域，并对这块地区拥有终极权威的机制。往小了说，地图上的这些界线也可以指定财产，在线的一边是我的财产，而另一边的就是你的。历史学家比尔·克罗农（Bill Cronon）将这种概念简化为，财产分你和我，而主权则分我们和他们。[3]

以财产和主权这样的方式来划分土地的做法通常不会有什么问题。无论是在田地里竖篱笆，还是在地图上画线，这都是非常直观的。但是分配水可就没这么简单了。水是会流动的，而且通常会穿过很多边界，包括个人财产和主权群体的边界。不过这个问题无法阻止拥有主权的卡鲁克部落和俄勒冈州政府，或是拥有财产权的克拉马斯农场主想要划分这条河流。如果想要彻底理解这场关于水的纷争，就需要我们从财产和主权这两个概念中思考河流。另外还有一个难题在于，虽然美国宪法承认美国公民拥有财产权，它同样认可另外几个不同群体的权威，也就是它们的主权，这些群体包括联邦政府、州和原住民部落。这场水战争不仅仅是缺水这一个因素引起的。这是因为在干旱的同时，人们意识到财产和主权同样适用于水。

要理解西部地区是如何将水视作财产的，我们要追溯到 150 年前加利福尼亚州的萨特磨坊，彼时正是加利福尼亚州发现金矿后，干旱的西部各州刚刚建立。1848 年的 1 月，就在美国正式宣布加利福尼亚州成为美国的一部分的前几天，一位名叫詹姆斯·马修的木匠正在加利福尼亚州美利坚河边的南福特镇建造一座锯木厂（也就是萨特磨坊），他在河流下游发现了少许黄金。马修的发现不仅仅拉开了西部淘金热的序幕，同时也奠定了西部水法的发展。

水法确立了如何使用水的框架，包括将水从溪流等自然水道中引出，用于蓄水、分流等任何方式。在东部，水法是以习惯法为根据的，这一套法律和惯例都是殖民者从英国照搬来的。在习惯法的体系下，河滨或"河岸"财产的所有者有从河里取水的权利，但只有符合"合理使用"的用量。人们认为，上游河岸的地主会给下游河岸的地主留有足够的水，供下游的人合理使用。在东部，地点至关重要，水产权是以河岸土地的所有权为依据的。而这种法律得以实施是因为东部的水资源非常丰富，实施这些法律的地区的领地情况同样很重要。当水法在美国东部刚刚建立并发展的时候，绝大多数土地都是私人所有的，就像当时英国的土地一样。当土地所有权的情况和英国几乎一样的时候，照搬英国法不会有什么问题。因为东部的水法强调地点的重要性，它一般被称为"河岸原则"，在堪萨斯城以东的州基本上采用的都是类似的河岸原则。[4]

加利福尼亚州是西部第一个定居的领地，建立之初，这里接纳了来自东海岸的定居者带来的许多做法，其中就包括河岸原则。河岸原则建立在几个前提假定条件之下，包括这条河有充沛的水流；只有在靠近河流的地方，人们才会合理地取水灌溉；而被灌溉的土地是私有的。但当马修在萨特磨坊发现了黄金后，这些假定都不存在了，在内华达山脉疯狂的矿区建设中，河岸原则无法继续施行下去。[5]

加利福尼亚州的采矿业最早始于河床，但是矿工很快就发现，在河岸以及周围群山中延伸的矿脉满是黄金。为了能够在河岸和山坡上开采，矿工挖掘的沟壕，或木板搭成的水槽，将水分流出去。河道里的水被搬到了远离河岸的地方，这种行为就将拥有水和拥有土地这两者分割开来，这就是导致后来将水当作财产的首要因素。

次要因素是淘金热时期。在最初的淘金热中，加利福尼亚州不过是属于联邦政府的一片荒芜之地。即使到了1850年，它成了一个州，大多数被开采的土地仍是公共财产，它们属于联邦政府，而非个人或州政府的财产。根据当时的习惯，公民个人靠公有土地谋生是完全合法的，国家甚至提倡这种行为。事实上，在发现黄金之前，萨特磨坊就是为了砍伐国有森林而建立的锯木厂，这种行为和20世纪和21世纪那些伐木公司从林业局的国有森林里伐木的做法几乎一致。因为西部大部分土地是公有的，水产权无法和土地的所有权挂上钩，所以东海岸那套河岸权体系就没有可能照搬到这里。[6]

无论是将水分流到远离河岸的地区，还是利用公有土地上的水牟利，这两种基本的开采行为都涉及水，并将水产权与土地权彻底割裂了。这种去耦过程推动了西部水法在基本概念上的发展。河岸土地从此不再是决定水产权的先决条件，水本身也成了财产。

想要理解西部水法接下来的两个发展，我们最好以那些 19 世纪中叶的先驱者的身份来设想，无论是加利福尼亚州淘金热的"旧金山 49 人"，还是在俄克拉何马州土地热潮中的"抢占土地的人"，他们都带着一夜暴富的幻想，不顾一切地冲向了那片未知而荒无人烟的地方。在上面的两个例子中，人们定居的大多数地区或新成立的州，大部分土地都是归联邦政府所有。无论是内华达山脉的金矿，还是俄克拉何马州的公地，只要抢得先机的定居者第一时间占据了这片地方，那这块公有土地就可以被私用。而公有土地上的自然资源也都可以免费取用。

但并不允许出现占有后又废弃土地的情况，占有者必须妥善利用土地和资源。在加利福尼亚州金矿区，为了占有土地，金矿必须维持运作，而在大平原地区的农场，保住土地的唯一办法就是持续耕作（所以劳拉·英格尔斯·怀德的家庭不得不在那片占据的贫瘠土地上生活，这样才能继续拥有这片土地）。而想要占有水，就必须从河流中将水分流出来，并让这些水持续发挥"实际用途"，无论是用来淘金还是灌溉。这种要求和东部的河岸原则形成了鲜明的对比，后者只要手握土地，无论使用水与否都拥有水产权。在美国西部，水产权需要抢先宣示占有并使用。

在飞速发展的干旱的西部，"优先占用原则"逐渐形成的过程中出现了一个关键问题，那就是宣布占有权的资历，或者说是什么时候宣布的，和其他人的相比孰先孰后。任何人无论早晚都可以宣布占有一条河，但最优先的水产权必须首先被完全满足，其余的水则按照宣示时间的顺序，按照资历从长到短排序，并依次使用。只要拥有者一直使用这些水，那他的水产权就可以一直持续下去。如果一位农场主认领的水没有全部用完，那他就要永远放弃未使用的那部分，并转让给优先级更低的占有者。这种赋予水财产权的"优先占用原则"最终被总结成了两句话，即"先到先得"和"非用即失"。

当这些领地变成州之后，这种原则还是被延续了下来，因为他们发现这能有效地解决西部农耕和灌溉中的一些关键问题。毕竟西部太干旱了，只有几条河流可供分流，农场主往往需要跨过非常远的距离，才能将水引到田里。在科罗拉多州格里利最早的两条灌溉渠分别长 16 英里和 36 英里。怀俄明州比格霍恩流域的灌溉渠甚至长达 40 英里。19 世纪中叶，最早移居到犹他州的摩门教教徒定居在河流资源非常丰富的沃萨奇山脉，但他们建的灌溉渠的平均长度也达到了 4 英里。

任何农业基础建设都是一种投资。不过对于当时尚未发展的西部来说，这里资本匮乏，灌溉所需的基础设施财务风险很高。想要当地的农场主为了利用水和土地，去投资建设水坝、运河和沟渠，就需要保证他们对分流到的那些水拥有使用权，那些水可是费尽千辛万苦才得来的。这就是优先占用原则的美妙之处。对那些最早到来的农场主，他们会犹豫是否应该修建第一座水坝，开凿第一条运河，而将用水规定成一种先到先得的财产权，就给了他们所需的确定性。只要有足够的水，所有那些对水的需求都可以被满足。但在干旱的年份里，那些拥有最优先的占有权的人，也就是那些最早的占有者，可以完全保障自己的用水，而优先级较低的占有者只能排队等着，寄希望于轮到自己的时候还有足够的水。[7]

西部各州都发展出了一套独有的财产权，但所有财产权都是从优先占用原则中衍生出来的。更重要的是，州政府决定州内的水可以如何被处理，而联邦政府则无权插手。就像东部那些当时已经建立的州一样，西部各州也对境内的水拥有主权，并且它们也各自发展出了不同的财产权体系。

当时公认的是，各州对境内的河流可以自由地分流，因为这些水本身就是各州境内的财产。而最有争议的问题集中在谁有权利分流那些跨州的河流。

如果要在美国所有河流上选出最重要的一处地点，可能非里斯费里莫属。从将水视作一种财产的想法，到将它和主权联系在一起，人们观念的连接就发生在这里。

无论是 18 世纪西班牙的传教士，还是 19 世纪的摩门教徒里斯费里，凡是穿越了西南沙漠的人，都会发现科罗拉多河峡谷最难穿越的一段是从犹他州海特到亚利桑那州，到下游 450 英里远的内华达州交界处。就像克拉马斯河一样，科罗拉多分水岭分为上游流域和下游流域，两者被峡谷隔开，这道峡谷就是大峡谷。峡谷的起点就是里斯费里，它坐落在非常奇怪的地形上，这里沿河而下有一段相对平缓的斜坡，创造了此处唯一可以渡河的地方，而其他地方都被险峻而幽深的峡谷隔断，无法通过。

围绕地图上这个特殊的地点，这片区域的州被分成了两组，分别是上游流域的犹他州、科罗拉多州、新墨西哥和怀俄明州，以及下游流域的内华达州、加利福尼亚州和亚利桑那州。在 20 世纪早期，西部人口急剧增加，各州也开始激烈地争夺有限的水，彼时关于科罗拉多河水产权的归属毫无头绪。争夺科罗拉多河这样的州际水产权围绕着主权展开，而最终靠州际协定才解决。

主权是个很灵活的概念。这个概念最早可以追溯到 1648 年的《威斯特伐利亚和约》，它终结了欧洲的三十年战争。虽然这份和约长久以来被铭记是因为它终结了一场漫长而血腥的战争，但它也让各政府间建立起了一种全新的关系，也就是共存但拥有主权的国家。在《威斯特伐利亚和约》之后，所谓主权就是一群人占据着一片土地，这片土地被受认可的政府治理，同时这块土地的边界也被其他政府认可。

主权的概念让现代的地理政治学家非常看重边界。因为除非一群人占据了一片土地，并由这片土地界定，否则他们就不会被承认拥有主权。比如美洲原住民部落拥有共同语言和祖先，但并没有明确界限的领地，所以一直以来，没有英国殖民者和早期的美国公民把这些部落当作现代政权的先例，因为土地，也就是领土，是主权的一部分。这种情况让第一批殖民者和后来的美国政府轻松了许多，占据美洲原住民的土地并宣布主权的过程简单了很多。在部落最终建立起部落保留地后，美国政府顺理成章地承认了其主权。在美国政府看来，无论他们现在的领地是否和曾经的领地的地理位置完全一样，现在的部落已经牢牢地和他们的保留地联系在了一起。相似的，在犹太复国主义者在巴勒斯坦确定了自己的领土之前，以色列并没有被国际社会认定为一个拥有主权的国家。主权之所以那么重要，是因为在《威斯特伐利亚和约》之后，其他拥有主权的国家都认识到，一个拥有统治权的政府必须要统治一片特定的领土。[9]

在美国，利夫·希尔曼这样的人都注意到，在克拉马斯河的沿岸，联邦政府、州政府和美洲原住民部落都拥有主权，但它们的领地却是相互重叠的。在水战争中，州政府希望自己对州境内的用水有最终解释权，但河流只认地形，不懂政治，因此跨境的水只能被人为地分配给各个拥有主权的州。里斯费里变得非常重要，正是在于它是西南部最重要的一条河——科罗拉多河上几个政治边界中的一个。

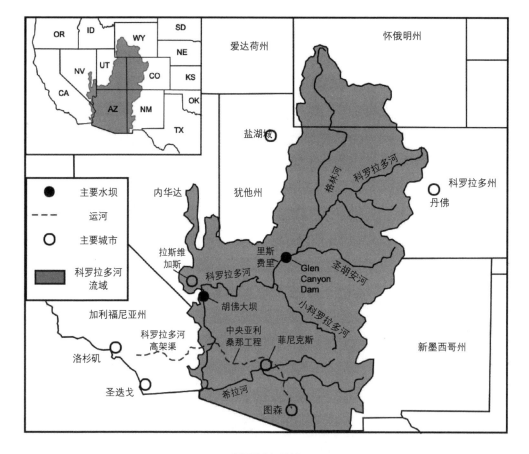

科罗拉多河流域

20世纪初，有关西部水的新挑战在于，谁才能为分配水制定规则，而规则又该是什么。第一个问题很快就被解决了，联邦政府通过最高法院决定了这个问题。自从1902年堪萨斯州和科罗拉多州的水源纷争后，最高法院经常负责处理这些州际河流的争端。在堪萨斯州和科罗拉多州的案例中，科罗拉多州采用的方法是，在处理水的问题时，美国境内的州政府应该被看作单独的拥有主权的政府："科罗拉多州占据了堪萨斯州的资源，与国外国家之间的相互侵占资源是一样的。"美国最高法院并没有接受这种绝对主权的说法，法院认为各州应该是平等的，而最高法院将为保证各州之间的公平负责。实际上，最高法院就是在说，在美国境内关于水的问题，最高法院才是最高的权威。

虽然最高法院宣布自己才是最终的决定者，但判决的依据依旧不明确。在那个年代，关于州际水产权的解释层出不穷，甚至天差地别。

其中之一被称为"哈蒙主义"，这个名字来自1895年美国司法部长贾德森·哈蒙。1894年，因为里奥格兰德河在流入墨西哥之前，被美国分流得非常严重，导致墨西哥多次向美国提出抗议。在和墨西哥开启谈判之前，时任美国国务卿的理查德·奥尔尼需要一些法律依据来支持美国在这片区域内水产权的正当性。奥尔尼询问了司法部长哈蒙，希望了解一些关于国际法的原则，来决定应该如何处理这个问题。哈蒙提出了一个听上去很伟岸的爱国主义论调来支持美国的水产权。他坚称美国并不亏欠墨西哥什么："国际法的基本原则是各个国家都拥有绝对主权，只要在自己的领土内，别国无权干涉。"绝对主权的哈蒙主义得到了上游用水者的支持，而在里奥格兰德河的例子中，美国就是上游的那一方。[10]

尽管在美国和墨西哥的谈判中，哈蒙主义并没有被采纳，但许多州用它来解决州之间的州际冲突。当上游的科罗拉多州政府想要和下游的堪萨斯州政府一决高低的时候，科罗拉多州就把州主权与哈蒙主义结合，坚决声称自己是"拥有主权的独立州政府"，科罗拉多州"对于其境内包括任何水体在内的任何资源，都拥有绝对主权"，因此，州政府没有义务为下游地区留出水。[11]

争论的另一边则大谈另一种论调，即最早占有水的使用者应该能更优先地用水，比晚到的用水者优先级更高。本质上，这个提议就是将原本适用于人与人之间的优先占用原则放大到了州与州之间。尽管这种论调会让墨西哥在里奥格兰德河的案例中比美国占据更大的主动，但这种论调本身具有非常高的国际和历史地位。

从历史上来看，在干旱地区，相比于新兴的社会，更古老且经济和政治更发达的社会一般都在河流下游。例如尼罗河边的埃及、底格里斯河-幼发拉底河边的巴比伦，以及科罗拉多河边的加利福尼亚州，这些依水而建的更古老的社会都将上游发展视为自己用水安全的潜在威胁，因为有可能在不远的未来，这些新来的用水者就会将自己赖以为生的水抽干。所以下游的群体不可避免地希望基于历史确定水产权，就像优先占用原则框架下的各种方案。对上游的人来说，他们则更偏爱根据对流量的贡献来确定权利，也就是河岸原则。关于科罗拉多河水归属的问题，各州支持的论调非常清晰，以科罗拉多州为主的上游流域的各州，都提出了绝对主权的论调，而以加利福尼亚州为主的下游各州，则提出了以历史地位为参考的理论。大家都寄希望于最高法院做出最后的决定，确定如何分配科罗拉多河的水。毕竟，各州之间似乎很难自发达成共识了。[12]

赫伯特·胡佛时任美国商务部部长，他可以算得上是20世纪早期一位非常不同的政治家。他之前并没有太多从政经验。他在担任国际采矿工程师时大赚了一笔，随后就把注意力放在了救助上，他向被第一次世界大战摧毁的比利时提供食物，并且在领导这项救助的过程中成了著名的人道主义者。他出身西部，这在当时的政坛也很少见，当他在1929年当选为美国总统时，他是第一位出生于密西西比河以西的总统。1922年，因为胡佛在西部担任地理学家和采矿工程师时积累的充足经验，以及享誉国际的解决难题的能力，他作为唯一一位来自联邦政府的代表进入科罗拉多河委员会，并被选为主席。这是一个新成立的州际组织，由科罗拉多河流域的7个州共同建立，他们希望借助这个组织完成科罗拉多河的水产权分配，而不是把决定权交给最高法院，毕竟最高法院是出了名的"阴晴不定"。

并没有宪法或国会的相关法律能指导分配科罗拉多河的河水，最高法院也没有判例可以参考。而避免让最高法院介入的方法之一，就是参与这场纷争的各州能主动地协商达成一致，也就是各州之间的公约。有了这份州际的协定，科罗拉多河流域的各州就能将决定权放在自己手里。一旦公约通过，这就可以成为联邦法律，约束包括最高法院在内的联邦政府以及其他各州。而这么做的缺陷是，因为这份公约必须经过各州立法机关以及美国国会的同意，因此它需要协商和妥协。

在水战争中非常典型的困难是，新成立的委员会需要草拟出一份能够接受时间考验的公约，它既要平衡众多优先占用权的论调，也要平衡众多哈蒙主义衍生出来的主权论调。加利福尼亚州是河流最下游的州，但那里经济最发达，因为洛杉矶及附近城市不断扩张，那里的用水量一直节节攀升。加利福尼亚州南部沙漠地区蓬勃发展的农产区，也没有任何迹象表明这种发展会放缓，那里自然需要水。相反的，其他大多数沿河的州都是人丁凋零，农业发展也极其有限，但它们拥有大量土地，这些土地可以通过灌溉转化为农田。如果绝对主权的哈蒙主义被采纳，上游的各州就可以毫无约束地分流水源，因为那里的城市和农场已经足够大。但是，如果优先占用原则被采纳，加利福尼亚州早在1922年就已经存在，它可以凭借这一历史地位大发一笔"水财"，尽管还没有适当的基础设施能满足加利福尼亚州想要的用水规模。

公约的谈判必须要解决的冲突是，上游各州希望确保加利福尼亚州不会独吞所有水，而加利福尼亚州则希望这一协定能给其修建大规模的联邦水务基础设施铺平道路。比如，加利福尼亚州需要修建一座大型防洪坝，以此保护大片发展中的农业地区，这些地区都曾遭受过一系列严重的洪水。1905年，科罗拉多河改道，向西偏移了80英里，摧毁了上千英亩的农田。加利福尼亚州需要一座拥有分流能力的防洪坝。但无论河上的水坝是否能修建起来，无论联邦政府是否出资，在此之前，加利福尼亚州都需要获得从河中随意分流水的权利。相似的，对亚利桑那州而言，利用科罗拉多河来灌溉农田和支持城市发展，同样需要一个巨大的跨州运河系统，这项基础设施的规模远超州政府的财力。上游的各州大多不具备足够的储水能力，更别说用运河将水输送到城市或农场了。所有这些类型的基础建设都远超各州的能力范畴，而委员会里来自各地的代表都知道，如果不解决各州之间关于水量的争执，凭各州自己的能力都无法从联邦政府争取到必要的资金，进行基础设施建设。由胡佛领导的科罗拉多河委员开始为各州解决问题提供了方向，它并没有急于确定资金的分配，而是先通过确定水的分配，来推进未来的工程建设。[13]

最初6个月的会谈和听证会以彻底失败告终，随后最高法院强行介入。1922年6月，最高法院最终就科罗拉多州和怀俄明州关于拉勒米河的争端做出了裁决，它提出，既然在西部各州根据优先占用原则可以分配州内的水，那同样可以用来解决州际的争端。通过这一裁决，最高法院明确地驳回了哈蒙主义中提出的绝对主权。一听到这个消息，上游各州立刻意识到，加利福尼亚州已经彻底掌握了主动权，如今唯一能够为未来自身发展而保护水产权的方法，就是达成一份州际协定。

同年 11 月，胡佛让整个委员会躲进了新墨西哥州一个叫作"主教小屋"的牧场里。他之所以选择这个地方，是因为从最近的城市圣菲到达这里需要在崎岖的土路颠簸数个小时，这种偏僻的地方有效地阻止了窥伺和闯入。在这个牧场里，正式的与会人员仅有来自各州的代表和顾问（一名工程顾问和一名法律顾问），这种方法最大程度地降低了会谈期间外界的干扰和游说，让委员有空间协商让步，而不会立刻激怒各州。在这样的条件下，再加上胡佛的糖衣炮弹和穿针引线，最终各方做出了巨大的让步，达成了一份协定。[14]

在 1922 年《科罗拉多河公约》谈判过程中，各州代表间的第一个妥协成了谈判的突破口，而这个妥协在最开始的时候其实是迫不得已的。与会代表最初想要把这条河分成 7 个部分，因为流域有 7 个州，但没能成功。眼看着整个会谈即将不欢而散，代表们最后一搏，同意将整条河先分成两大块，即上游流域和下游流域，然后让这两片流域内的各州自行讨论解决。里斯费里正好就是州与州之间的一个现成的地理节点，将科罗拉多河大致分为了上游州（科罗拉多州、怀俄明州、犹他州和新墨西哥州）和下游州（加利福尼亚州、亚利桑那州和内华达州）。

而第二处妥协则是要让各州决定到底有多少水可供瓜分。USGS 自从 19 世纪以来一直监控着科罗拉多河的流量，截至 1922 年，在里斯费里这个地方的年均流量约 16.5MAF，因为一英亩英尺相当于在一英亩地上蓄上高一英尺的水，也就是约 33 万加仑的水，16.5MAF 大概是 5.3 万亿加仑。1922 年的公约要求上游各州在未来十年内不能让流经里斯费里的总水量少于 75MAF，这就相当于是承诺给下游的各州每年 7.5MAF 的水量。剩下的问题就完全取决于河水流量了，在正常的年份，下游获得 7.5MAF，上游或许能留下 7.5MAF，如果当年雨水特别充沛，那下游地区还会额外获得 1.5MAF 的水。另外，流域各州会分摊承担对墨西哥的义务。

事情后续的发展以及法院的裁定，都对流域内各个州的水分配进行了完善和细化，并且将每年分给墨西哥 1.5MAF 水的正式写入协定。所有这些不断增加的协定、公约、最高法院的裁定以及立法的文件，现在统称为河流法，这些文件确定了在美国与墨西哥之间、上游流域和下游流域之间，以及流域内的各州之间如何分配科罗拉多河的河水。[15]

在 1922 年公约以及后来的各种补充和细化条款中都有一个重要的元素，就是所有条款都基于干旱地区用水的优先占用的惯例。首先，墨西哥是最早的占用者，所以各州都要先满足墨西哥需要的用水份额，由上游和下游流域共同分担。接下来就轮到了所有沿岸的个体，只要是 1922 年公约生效时在科罗拉多河流域用水的人，都将被赋予"目前最高权"（present perfect right）。拥有这一权利的个人和组织，无论出于何种原因和目的用水，都在美国科罗拉多河系统的水产权顺位上无可争议地排在第一位，当最严重的干旱发生时，他们的用水配额也是最后一个被削减的。一旦这些最优先的水产权被满足，根据公约要求，要首先满足下游流域 10 年间通过里斯费里的总流量达到 75MAF，这其实就在实际层面上承认了下游流域是最优先的用水者。只有在河水流量充足的情况下，上游地区才能分配理论上剩下的 7.5MAF。

达成 1922 年公约的最后一个妥协，是对加利福尼亚州的让步。因为加利福尼亚州拥有最多政治筹码，他们几乎已经达成共识，其他州会支持加利福尼亚州在科罗拉多大峡谷下游地带修建一座防洪坝。但加利福尼亚州还是希望将它明确地写进 1922 公约的最终版本里。其他各州认为，只要国会通过了公约，它们就会一同帮助加利福尼亚州推进这个项目，但它们反对将其写进公约里。

当委员都签署了这份公约之后，它首先需要先后通过州立法机关和美国国会的审批。这需要更多政治上的让步。为了能够说服上游流域各州立法机关，批准公约中要求的首先向下游地区承担的义务，加利福尼亚州同意将份额降到 4.4MAF，而不继续使用更多水，也不会据优先占用原则占有更多水产权。正是因为加利福尼亚州的妥协，终于让各州认可了这次上下游流域的水分配，并且各州也都动用了自己的政治资源，使加利福尼亚州如愿以偿，在博尔德峡谷修建起了一座水坝。此时新上任的总统，也就是曾经的委员会主席赫伯特·胡佛签署了 1928 年的《博尔德峡谷工程法案》，授权修建了后来鼎鼎有名的胡佛大坝，也借此完成了下游各州的水分配。[16]

科罗拉多河水分配表——《河流法》

上游流域——7.5MAF/年（2.4万亿加仑）	
州	分配额（单位：MAF/年）
科罗拉多州	3.86
犹他州	1.71
怀俄明州	1.04
新墨西哥州	0.84
亚利桑那州*	0.05
下游流域——7.5MAF/年（2.4万亿加仑）	
州	分配额（单位：MAF/年）
加利福尼亚州	4.40
亚利桑那州	2.80
内华达州	0.30

* 亚利桑那州每年从上游的配额里可以获得0.05MAF，已补充其作为下游分配的流量。

但偏偏有一个"钉子户"，就是亚利桑那州。虽然亚利桑那州的代表在1922年签署了《科罗拉多河公约》，但州立法机关拒绝通过。其余的州只好联合改变了条款，让这项公约只需要7个州中的6个同意就能通过，并继续推进水务发展，但是亚利桑那州政府依然不认可这份公约。它还反对《博尔德峡谷工程法案》。亚利桑那州有不少坚持反对该法案的理由，但其中最关键的一点是，这个州连一条渡槽都没有，它也不信任加利福尼亚州。

亚利桑那州和加利福尼亚州在关于科罗拉多河的问题上争斗已久，但前者屡屡处于下风，因为它的基础设施非常薄弱，很难将水调配到有需要的地区，也就是距离河流约200英里远的菲尼克斯附近。当公约签署完毕，胡佛大坝完工后不久，加利福尼亚州就开始将水从科罗拉多河抽出运往内陆，从1939年起，科罗拉多河的水就经过长达240英里的渡槽，一路被送往洛杉矶。而到了1942年，加利福尼亚州就在用河水灌溉英佩瑞尔灌区的农田了，这里距离科罗拉多河有80英里远。只要亚利桑那州没有能力建造渡槽，分流出属于自己的那部分水，加利福尼亚州就会占用超额的水量。

1944年，亚利桑那州终于低下了头，签署了公约，只有这样它才可以起诉加利福尼亚州,因此才能正式主张属于本州的每年 2.8MAF。但即使自己的水产权被保住了,亚利桑那州还是没有办法把这些水调配到需要的地方,也就是距河道 200 多英里的州中部区域。要完成这种远距离的调水,亚利桑那州需要修建一条渡槽。而这种工程不仅造价昂贵,也会让亚利桑那州付出现有的水文主权。

在 1922 年公约通过 40 年后,亚利桑那州终于迎来了中央亚利桑那工程 (CAP),这是当时国会通过的造价最高的单项决议。CAP 最终的计划是,从位于亚利桑那州西侧边界的哈瓦苏湖中抽取科罗拉多河的水(向洛杉矶送水的渡槽也在这里,不过方向相反),将水送到东部的斯科茨戴尔,然后到菲尼克斯,再经过 336 英里,穿过索诺兰沙漠后到达图森。

亚利桑那州为了 CAP 奋斗了几十年,但长久以来亚利桑那州都受到加利福尼亚州的阻碍,当时加利福尼亚州就如同一个水利和政治流氓。通过阻止通向亚利桑那州的水道,加利福尼亚州可以不断扩大用水量,借助优先占用原则一直这样继续用水——至少当时加利福尼亚州是这样希望的。但这种念头最终在 1963 年被最高法院扼止了,最高法院认为,无论在博尔德大坝修建完成后,加利福尼亚州和亚利桑那州做了些什么,都无法改变修建该大坝的公约中规定的各州配额,也就是加利福尼亚州占 4.4MAF,亚利桑那州占 2.8MAF,内华达州占 0.3MAF。这就给加利福尼亚州的用水配额封了顶。

但是加利福尼亚州的政治谋略不止于此。既然用水配额被限制了,加利福尼亚州便全力争取它在下游流域中拥有最高优先级的水产权。如果未来干旱到了非常严重的地步,加利福尼亚州希望确保能在亚利桑那州分到第一滴水之前,自己优先获得所有的配额。亚利桑那州则因为对渡槽的渴望超过了一切,只能和这个掌握着水的"魔鬼"达成协议。1968 年,亚利桑那州同意以降低自己在下游流域水产权的顺位为代价,换取加利福尼亚州在 CAP 中对自己的政治支持。所有这些谈判、协定以及新的法规共同形成了规则。美国垦务局将负责建设工作。

虽然垦务局在 20 世纪成为修建水坝的领导者,但它是从零发展起来的。垦务局最早由西奥多·罗斯福于 1902 年创设,它当时扮演的角色是在西部地方能力不足时,帮助提高灌溉水平。这个联邦机构早期的工作致力于改进那些已有的灌溉工程，这些工程可能仅仅能够勉强使用，效率低下，通过联邦政府的资金与垦务局的工程师技术支持，它们能够开始自给自足。

的确，联邦垦务局出现伊始，大量的灌溉工程开始修建。虽然大平原地区的定居者是出了名的自力更生和独立，但这群生活在西部内陆的定居者也知道，灌溉基础设施的修建、管理甚至微调无法仅凭一位农场主单独完成。最早的时候，这些西部定居者在面对这个需要集体力量的难题时，会集中起来一同建造灌溉系统，这种系统设施简陋，组织简单且易于管理。最早建立灌溉系统的群体是摩门教徒。1847年，这些宗教先锋为了垦荒犁地，在刚刚到达犹他州大盆地不到两个小时，就开始从宽度 8 英尺的城溪（City Creek）引水到田里。在 20 年里，他们建立了一个分流坝系统和 277 条运河，为他们蓬勃的人口提供足够稳定的水。他们开发出了一套新颖的管理体系，在地方上，地主能够通过灌溉区组织起来并且交税，这些钱会用于建造和维护运河。[17]

由于最大的灌溉规模远大于最大的农场规模，所以这里很快就发展出了地方治理的其他形式，甚至企业化的方法来管理灌溉。1920 年，西部农场大小平均是 260 多英亩，其中 83 英亩是灌溉田。而一个灌溉组织的平均管理面积则达到数千英亩。西部定居者不仅仅是使用灌溉技术的先驱，也是发展出地方治理的先驱，两者共同改变着西部。在联邦政府用来帮助发展灌溉的垦务局诞生之前，整个西部的灌溉面积已经有 300 多万英亩了。[18]

这些 19 世纪的灌溉系统绝大多数都能有效地分流并输送水，但它们的致命缺点是无法把水储存下来以备来年。这些灌溉系统能最大限度地使用当年可用的水，但对每年的流量变化却无能为力。如果联邦政府希望能将 1803 年路易斯安那购地案以来，所有购买和积累的土地都最大程度地投入生产，它就不能袖手旁观，不能将工作全部交给个人或灌溉区这类地方力量来完成。相反，联邦政府需要付出精力和成本，在这片广袤而干旱的土地上建设必要的储水和灌溉工程。[19]

通过建造尺寸越来越大的水坝，垦务局将更多事情变成了可能，甚至拓宽了人们的想象。这些水坝后来成了垦务局的象征。巨大的水坝成了储水的中心，同时它也是扩大西部灌溉的核心。随着水力发电的出现，这些水坝肩负着双重使命，它既能提供水，又能提供电力资源，鼓励着人们来此定居。胡佛大坝就是一个有力的证

密西西比河下游鸟瞰

哈得孙画派画家乔治·宾汉姆的两幅作品,描绘的是密西西比河上的航行生活

由于密西西比河航运业的发展,新奥尔良港成为南方最繁忙的港口

密西西比河上的大型驳船

2008年密西西比河的洪水造成了伊利诺伊州的溃堤

1993年洪水时,防洪机构在加筑防洪堤

2005年卡特里娜飓风造成的洪水淹没了新奥尔良市

纪念克拉马斯水桶传递运动的标志

克拉马斯河上钓鲑鱼的人们

科罗拉多河深深下切美国西南部的高原,形成了举世闻名的大峡谷

科罗拉多河上著名的胡佛大坝

亚利桑那州种植的苜蓿

亚利桑那州气候干旱,河流对于维持该州的农业至关重要

加利福尼亚州的地形图

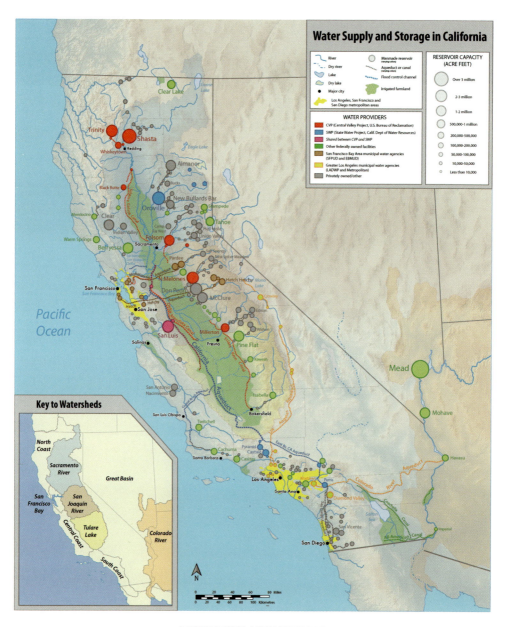

加利福尼亚州的水资源分配示意图

据，代表着垦务局的水坝达到的规模。作为当时世界上最大的水坝，同时也是世界上最大的水力发电站，胡佛大坝可以储存 30MAF 的水，几乎相当于科罗拉多河两年的总流量。它可以向科罗拉多河下游放水，为下游沙漠中广阔的农田提供灌溉，并向哈瓦苏湖注水，这片湖是派克水坝的蓄水湖，这个水坝位于胡佛大坝下游 150 英里，它同样由垦务局修建。从哈瓦苏湖开始，加利福尼亚州将水送往西边，而亚利桑那州将水送去东边。垦务局建设的规模庞大的工程将流量稳定了下来，并且为西南部的发展提供了充足而稳定的水。[20]

除了胡佛大坝，《科罗拉多河公约》的顺利实施还需要在里斯费里的上游修建一系列水坝。一座水坝能调控一条河一两年的流量，而一张水坝组成的网络，分布在各地河流及其支流上，能够控制整个流域数年的流量。

在《科罗拉多河公约》签订后的数十年间，垦务局建造了格林河的弗莱明峡谷水库、圣胡安河的纳瓦霍湖水库、里斯费里上游的格兰峡谷水坝，几乎在科罗拉多河上游流域的每一支流上都建了高耸的水坝和广阔的水库。根据科罗拉多河调蓄工程（1956 年）所修建的水坝与水库，它们可以在上游流域储存 34MAF 的水。这些水坝不仅重新平衡了春季和夏季流量的过剩与不足，同时也能在雨水充沛的年份储水，以供干旱的年份使用，从而平衡了该地区长期以来的自然气候不稳定和干旱。这些巨大的水坝对于上游流域的各州履行《科罗拉多河公约》也起到了关键作用，因为《科罗拉多河公约》的缔造者认为，这些水坝能保证下游流域在 10 年里获得其应得的 75MAF 配额。

通过稳定流量以及将河水改道入渠，垦务局将建立起一套全新的水文规范。从此，春天由于冰雪解冻导致的河水上涨不会再出现，这些水会在夏天被释放出来。借助这些储水量超过河流全年流量的巨型水坝，以及精心排布在上游各地的水坝网络，河水变成了稳定且可调节的水力机器。

在垦务局的水库边，运河像蜘蛛网一样向四周铺开，跨过州境，西南部的沙漠在水文上连接了起来。原本河流只是从高处向低处流，最终流入大海。但在垦务局的工程完工后，西南沙漠地区的河流不仅仅受到重力的影响。它们会被抽到成百上千英尺高的地方，越过峡谷，翻山越岭，沿数百英里的运河穿越沙漠，来到"嗷嗷待哺"的农田和城市。

由于垦务局的工作，各州如今能确保获得《科罗拉多河公约》中约定的配额，但这些水进入州政府的管辖之后具体如何使用，就需要州政府、灌溉区和农场主商量分配的细则。将水从河里抽出来，并投入使用，这是一个非常关键的水文转变，也是政治转变。这同时还是一种意识形态的转变。从此，问题就不再围绕主权，而是围绕财产展开了。

第 6 章
一个新的水市场

文斯·瓦斯凯花了大量的时间在美国西南部奔波,他耗费了几个星期,详细研究地图,弄清了这些土地的产权,又在沙漠里开车穿越上万英里,和当地的农场主商谈水产权的问题。瓦斯凯供职于一家投资水的私募股权和对冲基金,他负责亚利桑那州与新墨西哥州的项目。这家被称为水资产管理(WAM)的公司总部设在纽约,公司的理念是,水应该被视为一种独一无二的资产类别,公司正是基于这一理念而创建的。从拥有众多水利技术专家的咨询公司,到向私营或国有供水公司提供水管与阀门的制造企业,甚至是制造监测水污染传感器的科技公司,WAM 投资了各种关于水的项目。美国西南部一直都饱受旱情困扰,瓦斯凯是负责新墨西哥州,尤其是亚利桑那州的总经理,WAM 在科罗拉多河沿岸投资了水产权,这种交易越来越被认为是一种"水市场"。

当年遍布纽约和芝加哥大街小巷的送水工向居民成桶地贩卖干净的水时,水市场就出现了。由于加利福尼亚州的淘金热所引发的一系列效应,美国西部出现了一种全新的市场。在美国西部,水可以从土地中分割出来,它被视为一种财产,因此就如同土地上的木材或是成堆的草料一样,水也可以买卖。在美国西部,所谓的水市场,其实就是水产权市场,只要付钱给这些拥有水产权的农场主,他们就会放弃用这些水灌溉自己农田的权利,这些农场主有的选择短期出租自己的水产权,有的则会永久转让。农场主也可以将水产权直接转让给其他农场主,他们偶尔也确实会这么做,但如果想要获得更高的回报,他们则会出售或出租给附近的市政府或工厂,它们往往愿意出更高价。

农业一直以来都在西部用水名单中排名第一,虽然西部最大的人口增长都集中在城市,全美城市人口从 1900 年起的 7000 万人,到 2014 年的 3.2 亿居民,在过去的一个世纪里翻了四倍多,但灌溉用水仍然占据了超过八成的用水总量。这一现象源于优先占用原则,因为这片地区最早开发的就是农业,所以最优先的水产权一定是在农场主手中,而他们通常都会将水产权连同土地一起,一代代地传给子女。因此，整个西部拥有最多水产权的就是当地的农场主。[1]

但随着城市人口增长，以及市政用水需求的增加，城市人口不得不和其他人一样，排在大量农业用水者之后，在冗长的用水队伍里等待。不过，城市和采矿业大公司通常都不介意多花点钱插个队。早在 19 世纪 90 年代左右，在供不应求的利好行情下，水产权交易市场应运而生，科泉市政府就通过法院完成了将灌溉用水转化为市政用水的交易，成为全州首例。虽然当时科泉市已经拥有了一项水产权，也有了一条从方廷溪（Fountain Creek）的支流引出的供水管道，但为了城市进一步的发展规划，市政府依然需要再从上游灌溉者那里收购更多水产权。这次水产权交易在法庭上受到了质疑，因为它牵涉到将灌溉用水变为市政用水，但是科罗拉多州最高法院最终裁决，这次交易是合法的，因为水产权就是"一种财产权，因此它可以被转移"。有了科罗拉多州的这个判例，西部其他州的类似交易陆续出现，水产权正式合法地变成了一项可交易的商品。[2]

我们买面包是论根，买石油论桶。而水的买卖单位则是英亩英尺（AF）。在 19 世纪与 20 世纪之交，水市场如火如荼地发展。到 2015 年，每年有约 1.8MAF 的水被交易，交易总额近 8 亿美元。这些市场活动大多在加利福尼亚州，而爱达荷州和亚利桑那州同样是交易的中心。从来不甘落后的得克萨斯州，其市场的发展也十分迅猛。大多在西部的买卖都是从农业用水转为城市用水，而各地的交易价格从每英亩英尺不到 100 美元到几千美元不等。而从一些特殊的交易中，我们能看到在一些特定条件下，对于某些买家来说水是多么有价值。2014 年，全球最大矿业公司之一的自由港集团（Freeport-McMoRan）为了开采亚利桑那州东部的一处铜矿，斥资 130 万美元购买了 90 英亩英尺的水产权，这笔交易的平均价格达到了惊人的每英亩英尺 1.4 万美元。这个价格对于农业来说简直是天文数字，不过对于一家离不开水的、利润可观的国际矿业集团来说，这只是它做生意的必要开支。[3]

文斯·瓦斯凯在 WAM 的工作就是寻找购买水产权的契机，水产权通常是连带土地一同购买，以期在未来能连本带利地转手卖出。早在 20 世纪 90 年代，那时瓦斯凯还没有加入 WAM，这家公司最早对西部水的投资就是在亚利桑那州。WAM 的创始人将目光聚焦在当时刚刚完成的 CAP 上，这项工程刚刚开始将水运到哈夸哈拉河谷灌溉区。哈夸哈拉种植作物的土地本身价格并不高。当时的棉花价格为每磅

39美分，但它种植的灌溉成本就达到了42美分。不过哈夸哈拉刚好位于菲尼克斯市郊扩张的西侧，那一地区用水需求非常高。只要CAP的水引到这里，土地的价格就会从每亩400到600美元，疯涨到1000美元。当WAM收购了当地的土地和连带的水产权后，将其中的一部分水用于农业灌溉，但大部分水被出售给了城市和工业，便达到了价值最大化，或者至少是利益的最大化。

瓦斯凯就在寻觅类似的机会，但他却将着重点放在了农场与水两方面。瓦斯凯的工作是以合适的价格寻找农场进行收购，更新其中的基础设施，改进农场，随后产能提高的农场可以继续投入农业生产，或是将水剥离出来单独售卖。影响土地和水的价格的首要因素就是水产权的年资。不过当农场主拥有较长年资的水产权时，他们并不会轻易出手自己的土地或水。瓦斯凯和其他投资者一样，需要找到最合适的地点，还有时机。

瓦斯凯心中的理想交易，是找到想要将农场整个出售的农场主。因为在这种情况下，瓦斯凯就能最灵活地处理土地和水，他既可以直接卖掉这片土地上的水，也可以将整个农场翻新，利用已有的水重新种植高价值农作物。大多数情况下，农场主都想继续种植，只是他们需要一大笔钱来维持日常运营，或是更新大型设备，还有的情况，这些农场主希望能筹一笔钱，继续耕作几年之后可以顺利退休养老。很多时候，这些农场主因为没有足够的预付款，无法改种高价值的作物。就像瓦斯凯在开车穿越亚利桑那州西部荒漠时所说，"许多农场主只是有丰富的水，却缺乏足够的现金。而我们正好有一本厚厚的支票，以及一颗愿意冒险的心。"对于那些需要钱，却又想保留自己土地的农场主，瓦斯凯提出这样一种合作框架，瓦斯凯会将这片土地买下来，但在随后的一段时间里反过来租给农场主继续耕作运营。

这种经营模式和"买后即荒"（buy and dry）的传统模式有本质的区别。"买后即荒"指的是买下土地后就单独出售水，之后任由这片农场荒废。但瓦斯凯会让农场能继续生产作物。他日夜扑在这些农场上，处理翻新农场的种种细节。瓦斯凯典型的一天是这样的：他首先找人清理最近新购置的几百英亩农场里的杂草，随后驱车到一英里外，敲定另外一处农场里一系列新的灌溉系统的事宜，之后再去镇上采购电线杆，让电力能够跨越乡村小道到达公司的另一处农场。而与此同时，在瓦斯凯近期购买的另一处邻近的农场里，巨大的拖拉机正将几百英亩的土地犁得平平整整，为一套即将投入生产的全新灌溉设备进行准备工作。日复一日的这些工作，都是为了能够让 WAM 斥资购买的农场可以百分百地投入生产，并尽可能地让水得到高效利用。

但所有这些工作让我产生了一个疑问，那就是，既然 WAM 是一家买卖水的公司，为什么要在亚利桑那州荒漠上的农场倾注如此多资源，让农场变得更高效呢？首先，这些水产权都通过科罗拉多河和 CAP，与菲尼克斯日益扩张的郊区连在了一起。这就意味着，农场省下的每一英亩英尺的水，都可以变成市政用水，出售给几百英里外的菲尼克斯。但或许更重要的是，瓦斯凯正在翻新的这座农场，位于科罗拉多河沿岸，早在 1922 年签署科罗拉多河契约之前，这座农场就是靠科罗拉多河的水灌溉。因此这座农场拥有"目前最高优先权"的水产权，也就是目前科罗拉多河流域中最优先的、不可剥夺的水产权。因为亚利桑那州为了获得 CAP 的资金，让水产权的顺位排在加利福尼亚州之后，流经 CAP 的水在旱季时总是存在断流的危险。不过瓦斯凯目前正在开发的水产权，和加利福尼亚州的一些最优先的水产权地位相当，这些水有望在将来出售，它们在亚利桑那州内的重要程度不言而喻。

既然我们可以预见，瓦斯凯依旧想要出售水，为什么他还是不断地投入时间和金钱来清理杂草、修建水道呢？这是因为瓦斯凯需要证明，自己确实将这些水用到了实处，这样才可以在出售这些水之前，确保他拥有的水产权不流失。更新灌溉设施和基本的农用设备等工作，打消了人们对他只想出售水而不顾土地的质疑。除此之外，瓦斯凯这样的买家都认为，这些可靠的水产权的价值如今都被大大地低估了，他们笃信，把这些水产权攥在手里的时间越久，价值就会越高。由于这些水产权交易的风险非常大，所以手握水产权的买家并不是那么容易就能将它们转手，或者价格可能达不到他们满意的程度。瓦斯凯说过："我们买下的农场会在手里攥上好长的一段时间。"但是 WAM 和其他买家拥有农场主所不具备的资本。即使不出售水产权，他们也有能力让这些农场运作起来，获得高额的经济回报，以此收回购买农场花费的资金。更重要的是，在运作农场的同时，瓦斯凯依旧可以在这片区域进行其他的水产权交易。他不需要出售所有水产权，只要让一部分农场休耕就可以了。这种休耕计划节省出了水，瓦斯凯就可以自由地选择将这些水出租或出售。

俯瞰整个科罗拉多河峡谷，在沙漠中一片片荒芜的土地中间，瓦斯凯修缮后的农场在其中显得绿意盎然，生机勃勃。所有农田都种着苜蓿干草。在瓦斯凯的农场里，有成百上千英亩的苜蓿，但相比于这里成千上万英亩的苜蓿，瓦斯凯农场里的不过是冰山一角。这里是世界上最干旱的地区之一，每英亩苜蓿需要 5 英亩英尺的水来灌溉，大约相当于 60 英寸的降水量，但这里年均降水量通常只有约 5 英寸。除了利润微薄的棉花，苜蓿是这片区域最主要的作物。为了满足巨大的市场需求，苜蓿的产量一直稳步攀升。

1993 年，加利福尼亚州的牛奶产量超越威斯康星州，一跃成为全美第一。2014 年，加利福尼亚州生产了 50 亿加仑的牛奶，几乎是被称为"美国奶乡"的威斯康星州的两倍。今天的加利福尼亚州生产的牛奶占全美产量的五分之一。而生长于干旱的亚利桑那州的苜蓿，则是支持加利福尼亚州成为产奶大户的基石。每年春季收割的第一茬苜蓿富含蛋白质，是奶牛的理想饲料。而在夏季收割的第二茬，虽然对奶牛来说营养价值没那么高，但可以出口到国外，成为家畜的饲料。瓦斯凯的农场以及附近的农场借助州际高速公路，可以轻松地将这些苜蓿送到国际港口，进入全球市场。从中国满载工业制品的集装箱船也不用空舱而回，如今它们可以满载着干草踏上归途。亚利桑那州荒漠里的农场主用大量水灌溉的干草，催生出了洛杉矶价格低廉的牛奶，还有北京经济的牛肉。

从亚利桑那州的科罗拉多河谷到华盛顿中部的亚基马河谷，这片区域沿河的现代沙漠景观充分展现了这个国际化的苜蓿市场带来的影响。西部几乎所有河谷地带都有零星的苜蓿灌溉田，其中楼房一样高大的苜蓿干草堆星罗棋布，它们平均超过三层楼高，有 20 英尺宽，差不多 200 英尺长。这些干草堆四面画着神秘的数字和箭头，标记着它们中的哪些已经被订购，即将被运往太平洋彼岸某个不知名的地方。如果从科罗拉多河上空俯瞰，你会看到中西部的这些干草堆如同一座座巨大的谷仓，零星排列，一直绵延到地平线尽头。

苜蓿会成为亚利桑那州乃至整个西部最受欢迎的作物，还有一个原因：这种植物简直就是为了水产权交易而生的。苜蓿的种植最好是三年一个循环，换句话说，如果想要产量最大化，最好每种植两年苜蓿就休耕一年。对文斯·瓦斯凯来说，这就意味，在 WAM 拥有的农场里，每年有三分之一需要休耕。而这些休耕的土地每英亩可以省下 5 英亩英尺的水，这些水可以租给出价最高的买家。在一平方英里（相当于 640 英亩）的土地上，如果每年有三分之一处于休耕状态，就能省下 3.5 亿加仑的水，这些水足够洛杉矶或菲尼克斯郊区 10 000 个居民的日常使用。种植苜蓿让西部农场主获得了大量的利润，每年省下的大量水也能被灵活调配。这种优势是种植杏树、苹果树或葡萄等那些每年需要灌溉的作物无法相比的。

市场经常遭到反对者抨击，因为如果这些收购公司只出售水，而废弃了农场，让土地荒芜，这些交易就可能导致"买后即荒"。但是 WAM 公司和瓦斯凯所采取的策略是保持农场的正常耕作，并利用轮作休耕，节省出一部分水以供租售，这可以带来多方面的优势。得益于这种创新的策略，日渐增长的城市用水部分得到了满足，而农场也得以继续运营，并产出作物。

在其他一些地区，例如盛产鳟鱼的西科罗拉多河和盛产鲑鱼的哥伦比亚河流域，人们也采取了相似的策略，从农业用水中节省出水来，维持自然环境。越来越多的非营利的自然保护组织，会利用水产权交易来达到环保的目的。这些都是将水视作一种产权所带来的隐性优势。虽然批评不断，但只要环保组织有意愿和能力，与那些农场主、城市和如瓦斯凯这种买家一样，花费资金来争夺水，那这种交易就可以被视为一种能有效促进水资源保护的机制。交易让水可以被转移到最需要水的地方，同时让那些水资源丰富的流域能够进行买卖，来满足其他地方对水的各种需求。不过，人们也越加发现，目前在科罗拉多河和其他河流的水分配系统，并没有最初设想的那么可行，系统所展现出的缺点是将近一个世纪前制定方案时没有想到的。

北卡罗来纳大学的树木年代学家艾里卡·怀斯有一间特殊的实验室，这里就像一间高端的木工工作室一样，里面有电动磨砂机、链锯、树桩和满地的木屑。实验室里最新购买的仪器是一台磨砂机。最近她的一位研究生非常受欢迎，一方面是因为这个学生非常的聪明，而另一方面则是因为他的父亲是个木匠，这个学生对木头非常熟悉。而这项能力非常重要，因为木头就是树木年代学家需要整日研究的对象。

我们大多数人都曾经数过树桩上的年轮，用它们来推测树木的年龄。树木年

第 6 章　一个新的水市场 | 113

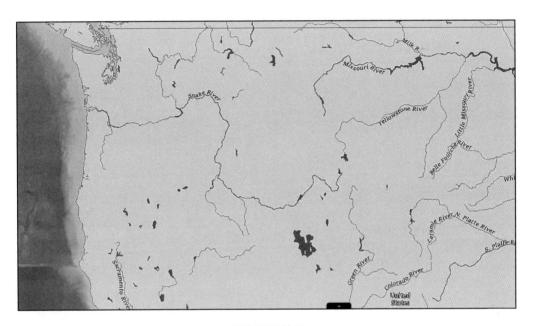

哥伦比亚河地图

代学是研究年轮的科学,它将数年轮这个行为大大深化。树木在不同的环境下形成的年轮是不同的。疾病与丛林火灾都会在年轮上留下印记,年轮诉说着往事。树木年代学家可以通过观察一个地区树木年轮的变化,推测出事件发生的时代、严重程度,以及火灾或疫情传播的范围。这些年轮同样能反映出可用的水量,而这正是艾里卡·怀斯感兴趣的方向。

怀斯的办公室里堆满了经年累月攒下的古树样本,其中一片来自狐尾松,她之所以一直留存在身边,是因为这是她第一次用链锯亲手锯下的标本。另外的那些切片样本则零散地摆在她的办公室里。所有这些样本都经过了打磨,这是为了更清晰地展现出表面无数道密密麻麻的同心年轮。她的实验室离她主要的办公室大约几栋楼远,实验室位于植物学大楼的地下室。她会在那里进行年轮的分析研究,这项工作一部分是野外冒险,而另一部分则是枯燥乏味的重复劳动。"最困难的部分在于寻找新的地点。如果一棵树很容易被看到,或者很容易走到那里,它可能已经被砍倒了。为了研究树木年代学,你需要寻找古树,而古树一般都不在……嗯……安全的地方。"所谓新的地点,怀斯说的是长有许多古树的地方,而所谓的古树,指的是那些生长了五六百年,甚至是七百年的树木。古树一般存在于那些远离道路的陡坡或悬崖边。古树也不一定都是参天巨树,这就意味着,每当怀斯发现一片疑似古树林的地方,都需要尽可能地从更多的树上采集样本,确保自己没有在这片树林里遗漏真正的最古老的树。

采样就是取芯,是将一个空心的钻头缓缓地钻入古树,然后小心地取出钻头。当把钻头从树里拔出后,怀斯会将圆柱形的树芯拿出来。每段树芯大约几英尺长,也就是树的半径的长度,芯的直径大约半英寸。怀斯通过这些截面可以进行分析,而不用砍倒这棵树,也不会对它造成严重的伤害。每年夏天,她都会花几个月时间在西部的乡间路上徒步,寻找古树,并花费数天时间采样。在上一次采样之行中,她从每个地方采集约40个样本,每棵树至少会采集两根树芯。"我通常会多采一些。"她说,"我的意思是,到那些地方要花很大工夫,而你永远不知道哪棵树才是真正的'老古董'。"去年夏天,她去了8个地点采样,数百根树芯被寄回了实验室。

回到学校,她一边整修实验室,一边分析寄回的树芯。在实验室的一边,木匠和油漆工正在打磨新的实验工作台要用的木头,而另一边,怀斯打磨着生长了几个世纪的古树树芯。打磨这个过程至关重要，因为有的年轮仅仅只有几个细胞厚。而那些年轮可能才是最有趣的，因为它们反映了干旱的年份。因此，怀斯和她的学生会把每根树芯都打磨上六七次，每次用的砂纸越来越细，直到最后会用上珠宝匠的砂纸。打磨完成后，最枯燥的工作来了，它们要将树芯放在显微镜下，测量每一层年轮的宽度，而且要精确到 0.001 毫米，也就是达到千分之一毫米的精度。要知道，怀斯在每个地点都会选择大约 40 棵树采样，它们的平均年龄在 500 岁左右，而每棵树都会取两根树芯，也就是说怀斯和她的学生要测量上万层的年轮。在一个地下实验室里，弯着腰在显微镜前一点点地数出年轮并测量出来，这些数据绝对来之不易。她笑着承认："想让这些本科生在实验室里一小时接一小时地工作真的不简单。"不过数据带来的结果也是惊人的。

早年间，怀斯在怀俄明州和爱达荷州的斯内克河上游做过一些树木年代学研究，她通过自己和别人采集的树芯，制作了一张西部树木年轮的年代表，这张表涵盖了从 1600 年到 2005 年这 400 年里的树木年轮信息。随后，她将人们从 1910 年开始整理的斯内克河流量数据，与这张表上从 1910 年到 2005 年的树木年轮信息和流量数据记录进行了对比。通过这项工作，怀斯确立了树木年轮的宽度与河流每年流量的关系。她发现，河水流量越大，树木年轮越宽，反之亦然。而实验室里一丝不苟地计数和测量，让她可以将年轮宽度和流量二者间的关系上升到具有统计精度的高度。有了这一关系，怀斯只需要树木的年轮信息，就能计算出对应的河流流量。

怀斯的这个计算体系让她能将 20 世纪和 21 世纪的干旱程度，与过去四个世纪间的旱涝情况进行对比，从而提出一些极其有价值的问题。比如，20 世纪 30 年代西部风沙侵蚀区（Dust Bowl）发生的干旱，在过去 400 年间是否属于极为罕见的？根据怀斯的重建结果，20 世纪 30 年代的干旱确实非常罕见，但是历史上也发生过一些程度相当的干旱，甚至还有几次更为严重。在她撰写论文的时候，2000—2005 年干旱的阴影仍笼罩在每个人的心头，因为这场干旱持续了很长时间。怀斯通过年轮推出，17 世纪和 18 世纪分别发生过一次干旱，这两次持续的时间更久。在西北部太平洋沿岸的那些水产权交易经理的眼里，树木的年轮能够给他们提供一些新的信息，告诉他们事情究竟会发展得多严重。[4]

怀斯在亚利桑那大学完成了她的博士研究，那里是树木年代学研究的中心。那里的科学家花了几十年时间，整理研究年轮，希望更进一步了解西南地区的荒漠，尤其是科罗拉多河沿岸的历史气候。其中一项研究尤其受到关注。1976 年，查尔斯·斯托克顿与戈登·雅各比在《鲍威尔湖研究项目简报》中联合发表了一篇相当晦涩的报告。和怀斯的研究相似，这篇报告将河流的流量与树木的年轮联系在了一起。

斯托克顿和雅各比测量了一系列树木树芯，这些树芯采自科罗拉多河流域，他们将这些测量和时间跨度最长的河流流量记录进行了对比，这些记录来自里斯费里。和怀斯得到的结果类似，他们能够从中看出干旱发生的频率和时长，不过他们有关干旱的研究远不如在洪水上的发现来得深刻和惊人。他们发现，"在 20 世纪早期（1906 年到 1930 年），科罗拉多河流域处于反常的持续高径流时期，这显然是在过去 450 年间河流水量最大、持续时间最长的一个高流量时期"。用没那么学术的话说就是，斯托克顿与雅各比发现，《科罗拉多河公约》中，用来估计科罗拉多河的流量并进行水分配的那几十年的数据，其实来自近半个世纪以来这里最湿润的年份。《科罗拉多河公约》是建立在平均年径流约 16.5MAF 的基础之上的，而时间跨度更大的树木年轮数据表明，一个更贴近现实的流量估计每年应该比 16.5MAF 低约 3MAF。

当斯托克顿和雅各比在西部引爆了这枚巨大的信息炸弹之后，后续的研究揭露出了更糟糕的现实。树木年代学家不但一致证明，20 世纪早期确实是一个"罕见的湿润"时期，当他们将类似的研究拓展到整个西部时，他们也发现，风沙侵蚀区 2000—2005 年的干旱，在科罗拉多州并不像人们想象的那样罕见："总的来说，这些研究都证明，严重而持久的干旱其实才是科罗拉多河的一个关键特征。"[5]

这些关于年轮的研究结果，对里斯费里上游各州产生了深远的影响。因为《科罗拉多河公约》中规定，上游流域要向下游每年输送 7.5MAF 的水，上游流域将不可避免地面对流量不足的情况，这迫使整个地区都开始重新思考这里水资源的未来。树木年代学揭露的现实与《科罗拉多河公约》之间的冲突带来了一些潜在影响，而一位名叫理查德·拉姆的人捕捉到了这种影响。在 1977 年干旱来临时，他是时任科罗拉多州州长，他曾说："我在任 12 年中，最难受的一天莫过于年轮告诉我的悲惨事实。"亚利桑那州也面临着类似的困境，除了个别地方有几百英亩英尺的最高优先权的水，亚利桑那州为了争取 CAP 的资金，将最高优先权让给了加利福尼亚州。随着科罗拉多州持续不断的干旱，米德湖的水位下降到最低点，哈瓦苏湖的面积日益减小，加利福尼亚州还要继续分掉 4.4MAF 的水，亚利桑那州只能想方设法地善用剩下的那一点水。[6]

树木年代学家记录下的所有历史气候变化，都是受到海洋洋流与大气环流影响的固有振荡，这种气候循环持续了数百年，甚至上千年。而人类造成的气候变化可能会让这原本的循环彻底乱套，或者至少会放大固有振荡。怀斯和其他树木年代学家，以及气候学家预测，未来的旱涝都将更加严重，基于过去气候所修建的基础设施或许无法抵御未来的洪水，也无法在将来漫长的干旱时期提供足够的储水。哪怕西部的温度上升一点，都会导致更多雨水落到地面，而不是下雪的形式，同时升温也会让积雪更快融化。所有这些都意味着，规划师和工程师将不能寄希望于把雪作为春天储存的水，并在夏天融化来补充水。人们需要建造更多或更大的水库来储存这部分水。同时别忘了，我们的人口也一直在增长。[7]

沿着科罗拉多河下游，在文斯·瓦斯凯为了售卖水而购置的农场以南，就是美洲原住民部落灌溉的土地。这里的田地和北边那些不同，这里的田地更大一些，休耕田没那么多，建筑物也更少。这里也种植着许多棉花，但如今它们的价值早已不及苜蓿。

让原住民部落在自然资源的分配上占优势的情况在美国并不多见。自从第一批来自欧洲的探险家"发现"了美洲之后，这些原住民部落就一直被欺压和利用。即便在今天，在部落的主权保留地里，他们也很少能拥有足够生活的资源。但是在科罗拉多河水产权的这个问题上，部落总算是获得了一些优势。在科罗拉多河下游，最高法院裁决部落不仅拥有保留地的土地，还拥有水，"有足够的水来灌溉保留地中一切需要灌溉的耕地"。但重要的是，这些水不是部落所在州的额外配额的水，保留地获得的水都是从各州的配额中来，比如，在亚利桑那州的部落就要从亚利桑那州的份额中分到水。法院同时裁定，这些部落水产权的优先日期，取决于这块保留地被划分出来的时间，这导致许多保留地一跃拥有了最高的优先级。这些部落重新获得了水的主权。[8]

在包括克拉马斯河等其他一些西部河流流域,多个原住民部落以类似的方法控制了水产权,他们既有用水灌溉的权利,也可以让水留在河中,保持鱼类和其他河流中野生生物的生长。早在1908年最高法院的一个判例中,原住民部落被认为具有"保留"水产权。因为保留地的存在,这种水产权属于原住民部落,就如同东部的河岸权一样,他们不必通过取水灌溉来维持这种权利,这种权利和土地一直绑在一起。但到目前为止,还没有人知道,如果部落提出要求,这些水产权是否可以被强制执行。

气候变化,人口增长,以及对水永无止境的需求,这些因素正带给西部水产权越来越多的考验。激增的用水压力也在测试着人们之前的假设,也就是那些对克拉马斯河流域有关水产权、土地以及主权的设想。像汤姆·马拉姆斯这样生活在克拉马斯河流域的农场主,一直都认为水是自己的财产。州早就根据优先日期赋予了他们用水的权利,正是基于这些水产权,他们才在这里建立了农场生活下去。俄勒冈州和堪萨斯州的农场主的做法都大同小异,他们基于自己拥有的土地大小,也就是他们的财产,建起了农舍和谷仓。

但是当21世纪的超级干旱来临时,俄勒冈州的农场主悲伤地发现,水产权并没有想象中的那么牢靠,因为俄勒冈州在水资源上的主权并没有他们想象的那么大。2013年,生活在克拉马斯河边的部落决定,为了主张自己用水的合法权利而"大声疾呼",他们要求如马拉姆斯这样的上游的农场主大幅度削减用水,保证水能流到下游,从而保护鱼类的生存,因为鱼类是他们部落文化的核心。马拉姆斯眼看着在面对与联邦政府有关的部落问题时,州赋予自己的权利直接被作废,他十分沮丧。

他冷静而慎重地表达了自己的立场:"这些水是属于俄勒冈州的。水是俄勒冈州的财产。但现在,宣示水产权的资格却到了联邦政府手里。这些部落通过印第安事务局来主张水的权利,而这一机构隶属联邦政府。联邦政府现在控制了水。州政府在联邦政府面前就这么让步了。"对于汤姆·马拉姆斯来说,这个问题的关键在于,如果在大旱之时,俄勒冈州政府就这么将水产权的决定权拱手相让,那州政府到底还有什么主权可言呢?

另一边,对利夫·希尔曼这样的部落成员来说,在几个世纪以来的承诺破产后，他们做了最坏的打算，但现在他们获得了西部最有价值的财产，也就是最高顺位的水产权。无论是地方法院和最高法院的裁决，还是社会认可部落用水主张的合法性，部落已经成了西部拥有水产权的群体。虽然他们的保留地仍然比不上他们原来的家园，但是他们的处境正逐渐改善。希尔曼认为，如果卡鲁克部落是一个拥有主权的民族，能够自行制定规章制度，唯独不拥有水产权，那还叫什么主权？如他所说，"主权是不能是分层的，如果给主权套上了各种限制，那就不叫主权"。

克拉马斯的农场主生活在一个新时代，他们也清楚这一点。我在离开马拉姆斯的办公室前，和他握了握手，随后马拉姆斯的双眼便望向了窗外那片似乎永远晴朗的天空。他乐得做一名委员，但也知道自己总有一天要退休，将自己在这场水战争中背起的重担放下。他希望回到农场继续耕作，"但是我可能永远也没法拥有从前那么多水了。照着现在的情况看，我们的用水毫无保障。获胜概率就是零。你根本得不到任何保障"。

这就是现在西部水资源的现状，它成了零和游戏。几个世纪以来所用的主权和财产体系确立了谁能控制什么，或者对西部来说，就是谁能控制水。干旱、物种消失和人口膨胀都在一个原本过载的体系上继续增加负荷。不过，主权和财产的变化，对西部的农场主、部落以及水经纪人产生了同等甚至更大的影响。他们对西部河流的未来都产生了怀疑。

第三部分
税收

第 7 章
流动的水

在美国，任何一个水龙头里流出的水都可以直接饮用，这大概算得上是美国社会最伟大的成就之一了。虽然我们不一定喜欢这些水的味道，但无论是休息区、机场还是公交车站，只要看到水龙头，我们都可以毫不犹豫地放心喝水。我们甚至不用担心这些水是不是可饮用的，而这背后是一系列复杂的技术所保障的基础设施系统。这个系统遍布全美，从各处水源中汇集水流，通过管道、水泵和运河将水抽出来，经过净化，再通过更复杂的管道和水泵，将水送到每一个家庭、每一间办公室，以及城市公园的喷泉中。而说到污水，我们通常只会随手一冲马桶，而剩下的部分都交给地下那些看不见的下水管道了。

水系统包括洁净的自来水以及可靠的下水道系统，而一个正常运转的系统具有令人瞠目的技术。但技术的发展和政府的财政支出对水系统构建来说都很重要，政府首先要制定预算，通过借款来支持大量投入，最终通过财政收入来偿还债务。无论是运营联邦机构还是城市下水道系统，运营政府就意味着管理预算。而预算则能反映出权力。税务、财政收入、债务、支出，都反映了社会对政府执行的货币控制的接受度。预算就是做出政治和经济选择的一种机制。

自美国建国之初，美国的政治意识形态就和其财政意识形态密不可分。亚历山大·汉密尔顿与托马斯·杰斐逊二人的主要分歧就在于，如何解决独立战争期间各州累积的债务，杰斐逊倾向于让各州自行解决，而汉密尔顿则认为联邦政府应该接管这些债务。这个财政政策的分歧，能够以小见大地反映出意识形态上的差异。杰斐逊和汉密尔顿很早以前都已经认识到，政府债务是政府活动的一项指标，因为承担债务就意味着，政府有义务征收到足够多的税来清偿债务，也就是要获得足够的财政收入。汉密尔顿的方式需要一种联邦税来清偿各州的债务,这会显著提升联邦政府的角色,而杰斐逊则认为应当尽可能地限制联邦政府的角色。1811年,杰斐逊声称关税(对进口商品征收的税)应当是联邦政府唯一合法的财政收入。关税更多地由富人承担,而让小农场主免税,它就变成了一项可以有效实现财富再分配的财政方式,尤其是当这项财政收入被用于惠及农场主的工程时,比如运河和道路建设等:

> 我们更能接受对进口产品的征税(关税),因为它仅仅落在富人的身上,再加上跨州不动产的等面积划分,两者共同组成了最好的土地法。事实上,这个国家的穷人用的一切都是从自己的地里长出来的,在自己家里做出来的,或者是美国本土制造的。他们除了自己的汗水以外,一个子儿都不应该交给联邦政府。只要我们本分地从事生产活动,就不应该被征收一分钱的税。我们的财政曾经因为被免除了公共债务而得到了解放,财政的盈余被投入到了运河、道路以及学校等建设中,农场主能够看到政府的资助,看到自己的孩子接受教育,自己的国家蒸蒸日上,成为一个天堂般的国度,而这一切都源于富人贡献的税,自己赚来的钱则一分都不少。[1]

按照杰斐逊关于土地和以州为中心的想法,限制联邦债务将限制联邦政府征税和支出的权力,从而限制了联邦政府活动和权力。在他看来,经济的去中心化是确保权力去中心化的手段。确实,在杰斐逊在任期间,他始终奉行,在没有联邦债务的情况下保证联邦政府预算的收支平衡,这正是他提倡的限制政府的理念在财政上的一种延伸。

杰斐逊与汉密尔顿在预算以及哪一级政府应当负责债务与税收的问题上针锋相对,这就是美国意识形态和财政的起点。整部美国经济史,就是各级政府在为其公民提供最基本的公共服务的方面平衡财政角色和责任的历史,这些最基本的公共服务就包括供水和下水道系统。

1851年,38岁的埃利斯·西尔维斯特·切萨布鲁夫从波士顿出发,一路向西前往芝加哥，他穿过了正在财政和实际上经历巨大变化的国家，目睹了其中大部分变化。切萨布鲁夫的童年在巴尔的摩度过，他的父亲一生供职于巴尔的摩和俄亥俄铁路公司，这家公司负责了 19 世纪早期美国中大西洋地区最具野心的一个建筑工程。埃利斯·切萨布鲁夫跟随着父亲的脚步，15 岁就成了巴尔的摩的测量员。随后在短短几年中，他一路晋升成为助理工程师。在那个年代，许多平民工程师都不是科班出身，切萨布鲁夫也一样，他自学成才，期间接受了经验丰富的工程师的指导，这些工程师实际参与了许多大型工程项目，从铁路到运河项目中都有他们的身影。[2]

那个年代对切萨布鲁夫这样年轻且自学成才的工程师来说非常友好，在那些年他所参与的项目能反映出哪些地方的经济正在发展，也能反映出地方经济的萎缩。当 19 世纪 30 年代早期，切萨布鲁夫刚刚开始他的职业生涯时，联邦政府并不活跃，仅有一些港口建设项目隶属于联邦政府管理。相反，大量工程和建筑项目由各个州资助，这些项目在全美各地如雨后春笋般涌现。对于切萨布鲁夫这样的工程师来说，为州政府工作是一条积累经验的捷径，因为各个州都在攀比，疯狂地建造运河、铁路和高速公路。

这些州政府管理的项目本身确实具有必要性，但这些项目能够进行，也部分受到了 19 世纪早期各州采用的财政模式的驱动，也就是资产收益的模式。资产收益指的是，那些建成后仅仅依靠自身运作就能获得足够收入，从而收回成本的工程项目。州政府纷纷发售债券来筹集资金，推动基础设施建设。人们在使用这些基础设施时会支付通行费或其他费用，这些费用随后都会用来偿还州政府的债务，这就是债券的运作方式。随着这些公共项目逐渐变成财政收入的来源，州政府就能偿还债券持有人，同时促进各州的经济发展。

这类投资项目中的最佳案例要数伊利运河了，当时参与疯狂的"基建竞赛"而债台高筑的各州，都用这一项目为自己辩护。伊利运河是当时做到了"自给自足"的一个极成功的项目，它在自我发展的同时刺激了经济增长，扩大了当地的商品市场，从而吸引更多人定居，激增的人口又提高了运河的收入，从而使州政府有能力按时按量地偿还债务。伊利运河债券的回报因此变得非常可靠，使债券本身变成了一种货币，在美国甚至欧洲广泛流通。资产收益之所以对州政府具有如此吸引力，是因为它能让各州降低对直接税的需求，比如不动产税、人头税和所得税。州政府投资公共设施的建设，一方面可以提升经济生产力，另一方面，政府还能借此针对那些使用设施的特定人群征税，从而显著降低一般税的份额。[3]

当各州得知纽约州的金库发展迅速后，都眼红地做起了提高州内基建的生意。但设计和建造基础设施需要最初的投入，这意味着要通过发行债券使自己负债。而事情的发展正如杰斐逊预测的那样，州政府成了金融活动的中心，联邦政府和地方政府则没有发展成这样。到 19 世纪 30 年代，州政府的债务额达到了各级政府债务总额的 86%，而联邦政府的债务只占 1.5%。剩下的不到 13% 则都是地方政府的负债。也如杰斐逊希望的那样，联邦政府的财政收入最主要来自外国商品的进口税，也就是保护美国制造业的关税。

对各州来说，依赖资产收益的经济策略充满了风险，许多州为了建造运河筹措资金，承担了大笔债务，运河随后反过来成为州财政的主要收入来源。而当这些计划中的运河工程过了最初的蜜月期之后，投资者开始意识到，伊利运河的成功很难复制，美国只有少数几条运河能够达到伊利运河的使用率。而其他运河的使用率低下，导致税收下降，因此偿还建造运河的债务开始变得没那么容易。1820 年到 1824 年间，全国各州发行的债券总额是 1 300 万美元，然而到了 1835 年至 1837 年，这一数字则迅速膨胀到了 1.08 亿美元，其中超过半数都投入到修建运河这一项中。正是因为各州负债累累，且几乎完全没有金融规范，随着那个年代科技的迅速发展，美国在 1837 年迎来了第一次经济恐慌，这也是美国历史上第一次科技泡沫。[4]

州政府用于修建运河的债券很大一部分流通到了外国投资者手中，他们大多是来自伦敦的投资者。随着运河与河流工程的公司相继破产，留下了许多未完成或废弃的运河，这更进一步降低了运河的使用率，减少了相关收入。马里兰州、伊利诺伊州、印第安纳州和宾夕法尼亚州相继开始出现债务违约。弗吉尼亚州在 19 世纪早期为了资助运河与河流工程公司，向外国投资者大量借贷，而最终这些债务直到 1966 年才被偿清。

英国人对美国偿还债务的能力或意愿持悲观的态度。《伦敦时报》抨击美国一些州出现的债务违约。1842 年前，美国政府的债券被禁止进入欧洲的金融市场。不止如此，美国的所作所为还被英国人写成了顺口溜来讽刺，他们嘲笑美国人赖账

（也就是债务违约）和蓄奴：[5]

> 美国佬借了钱，
> 美国佬花了钱，
> 然后他冲着借钱的倒霉鬼
> 打了个响指，
> 问他钱什么时候还，
> 他毫不迟疑，
> 说他会用最简单的方法，
> 那就是赖账不还……

正因为切萨布鲁夫是一名工程师，当金融崩溃时，他就处在了危机的风口浪尖。这就好比在 2001 年科技泡沫破灭之时那些失业的软件工程师一样。在 1837 年各州债务危机爆发时，公共项目的工程师丢了饭碗。那时切萨布鲁夫刚刚 30 岁出头，迫不得已搬回了父亲的家里。

在 19 世纪中期，对切萨布鲁夫这样的工程师来说，参与那些州际大型基建项目的机会约等于零。相反，在全国各地迅猛发展的城市中的工程项目成了主流，这在中西部城市尤其明显，这些城市连接着大西洋到美国大平原、五大湖或俄亥俄河谷。不断发展的铁路网汇集了源源不断的粮食、牛肉、钢铁、煤炭和木材，这些材料在芝加哥、克利夫兰、底特律和密尔沃基等快速发展的大都市里进行加工处理。

19 世纪中期通常被视为一个属于加利福尼亚州采矿者和草原拓荒者的时代，但事实上，这些人并非那一时期的主流。当时真正的人口增长发生在城市拥挤的街道与小巷里。美国的人口从 1850 年的 2 300 万，增长到了 1920 年的 1.06 亿，涨幅超过 350%，而当时世界人口平均增长只有 55%。典型的美国城市的人口在 19 世纪的最后几十年间，平均每 20 年就增长一倍，中西部的增长更为迅速。芝加哥的人口在 1860 年到 1890 年间，几乎每 10 年就翻了倍，从 1860 年到 1880 年，克利夫兰的人口增长了两倍，而从 1880 年到 1900 年，那里的人口又增加了一倍。[6]

伴随着人口的激增，财政的变化虽然同样巨大，却没那么显眼了。1837 年的经济恐慌让美国迎来了第一次根本性的财政重建。当以运河和高速公路为支柱的财政崩盘后，州政府发行的债券不再被视为稳健的投资产品。一些运输者放弃了容易半途而废的运河运输，转而将视线放在了更便捷的铁路运输上，这一转变再次减少了运河的收入，这在造成减少运河建设的同时，也打破了将资产收入作为政府预算基础的财政模式。为了应对危机，许多州修改了制度，对允许负债的上限做出了规定。取而代之的是，各大城市的市政府在金融上的地位逐渐攀升，因为投资者将重心逐渐转移到了市政府发行的债券上，这本质上就是在投资这些城市的未来。而没有一座城市有芝加哥那样光明的未来。

芝加哥市之所以能发展得如此迅猛，很大程度上得益于冰川创造的地形，不过这一地理特征是把双刃剑。从地图上看，芝加哥坐落于五大湖和密西西比河之间，在一片集中而平坦的土地上，这简直就是为陆路运输而生，这里一度借助五大湖或伊利运河，为猎人、农场主和定居者提供了一个方便的交接点，联系起了美国内陆与大西洋经济。芝加哥市前临密歇根湖，后靠伊利诺伊河，这条河最终汇入密西西比河。在末次冰期晚期，密歇根湖曾直接流入伊利诺伊河，随后再汇入密西西比河。但伴随着冰川的消退，在密歇根湖与伊利诺伊河之间出现了一道山脊。如果没有这道山脊，密歇根湖就会像之前一样直接汇入密西西比河流域，但是正因为这个并不重要的异常地形，这两条重要的水道正好被山脊隔开了。7

1855 年，当芝加哥开始寻找"最适合的工程师"来解决这一地理难题时，切萨布鲁夫进入了名单前列。他发现芝加哥的问题非常严重。就像同一时期美国的许多城市一样，这里的城市污水过于分散，到处都是私人化粪池。本质上来说，私人化粪池就是随处可见的户外厕所，会直接在地上挖个洞排污，它在城市中越来越常见。它们有的被建在了地下室，有的造在大楼的背后，还有的直接连通河流进行排污。当时，每个人都需要自己找设备处理排泄物。在污水处理系统中，市政府扮演的唯一角色，就是定期安排清理这些化粪池，安排人用长柄勺、水桶或气泵将这些排泄物舀出来。这些粪便，随后会被运到城郊，要么倾倒进附近的河流，要么卖给当地农民当做肥料，但无论如何，最终都会被冲进小溪和河流中。

私人化粪池系统是一种应对污染的权宜之策，但它不再适用于 19 世纪末期快速进入工业化的城市。美国的各个城市都挤满了人，在工作日，雇佣了大量居民的工厂更是集中了更高密度的人口。一个典型的新英格兰工厂村约有1 500到2 000人，他们每天会排出500加仑尿和半吨粪便。但当人们聚集到了工业化的地区后，这一数字立刻就会高得不可思议。仅仅是霍利约克市、奇科皮市、斯普林菲尔德市、哈特福特市和新不列颠市这些小型的工业镇，平均每天就要向康涅狄格河排放超过42吨粪便和将近46 000加仑尿。[9]

那些坐落在河边的城市具有天然的优势，至少这里的污水可以直接随水流排到下游去。相比于那些小型工业镇，芝加哥每天排放的污水更多，但这些污水却无处可排。城市太过平坦，对于早期那些定居者来说这是个优势，但如今却让排污这个简单的事情成了巨大的难题。不能借助于重力，无处流动的污水会回流，渗透进城市的角落与裂隙，城市到处泥泞不堪，建筑结构被侵蚀，还会滋生出细菌。对于这个大城市的发展而言，让污水从城市里流出，和让干净的水源流入城市同等重要。虽然排水沟和下水道是芝加哥最早期就完成的城市工程，但是由于缺乏自然坡度让水流出，这些工程缺乏实质性的效果。随着芝加哥的人口不断增长，他们将污水排入明沟，导致这些污水倒流进了腐臭的街道、排水沟和地下室。

切萨布鲁夫所提出的综合治理方案，和芝加哥曾经尝试过的其他方案截然不同。他不仅打算建造新的排水和下水管道，同时还应用一套系统性的方法来控制排水的方向和速度。在对实际情况进行调查后，切萨布鲁夫提出了4套方案供市政府选择：(1) 将城市污水排入芝加哥河，随后流入密歇根湖；(2) 将各个街道和排水沟的污水直接引入密歇根湖；(3) 将城市污水排入一个人工污水池，然后将它们抽出来，给附近的农场当肥料；(4) 还有最引人注目的一个方案，那就是将城市里的污水排入芝加哥河，然后改变芝加哥河道，让它避开密歇根湖，汇入伊利诺伊河流向南方。[10]

切萨布鲁夫的方案平衡了所有城市工程的关键特点的元素：创意性、特异性，还有对财政的敏感性。所有这些方案的工程规模都非常大，而切萨布鲁夫认为，花费最大的第4个方案，也就是河流改道，是适合城市长期规划的唯一选项。尽管如此，由于造价过于高昂，切萨布鲁夫本人也认为，除非芝加哥市人口继续膨胀到目前人口的5倍，这一方案才有必要，而这个人口数字是当时难以想象的，所以他一直也不提倡这个方案。

市政府选择了最简单的方案,将所有污水排到芝加哥河,然后流入密歇根湖。但即便是这最简单的方案,芝加哥也需要更大的坡度。这不仅仅是基础设施的限制,也是地貌的限制。切萨布鲁夫在思考如何重新建设下水道之上的城市时,也在重新思考下水道的用途。

当时和现在一样,有两种类型的下水道,分别是雨水管和污水管。雨水管负责排出地面上的雨水,例如路边的排水沟在下雨时会收集大量的雨水,并将它们引入沟渠和管道,就近排入河流或湖泊。污水管则负责收集和运输污水,包括生活、商业和工业产生的废水。在19世纪的芝加哥,雨水管只是一些沿街安置的三角形木槽,它们既小又简陋,这些木槽最后汇入由空心原木构成的下水总管。而污水管在当时的芝加哥非常罕见,为数不多的污水管仅仅由简单的管道和沟渠组成的,它们负责输送巨量的生活排泄物。芝加哥当时大多数地方并不依靠污水管,靠的是无数私人化粪池,而切萨布鲁夫最讨厌这些私人化粪池。

切萨布鲁夫为芝加哥市提出的第一个新颖的见解就是,合并两种下水道系统管网,创建一整套"输水系统",这个系统可以利用雨水管收集的雨水,来冲走街道和建筑里流出的污水。雨污合流的下水管道在芝加哥成功试点后,成了行业标准。[11]

除去这一核心创新以外,切萨布鲁夫的规划也开始更大胆。因为这个城市太过平坦,在较干旱的时候,城市排水管道里的水几乎不会流动。而当大雨倾盆,河水上涨时,管道里的水又会倒灌进城市的小巷、污水池和排水沟。如果将雨污合流,只会放大这一问题,让雨水伴随着污水一同倒灌城市。

切萨布鲁夫的想法就是让芝加哥不再那么平坦。他知道密歇根湖的水位是无法改变的,所以其他所有东西都必须根据湖水进行调整。也就是说,相较于最初把建筑物和街道视为固定点,切萨布鲁夫选择了从相反方向入手,来解决坡度的问题。他从湖水的水位入手,精确计算了下水管道正常流动所需的坡度。

这套新的系统采用了直径3到6英尺的砖制下水总管,这些管道被安在地面以上,从街道的中心一直铺设到芝加哥河的收集点。因为芝加哥处在一片古老、平坦的地貌上,这带来了诸多不便,所以这座城市的大片地区需要被夷为平地,然后垫高，也就是说真的将整座城市抬起来。一座城市的街道和下水道是它的骨架，而其他的城市基础建设，包括大厦、酒店和人行道，就是城市的肉和筋脉，它们连接在骨架上。随着离河流的距离越远，人们必须要把下水管道抬得越高。土被回填到总管周围，让街道和下水总管一同升高。在靠近芝加哥河的地方，也就是流入密歇根湖的地方，只需要按计划将街道抬高约一英尺。但是随着距离芝加哥河越来越远，为了保持足够的坡度，最远处的街道被抬高了 10 英尺。[12]

对一座城市来说，改变它的骨架来适应其他结构，这是一项惊人的成就。建筑被拆后留出了空地，上面被填上了巨量的土方，让地面抬升到新的街道高度。还有许多古老的建筑还处在原本的水平面上，创造了城市中两个不同的高度。有些被保留下来的建筑的业主，希望能够将自己的楼房（尤其是砖建筑）抬高，这是一项非常艰巨的工程。在这样一个属于企业工程的时代里，乔治·普尔曼设计了一种方法，将建筑的地基放在一系列螺钉上，同时转动所有螺钉，将整个建筑物抬升到新的高度，然后向建筑物下回填土方，来支撑整栋楼房，普尔曼后来也因为建造了一节豪华火车车厢而闻名于世。随着数百名工人同时转动建筑物下方的千斤顶，一栋接一栋的建筑顺利通过了这一地貌改造。

芝加哥地貌的困境是污水对城市影响的生动的一课，建筑物和街道可以进行改造和调整，电线和电话线也可以在空旷的郊区重新铺设。但是在特定的地理条件下，运输污水的管道的铺设却无法妥协，也不能进行改动。切萨布鲁夫通过调整芝加哥的地貌，成功地将城市里的水排出去了。但这么做也加重了另一个问题。城市和工厂里排出的所有污水，如今能更高效地被排入芝加哥河，随后流入密歇根湖，但密歇根湖同样是芝加哥饮用水的来源。

许多早期的美国城市都建立在主要的河流或河口附近，居民从上游抽取生活用水，并将污水排入下游。而坐落在湖边的城市就遇到了一个新的问题，他们的饮水来源同时也成了城市的化粪池。切萨布鲁夫等工程师一直以来都对这一问题有所警觉，这种警觉是有道理的。1851 年，芝加哥因为霍乱疫情，人口减少了 5%，这也是市政府雇佣切萨布鲁夫的初衷。但是，即便在新的系统完工后，污染问题依旧存在。1885 年，暴雨让芝加哥 24 小时内的降水量超过了 5 英寸，大量雨水把城市废水冲入湖中，由此引发的水传播疾病估计夺走了 12% 人口的性命。而其他城市的水传

芝加哥排水工程中整体抬升布里吉斯酒店

芝加哥工程施工场景

播疾病早就得到了控制，在纽约，1860 年到 1900 年间，伤寒的最高发病率是每年每 10 000 位居民中 4.7 人，费城是 6.4 人，波士顿是 8.6 人。在芝加哥疫情暴发的这段时间里，有 8 年的发病率超过了每年 10 人。原因很简单，芝加哥的饮用水和污水处理系统，让这里成了不宜居的地方。曾经因为造价过于高昂而显得不切实际的解决方案，现在似乎变成了唯一的选择。[13]

每逢夏季，河床会变得很滑。喜欢飞蝇钓鱼的钓客通常穿着毛毡底的靴子和长筒连靴裤，好让自己在艰难地跨过满是污泥的河床时，不至于太狼狈。这些污泥又黏又滑，有薄薄一层附着在河底石头上，对河流的生态环境起着至关重要的作用。许多科学家们并不会称它们为污泥，而是称其为生物膜、周丛生物，甚至专门有个源于德语的河流科学词汇"aufwuchs"（过度生长）。但无论它叫什么，污泥就是由细菌、藻类和病毒，以及一些死去的植物组成的"大杂烩"。这些生物，以及它们的食物和排泄物共同在一个生态系统内构建出了一个新的生态系统，研究这一新系统的学科被称为微生物生态学。哪怕是一小片落叶，或是一点点沉淀物，在随水漂流的过程中，这些东西上面都会迅速出现细菌群落，榨干它们表面最后一点可以利用的营养物质。在干净的水源里，大部分生态活动都是由细菌完成的，只要水里还含有氧气，细菌就可以分解包括人类排泄物在内的有机污染物。

这些微生物生态系统的存在，意味着江河湖泊并不是像是无菌管道那样，仅仅将进入的物质原封不动地带到终点。事实上，所有被排进河水的物质，都会经过河水中微生物生态系统的处理。河流拥有自净的能力。至少，威廉·塞奇威克是这么说的。

如果说切萨布鲁夫代表了 19 世纪中叶水务工程师拥有水力学和水传输的专业知识水准，那么塞奇威克就是 20 世纪水务工程师中的杰出代表。塞奇威克将他职业生涯中的大部分时间投入修建梅里马克河河堤上，梅里马克河在 19 世纪的美国是最发达也是污染最严重的一条河。它流经新英格兰纺织帝国中大大小小的工厂和工业城。这一地区产生的所有废物和污水都汇集到了马萨诸塞州的劳伦斯，因为这个城市不幸处在梅里马克河的最下游。

20 世纪初，劳伦斯梅里马克河畔建立了一座小研究站，负责研究公共卫生，尤其是水和微生物之间的联系。这一研究站由哈佛大学与麻省理工学院共同运作，而它也成了哈佛大学公共卫生学院的前身。作为这一研究机构的主任，塞奇威克则成了现代水务工程的奠基人。

塞奇威克最初在耶鲁大学研究医药，但几年之后，他将研究的重点转到了微生物学这片新兴的领域，并在约翰·霍普金斯大学取得了微生物学的博士学位，而没有成为一位医学博士。塞奇威克是19世纪末期微生物学革命的一分子，这是个伟大的年代，它见证了巨大的科学突破，人们终于在污水和疾病之间找到了联系。在这些科学家取得成果之前，许多疾病被归因于"瘴气"，这一理论认为那些腐烂的废物将污染散播到了空气中。因此，人们仅仅将腐烂的味道作为判断污染的指标。城市中疾病暴发的源头指向了空气而不是水，这也在一部分程度上解释了，为什么在20世纪早期的城市规划中，人们致力于修建林荫大道和城市公园。但是，在19世纪90年代初，由塞奇威克领导的一群科学家和工程师在科学上证明，被污染的水和伤寒才制造了城市里最大的灾难。

自从塞奇威克进入马萨诸塞州的实验站工作后，他就成了大力宣传水与公共卫生关系的大使，并且要求土木工程师在考量排水工程时，同样要考虑微生物学。他同时提倡通过水处理来避免疾病。幸运的是，当时的研究人员不仅确定了受污染的河流会对公共健康产生影响，他们还提出了清洁河流的办法，就是过滤和氯化作用。有了这些方法，所有城市都有了宝贵的工具，能将受污染的水净化，除去致病细菌，从根本上提高公共卫生。

除了这些直接的水处理方法，塞奇威克同时将"水拥有自净能力"的观点更进一步，用被广泛引用的话说就是："如果给任何一条河足够长的时间，或者说，让它流足够远，它就能将排入其中的一定量污染物自我净化掉。"当时关于水务工程的重要文献以及主流研究杂志，都开始将河流的自然过程与水净化联系在了一起。人们十分惊喜，河流只要有足够的空间和时间就能自净，还能解决公共健康问题："数年前，人们还坚称河流不具备自净能力。那时我们几乎对自然的方法一无所知。如今，这些都呈现在了我们面前，它同样意味着，不仅是那些失去活力的物质会变得无害，甚至是那些造成疾病的微生物，也会被其他同类生物贪婪地吞噬，以前非常可怕的细菌成了我们最好的朋友。"[14]

塞奇威克

当塞奇威克和逐渐壮大的水科学和水务工程学的圈子发现，结合河流的自净能力与现代化水过滤和氯化作用，能够有效除去致病细菌，他们提出了一套说辞，继续不加节制地污染水。正如他们所说，既然污染的河流终究会自净，那就应该利用流动的水这种自然的馈赠。此外，各个城市都能对引入和分配的水进行处理，也都应该这么做。受到这些基于当时最新的科学与技术发现的影响，那个时代最著名的水务工程师都开始为城市辩护，认为直接向河流排放不加处理的污水没有问题，只要对城市供水进行处理就足够了，而饮用水处理很快成了必要的标准流程。

塞奇威克这套依靠河流自净的理论，以及仅仅在供水时进行处理的论调，对于工程师来说如同福音，但对于医生则如同魔咒。利用自净为污染背书，这在观念上产生了深层次的分歧，一边是塞奇威克的拥簇，他们是公共卫生学家或者公共卫生工程师，以及环境工程师，另一边则是要面对污水排放的严峻后果的人，也就是医生和公共卫生官员。两派争论的焦点并不在于是什么导致了疾病，而是城市到底应该在水处理上花费多少预算。

在排放之前进行污水处理，会让河流上游的城市投入相当大的成本，而使河流下游的城市受益。那时，几乎没有什么规章制度要求处理污水，更不用说有什么资金补贴。更糟糕的是，大多数城市遵循切萨布鲁夫的模式，采用了雨污合流的输水系统，导致待处理的污水体量巨大，这远超当时已有的最强大的污水处理系统的能力范围。人们已经假设，所有城市都会在用水时进行处理。如果所有城市在污水排放之前也进行处理，那么河流污染就会减轻，各个城市在用水前的净化也就容易很多。相反，如果每个城市只管用水前的净化工作，河流污染就会急剧加重，自来水供应商为了达到安全用水的标准，提高水质的成本也会激增。一条路可以保护河流的水质，另一条则会因为各个城市只顾自己的利益，而导致河流严重污染。

医生的社会地位一直都很高，同时公共卫生的市政委员会也几乎都将解决水质问题的任务放在了医生的身上。然而在20世纪伊始，工程师的地位陡然提升，甚至让医生的地位受到了威胁。在那个时代，医生的工作是每天一位接一位地治疗病人，不一样的是，工程师在20世纪早期建了现代世界奇迹，包括不朽的水坝、四通八达的公路网、复杂的桥梁还有高耸的摩天大厦。工程师明显提高了基础设施系统，让社会产生了巨大的进步。

公共卫生工程师试图像他们的同行对待水坝和桥梁那样来对待下水管道。这些新的工程师不仅是科班出身的生物学家和水文学家，也是有经验的城市规划者和缔造者。他们不仅了解霍乱和伤寒，同时精通景观、管道、街巷，以及最为关键的预算。下水道和供水系统构成了现代城市的筋骨，工程师承担起了城市规划这个开销巨大的任务，最终他们也将担任起城市管理者的角色。他们利用自己的这一角色，树立起了一种观点，视河流为社会巨大的下水道。事实证明，这种观点说服了许多市政官员，就像切萨布鲁夫因为他赞成财政紧缩的态度，争取到了人们对他的信任，让他有机会实行那项非同寻常的计划，先铲平再垫高了芝加哥。作为城市的规划者和管理者，工程师也参与到了城市规划的财政现状和相关职责当中。

鉴于公共卫生工程师既负责帮助市政府解决技术问题，也负责解决财政问题，他们认为，各城市只需要负责处理供水的净化，为居民提供干净的自来水就可以了，而不需要处理污水。那些早年间由切萨布鲁夫开启的雨污合流工程，由于污水总量过大，导致处理污水在经济上完全无法实施。工程圈顽固地认为，各个城市只负责净化用水，并且可以将未经处理的污水直接排放进河流，这不仅是更可取的，更称其为"更公平"的。

因为政府授权给了工程师在公共卫生与财政上的双重职责，他们不必费心保护，也不必关注那些在排入河流前处理污水的需求。一篇尤为乐观的自我评估来自1912年《工程新闻》的一段社论，其中自吹自擂地认为，公共卫生工程师是"真正意义上最伟大的环境保护主义者，他们热衷于保障健康，帮助延年益寿，竭尽全力让每一分钱物尽其用"。工程师利用他们对于财政限制的洞悉，作为制胜王牌，压制那些理想主义的医生。他们认为，只有工程师才拥有独特而深刻的认识，了解城市的比较性需求和价值，他们将整个医学圈形容成一群"感伤主义者"。最终，就算工程师没有取得整场战争的胜利，也取得了这场战役的胜利。直到20世纪最初的10年，约90%的污水在未经任何处理的情况下，直接排入了河流。[16]

芝加哥平坦的地势、河流自净学说，以及污水直接排入河流，在这些因素的共同作用下，让芝加哥迎来了历史上第二次重大的地貌转变。一座坐落在河畔的城市可以轻易地从河流上游抽取水，进行净化，然后将污水排向河流下游。但密歇根湖既是芝加哥的水龙头，又是它的下水道。潜在的长期解决方案只有两个选项，要么随着水质恶化，不断加大净水的力度，要么就从更远处的湖中取水，越过受到污染的范围。市政府显然倾向于后者。市政府不仅遵循了切萨布鲁夫提出的排水系统方案，也采纳了他的意见，将取水点向湖的更深处移动了两英里，远离了被认为受到污染的范围。从这个延伸后的距离算起，埋藏在城市地下、贯穿全城的供水管道总长超过了240英里。但即便如此，问题依旧存在，芝加哥仍然在排放巨量的污水。到1860年，芝加哥的人口已经超过了10万，城市里的屠宰场每天要宰杀约2000头牲畜，包括牛、羊和猪。这个肉类加工的王国产生的废物不可避免地被倾倒进河流中，污染的河流如同芝加哥溃烂的背疮，还有人形容1880年芝加哥河的南支流"恶心程度简直无法用语言描述"。[17]

暴雨会将河流中的大量水冲进湖泊，很可能就会冲到取水点附近。市政府因此决定，利用城市的地理特性，将污染的水和城市用水隔开。市政府决定采纳一个计划，这个计划在30年前看来如同天方夜谭，他们要让芝加哥河逆流。

芝加哥平坦的地势最早给这片区域带来了问题，但也让河逆流变得可行。实际上，在委员会最初建议进行河流逆流工程的调查时，它曾提出"通过开辟一条穿过芝加哥分水岭的河道，从而创造一条通往墨西哥湾的河道，来恢复五大湖古老的出口，这是可行的"。这一计划仅仅是要恢复古水道。而实际的结果是修建一条长达28英里的运河，它既能充当城市的下水道，又能拓宽航道。这条新的河道被称为"芝加哥卫生和航行运河"，它平行于伊利诺伊州和密歇根州古老的汽船运河。相比于古运河，这条新的运河规模更大，深度更深，能让更大的船只通航。更关键的是，这条运河在提高了航运能力的同时，也能从密歇根湖中抽取水，因此密歇根湖从此不再是芝加哥河的出水口，而成了它的源头。南边的卡－萨河道（Cal-Sag Channel）也一样，让卡柳梅特河中的河水倒流，从湖中流出，随后汇入运河主航道，从芝加哥流出。[18]

河水源源不断地从湖中流出，逆流的芝加哥河让城市里恶臭的污水能够被及时排出，剩下相对干净的水源，这不仅能将支流中的污染物冲刷干净，也让污染物远离密歇根湖。工程师最关心的问题是，从湖中流入的水是否始终能达到足够的量，

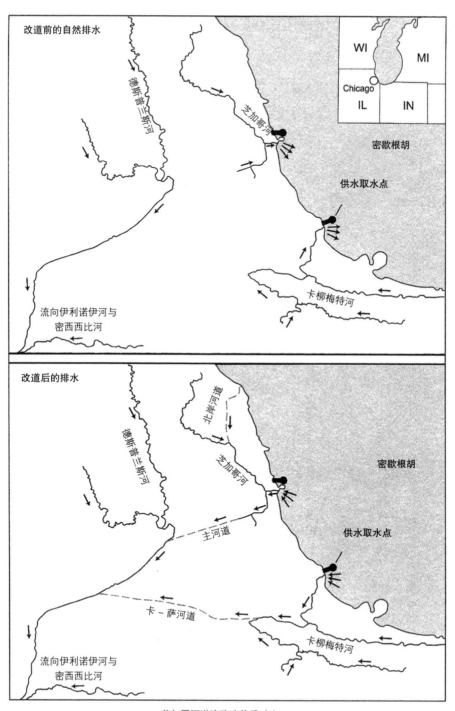

芝加哥河逆流改造前后对比

推动河水逆流,即便在雨季也能做到这一点。最早设计并实施的流入主河道的流量是 10 000 cfs,仅比科罗拉多河流经大峡谷时的流量略少一些。对芝加哥来说,逆流顺利地按计划实施,但对于那些位于下游的城市来说,污染则迅速增加。水流方向的改变让芝加哥河的水流出了它们原先的分水岭区域,流入德斯普兰斯河,而德斯普兰斯河连接着伊利诺伊河和密西西比河。如同历史学家路易斯·凯恩(Louis Cain)描述河流逆流的影响时所说,"芝加哥利用五大湖流域解决自己的供水,而用密西西比河流域解决它的排污"。[19]

由于工程师支持的那些污染治理方案错综复杂,芝加哥这次"水利政变"在政治上成为可能要感谢塞奇威克提出的河水自净的观点,这一观点决定了逆流后处于下游区域的城市对这次改造的反应。如今芝加哥所有的污水都流经伊利诺伊州的中心,并最终流向圣路易斯。伊利诺伊河沿岸的城镇,比如朱利叶和皮奥瑞亚,对此欢欣鼓舞,因为逆流为这些城市带来了额外的水,让河流在旱季也能通航,随之而来的是河运交通的增加。但中西部地区的另一主要城市——圣路易斯市就没那么开心了,在流量增加的同时,污染也会如预期一样急剧增加。不过,河流确实展现了在流动过程中处理废物的能力。凭借着长距离的流动以及河水持续的氧化作用,微生物群落能够在河水到达伊利诺伊州皮奥瑞亚之前处理掉大量废物,到密苏里州圣路易斯时,河水中剩下的废物就更少了。

在总结了大量相关研究之后,一些科学家总结称:"有证据显示,伊利诺伊河在很大程度上能够做到自净。在芝加哥排放的污水中检测出的有机污染物,以及在芝加哥和皮奥瑞亚之间检测出的污染物,到了皮奥瑞亚时已经检测不出来了,并且我们发现,这里的伊利诺伊河和其他段的支流都已经非常干净。"[20] 本质上来说,因为芝加哥市政府相信塞奇威克关于河水可以自净的观点,才让他们选择了逆流河水这一激进的举措,同时因为下游的各市同样相信自净学说,他们才一度接受了芝加哥的改造工程。

虽然生态代价因此很容易被人们忽视,但如何消化这一工程高昂的造价是当时更大的难题。给整座城市重新铺设管道需要将整座城市挖空,然后重新铺设路面,当它施加在市政府头上时,就成了一个巨大的负担,更何况这个政府的各项责任和支出都在不断增加。随着越来越多的人搬到芝加哥,就像其他那些城市一样,这里的基础设施需要不断增加，居民从市中心向市郊蔓延，基础设施同样需要向外扩张。除了芝加哥河逆流所需的费用之外，市政府还需要负担其他这些城市发展的费用。

从私人化粪池系统到建设下水管道系统，从卖水车或私人水井到自来水，这些转变也将城市水系统从劳动密集型的模式改变成了资本密集型的模式。私人化粪池只要那些无须技能的工人不停完成一项极恶心的任务，而技术复杂的输水系统一旦完工，大部分时间可以自动运转，但它需要设计师、工程师以及大量工人来设计建造。人们需要寻找水源，建造水泵，建设输水总管。下水道系统需要依照地形梯度设计，保证水和废物能保持流动，直至完全净化。

所有住宅和商铺都需要接入下水管网。连接水源和城市，以及城市和排污河流所需的管道线路，都需要由工程师、地质学家和城市规划设计师进行考察测量。这些管道线路的安排需要平衡水文情况和政治现实，不仅在私有财产上要进行平衡，还包括在它穿过的管道和运河沿线无数政治分区里的平衡。伴随着如此多的复杂问题，这一工程的花费自然远远超过了市政收入数倍。这种巨大的开销出现在20世纪初，这时，美国的财务结构正在发生第二次重大重组。

从美国建国之初到1837年的经济恐慌，州政府一直是收入和金融的财政中心。而1837年后，财务上出现了严重问题的州政府开始实施财政紧缩政策，公民无法满足的需求就要由地方政府来弥补。结果就是，地方政府的预算迅速提高，地方政府为了资助新的项目而背负的债务增加，同时为了还债而获得的收入也相应提高了。增长的债务主要就是越来越多的市政债券。

随着城市扩张，财政收入也会增加，市政债券被视为一种稳定的投资产品。当芝加哥市代表去纽约市兜售价值400 000美元的市政债券，为切萨布鲁夫的下水道系统筹款时，这些债券很快销售一空了，市场需求太大了，以至于这些代表还以更高的债券利率售卖了第二轮。在19世纪晚期到20世纪早期，芝加哥供水和污水管道系统的债券利率，和美国铁路债券相当，而铁路债券是美国私人投资中最稳健的产品之一。芝加哥市政府和这些新发行的市政水务债券，都在更广阔的投资市场里被视为可靠的长期投资。[21]

财政稳健并不只在芝加哥，在1837年的经济恐慌中，许多州政府无力偿还债务,但在 1893 年的恐慌中,也就是市政财政上升的顶点,市政府展现出了稳健的财务稳定性,这肯定比绝大多数的私人企业的发展要好得多。从 1893 年的恐慌开始,市政债券就被认为是种极其稳健的投资,它很死板,但是稳定。这种增长超过了州政府和联邦政府,后两者的债券反而大幅度地缩减。到 1902 年,地方政府的税收收入超过了州政府收入的 260%,也超过了联邦政府的收入约 40%。此时,市政府成了各级政府财政中的重量级选手。[22]

1905 年,包括供水和排污设备成了市政府负债中排名第一的项目。实际上,水道设备的花费通常都会超过财政总收入,即使是最大的城市也不例外。1915 年,芝加哥在水道设备上的花费超过 3.5 亿美元,而市政府当年的财政总收入只有 2.6 亿美元,也就是说,水道设备的花费是财政收入的 1.7 倍。洛杉矶的这一比例为 1.48 倍,宾夕法尼亚州哈里斯堡是 1.68 倍,而得克萨斯州沃思堡是 2.32 倍。通常情况下,这种债务的迅速增长会导致债券利率相应提高。但是对市政债券需求的提升并没有带来债券收益的提高。奇怪的是,市政债券虽然经历了前所未有的增长,但它却继续维持相对较低的利率。经济学家戴维·卡特勒(David Cutler)和格兰特·米勒认为,在 20 世纪初,市政债务不断增长,但利率缺乏相应增长的现象之所以会出现,是因为发展出了越来越复杂的金融工具。金融业的发展,也就是华尔街本身的发展,是美国各市水务基础建设发展过程中不可或缺的一部分。

这场由芝加哥供水和下水道系统工程师设计,并最终被其他城市采纳的终极货币革命,是一次鲜为人知的行政和财政发展,但这次发展却极为关键,它形成了特区体系。以芝加哥为例,这里的特区最初叫"芝加哥卫生区",在 1955 年后改名为"大芝加哥都市卫生区"。特区在本质上就是根据大小而定的中间一级的政府,它们隶属于州,但通常横跨几个市。特区的用处在于,它们可以独立于政府机构进行财政和行政活动。市政府能够在其政治范围内具有一系列职能,从清理垃圾到指挥警队等,但特区则侧重于具体的服务,并具有一定的灵活性,能够根据每项服务的意义覆盖不同的区域。

在芝加哥,市政府官员很快意识到,水文景观与城市的政治边界并不相符。城郊和新连接的上游区域,虽然它们是下水管道系统的一部分,但却早已超出了芝加哥市政府的管辖范围。对芝加哥来说,这些郊区存在同样的下水问题,因为这些地方已有的排水系统依旧向密歇根湖直接排放污水。因此，如果芝加哥的下水管道系统仅限于芝加哥市，而郊区的管网依旧在使用之前的线路，那么湖水依旧会被污染。这些地区的居民并不想被纳入芝加哥市政府的管辖，但他们却希望能接入新的下水道系统。因此，利用可扩张的特区，就能够扩大芝加哥供水和污水服务的地理范围，将郊区一并纳入。[24]

特区也带来了新的实施方案来资助政府服务，这标志着美国财政上的一场持续的变革。在 19 世纪早期，州政府依赖资产获得收入。也就是说，州政府投资基础设施建设，然后通过向使用这些基础设施的个人征税，偿还债务，并维持日常运营的开支。与此同时，市政府依赖财产税，联邦政府则继续依赖关税。到了 20 世纪初期，地方市政府承担了提供大部分政府服务的责任，到 1902 年，财产税占到各级政府收入，也就是国家、州和地方总收入的 42%。[25]

伴随着芝加哥卫生区的创新，供水和排水区的财政和行政结构成了 20 世纪政府治理的标准形式。其他的特区也相继形成，最早是在伊利诺伊州，然后遍布美国。正是这种最初建立在一条逆流河的岸边，兼具政治和财政权力的特区，让现在美国大多数城市居民除了直接缴给市政府的税款之外，每月还要根据用水量向城市缴纳自来水费和污水处理费。

第 8 章
"熊熊烈河"

北卡罗来纳州的达勒姆只要有人冲一次马桶,约翰·多德森就要为此忙碌一阵。多德森是个温和的大块头,身材高大魁梧,但耐心而谦逊。和美国其他那些污水处理厂的操作员一样,多德森要随时待命,就像带着寻呼机的医生一样。但每当多德森接到工作上的电话时,他要处理的问题将牵涉成千上万的人,以及他们背后上百万加仑的污水。

平日,多德森负责监督达勒姆约一半的污水处理,这座城市约有 25 万人。每天超过 800 万加仑的污水会流进他所在的处理厂,也就是说,每天有约 12 个奥林匹克标准泳池的人体排泄物会来到这里。美国有许多像约翰·多德森这样的操作员,在人们看不见的地方负责处理排泄物。美国一共有约 15 000 间污水处理厂,它们遍布全国各地,大概有 70 多万英里的公共污水总管。所有这些基础设施都在大众视野的盲区里,只要这些设施运转正常,它们就不会被关注。

达勒姆的任何一间厕所里冲出的排泄物,都会通过下水管道从建筑物被送到一根更大的集水管,这根大的管道和城市中许多雨水管相连。然后这些排泄物会进入污水总管,它就如同城市的大肠,在这里,它会和来自其他管道的排泄物汇集在一起,那些管道连接着无数家庭、楼房和公司。通过遍布全市的 66 个泵站加压,这些排泄物经过很长的管道,最终穿过整个城市。这些排泄物有一半最终会到达多德森工作的污水处理厂,这座工厂坐落在城市边缘的埃勒贝溪岸边,不会破坏周围的环境。

现代的污水处理厂是 20 世纪初公共卫生工程师工作的延伸:如果有足够的时间和适当的条件,污水可以被自然地被净化。而在所谓"适当的条件"中,一定要有合适的微生物,多德森坚持称它们为"那些生物",而他的工作就是保证"那些生物"有足够的时间和合适的环境来完成净化。塞奇威克当年说河流可以"自净",其实指的是河流中天然存在一些必要的微生物,它们可以处理废物。

在 20 世纪早期,当人们还依靠河流净化污水的时候,城市之间漫长的距离让

第 8 章 "熊熊烈河" | 143

达勒姆的污水厂

这个机制得以有效地发挥。污水随着河流从一座城市流向另一座城市，在这个过程中，微生物就能将这些排泄物处理掉。但是，随着美国人口增长、城市扩张，每个社区之间的距离不断缩短，被排放进河流的污水量却与日俱增。

现代污水处理厂采用的基本过程和具有自净能力的河水相同，但处理厂需要在更狭小的空间内完成这一过程。为了做到这一点，现代污水处理厂利用巨大的水池容纳那些源源不断的污水。在有些负责小型社区的污水处理厂中，污水池只有家用泳池的大小。而另外一些处理厂，则需要负责数万人的日常污水处理，例如多德森工作的地方，这些工厂里的污水池看上去就像是一系列奥林匹克标准泳池。伴随着水泵和鼓风机的轰鸣，污水被不停地从一个水池转移到另一个水池，然后横七竖八的管道将这些污水从一个水槽再抽取到另一个水槽。就像之前提到的那样，处理污水的关键是时间。拥有自净能力的河流因为可以裹挟着污水穿越很长的距离，所以获得了足够的净化时间。污水处理厂则通过让污水不断减速，直到几乎静止，来创造时间。多德森的工厂的水池可以每天让上百万加仑的污水缓缓地流动，花24个小时流经整个工厂，让微生物有足够的时间完成它们消耗污水的任务。但是水流只能这么慢，因为为了节省空间，所有水池都逼近了最高负荷。与此同时，每当我们洗碗和冲马桶的时候，就会有更多污水源源不断地从城市里被输送过来。

想要理解污水处理厂内部究竟发生了什么，需要有一点微生物学的基础。污水中需要处理的最主要成分是粪便，或者我们也可以叫它污泥。除了粪便，还有一些溶解的污染物，主要是氮和磷，环保规定要求污水处理厂必须去除这些污染物。任何物质或化学成分只有在过量时，才会被认为是污染。虽然大量粪便和养分在河流中会造成污染，但它们却是这些负责"净化"的微生物的大餐。

污水处理工程师在几十年前就发现，世界上有各种各样的微生物，每种都有各自的特性。有些微生物像人类一样，需要消耗氧气，然后通过呼吸作用排出二氧化碳。而有的微生物则是厌氧的，它们通过将粪便与二氧化碳相结合，然后排出甲烷。还有些则需要硝酸盐，也就是氮元素的一种形式，而并不需要氧气或二氧化碳。

这些微生物的差异都是约翰·多德森需要考虑的。当他调整水池中的水流或氧气含量时，必然会影响到正在消化粪便的微生物的种类。污水处理厂的设计和工程都非常复杂，因为工厂必须要为净化污水的不同微生物提供最适合其生存的各种生态系统。在自然的河流当中，这些不同的迷你生态系统的环境，分别存在于流经的不同河段，比如含氧量高的浅滩和急流是一些微生物的乐园，而氧气贫瘠的沙洲和死水塘则是另一些微生物的家。在污水处理厂，则要大规模地创造出这些不同类型的栖息环境。只要能将不同的生态系统有序地排列，整个达勒姆市的生活污水就可以从进入处理厂到被排入埃勒贝溪的过程中，被转换成特定的副产品，比如二氧化碳或甲烷。

当污水刚刚经由污水总管被送到多德森的工厂时，它们非常肮脏，奇臭无比。进入工厂之后，水首先要经过一道过滤，去掉一些微生物无法消化的大块物体。这第一个步骤就是将那些脏东西滤掉。过滤之后，这些依旧黏稠而恶臭的液体会进行一级处理，污水被注入一个圆形的巨大水池，这个水池就是你想象中污水处理厂的样子和气味。污水处理的前期步骤就在这里开始了。这些进行一级处理的水池每个都有一个大泳池那么大，池底呈锥形，粪便会沉淀在底部，而油脂则浮在表面。长机械臂组成的刮板和撇渣器就在这里开始工作，刮板沿着池底缓慢移动，把沉淀的粪便刮到底部一个收集粪便的圆孔内，上面的撇渣器则会将漂浮的油脂撇到收集油脂的槽中。这些油脂会最先被送到垃圾桶里，随后被拖去垃圾填埋场处理。

至于那些粪便的命运则更有意思一些。对于大多数粪便来说，它们的下一站是尺寸略小一些的圆形水池，上面罩着巨大的盖子，这是厌氧池。这个小型生态系统的空气中没有氧气，所以在这里消化粪便的唯一一类微生物，是那些能把粪便转化成少量的固体和大量甲烷（也就是天然气）的微生物。[1]甲烷会被储存进巨大的气罐中，用来给建筑供暖。在这个三层楼高的气罐顶上，多德森指着几百英尺外一片被遮盖着的地方告诉我，那片正在被推土机翻整的地方，就是他们用来晒干剩余的生物固体的场地，这些固体是非常有效的浓缩化肥。每天卡车要来七八趟，拉走浓缩的生物固体，这些肥料能用在3000多英亩的农田上。多德森指着那些水槽、水池、管道和卡车告诉我，其实沉淀这些固体是简单的，处理那些溶解的养分才是难题。任何溶解的东西会随着液体一起流过沉淀槽，就像溶在水里的糖一样。让多德森最头疼的两样可溶物质是氮和磷。尽管处理这两种元素很费事，但它们会影响下游的生态系统，所以环保规定要求降低污水中氮和磷的含量。这一过程要在二级处理池中完成。

污水进入二级处理池时依旧是棕灰色的，里面满是泡沫，充满了氮和磷。二级处理池是用长方形的长水槽，水槽被分成了一系列小块，但每块的实际面积仍然很大。每一块都有两层楼高，污水能在其中停留足够长的时间。想象一下，一串两层高、没有屋顶的小楼房紧紧连在一起，每一幢都只在二楼的地方开了一个小窗户。房子里装满了水，这些污水通过那扇窗户不断从一幢房子被抽到另一幢里。肉眼看起来，每个单独的水池长得一模一样，但实际上，每个水池内部都有其独特的生态系统，来完成特别的净化过程。一个水池会让磷从悬浮的颗粒中被释放出来，并溶解进水里，另一个水池中的微生物则会将氨转化成其他形式的氮，在另外的水池中，有微生物会析出水里溶解的氮，让其缓慢地进入空气中，等等。精心排列微生物的生存条件是污水处理的核心。

这些二级处理中的所有微生物都需要进食，而这可能是现代污水处理厂中最有趣的地方之一。一些经过一级处理的粪便会被混合进污水，然后将它们送入二级处理池中，供这些微生物食用。在这些二级曝气池的末端，基本上没有可供微生物摄入食物了，微生物把一切可以吃的东西都消耗殆尽，污水中溶解的氮和磷迅速减少的。

即使到了这里，污水虽然不像刚开始那样黏稠、恶臭又吓人，但看上去还是浑浊泥泞的，你绝对不会想跳进去游个泳。处理厂的下一站就会让它们在视觉上产生变化。污水流入第二套圆形的水池里，在里面微生物会聚集起来并沉淀，水会慢慢变清。之后水会慢慢地淌过一个由碎石、沙子和煤炭组成的滤层。当水流出来的时候，它看上去完全可以饮用了，但实际上还不行。从滤芯出来后，水要流过一条狭长的通道，经过紫外线照射，消灭水中剩余的致病菌。最终，水流入一个沟渠，从污水处理厂中排出，排放进埃勒贝溪里。对比流入和流出污水处理厂的水会感到非常震撼。事实上，从污水处理厂流出的水明显比埃勒贝溪还要清澈，多德森指了指下游的位置，那里就有几条鲈鱼在出水口附近游动。

埃勒贝溪最终流入福尔斯湖，这个湖虽然不像20世纪伊始的密歇根湖那样被重度污染，但它仍然承受了来自附近数个村镇和城市以及数百座农场排放出来的污水。在不间断的湖水治理中，美国环境保护局（EPA）让达勒姆市污水处理厂操作员的日子越来越难过了。污水处理厂并不能除去污水中所有的氮和磷，多德森每天的任务之一就是监控并记录排放到埃勒贝溪中的污水中氮和磷的含量。2014 年他们共排放了 103 000 磅的氮。2011 年，EPA 和北卡罗来纳州政府对允许排放入埃勒贝溪的氮进行了一系列的限制。第一阶段要求每年排放量不得超过 97 000 磅。"要知道，这个数字我们是能达到的。"多德森说道，"只要我们再努努力，可以把这个数字压缩到 97 000 磅以内。"

但是，有了第一阶段，就意味着还有第二阶段，那才是多德森能预见到的麻烦。第二阶段要求每年排放的氮不得超过 67 000 磅，这比工厂目前采用的技术极限还要低 30%。"我们将迎来一次改革。我们得使用反渗透技术。而如果我们能够实现这一技术，那经过处理的污水就可以直接当作达勒姆的饮用水了。"不过对多德森来说，问题不在于把水处理得太干净。他面临的问题和一个多世纪前切萨布鲁夫与塞奇威克所面临的问题一模一样，那就是开销过于巨大，但居民并不会因此受益多少。当多德森想到未来时，他只是摇了摇头："如果硬是要达到第二阶段，我打赌他们会让这座城市破产。"

为什么联邦政府会要求各市耗费如此多钱去治理污水呢？就像美国历史上其他许多事件一样，其中的缘由要追溯到美国经济大萧条和两次世界大战。

和美国许多污水处理厂一样，约翰·多德森所在的北达勒姆污水处理厂最初是在大萧条时期建立的，这一时期也是美国政府的第三次巨大的财政转折点。从美国建国之初到 1837 年这段时间，州政府一直是政府的财务中心，而 1837 年的恐慌将美国财务系统转变为以市为中心，那么，紧接着的大萧条以及第二次世界大战，就将经济大权交到了联邦政府的手中。

这次结构调整的种子早在 1913 年国会通过《宪法第十六条修正案》时就被埋下了，这条修正案允许联邦政府从 1914 年起开始征收所得税，以此来负担第一次世界大战的各项开销。在 1914 年以前，联邦政府在税收中所占份额在战争时期都会有所提升，直到第一次世界大战爆发前，这些税收主要来自关税，在战争的相关债务逐渐被偿清后，联邦政府的税收份额也会逐渐降低。但第一次世界大战与以往那些战争不同，即便在 1918 年战争结束后，联邦政府依旧在用所得税继续创收。[2]

在这个时期，政府债务的情况也发生了显著的变化。在 20 世纪早期，直到美国被卷入第一次世界大战前夕，联邦政府几乎没什么债务，但地方政府却负债累累，当时市政债务占政府总债务 7 成多。这种情况反映出市政府在社会中的中心地位，市政府提供了大部分政府服务，包括自来水、消防、警务和道路建设，相比之下联邦政府则没有那么活跃。地方政府的收入主要来自财产税。如果你生活在 20 世纪早期，那么你纳税中的绝大多数都会交给当地市政府，而你的税单有多少，则取决于你居住在哪里，而不是挣多少钱。

当大萧条来临，大多数人无力缴纳财产税。市政府无法获得相应的税收，也就无力偿还债务。当大萧条加剧，城市也就无法再承担额外的债务了，很多基础设施工程也因为缺乏资金而陆续停工，哪怕是已经开工的一些项目。各个城市竭尽全力维持着基本的市政服务，比如水道设备、铁路项目以及警务。对于那些没有足够的资金来建设和维持自来水的城市来说，污水处理在可能兴建的项目列表上只能垫底。

为了应对这种情况，富兰克林·德拉诺·罗斯福总统提出新政，让联邦政府填补了地方政府留下的空白。由于新政中的联邦项目和工程，以及第二次世界大战的各项花销，到了 1942 年，联邦政府的负债在各级政府负债中的比例迅速攀升过半，并一直维持在这一水平上。政府支出和债务的变化也让联邦政府的收入经历了同样巨大的转变，所得税的提高平衡了增长的联邦债务，所得税在政府收入中所占的比例，从 1920 年的 20% 左右跃升到 1942 年的超过 50%。财产税则相反，战后，财产税在政府收入中所占比例下降到了 10% 以下。正如经济史学家约翰·沃利斯（John Wallis）在对财政政策的分析中所提出的，经历了第二次世界大战的美国，产生了一套与战前有着根本不同的财务结构，实际上，这种结构完全不同于美国自建国之初所采用的结构。[3]

伴随着税收上的巨大改变，各级政府获得资金的方式也产生了翻天覆地的变化，税收体系愈发复杂。在大萧条之前，人们的普遍共识是，联邦政府的资金只用在国家一级的项目上，而地方资金则应该被用在符合地方利益的项目上。财产税一般被用在市政工程上，关税则被用于国家工程。但是新政创造出了一种新的财政体系，联邦政府收缴全国的所得税，并将这些收入通过拨款的方式发放给州和地方政府，这是一种全国性的规模巨大的资金和政府权力的再分配。

而这恰恰是达勒姆第一座污水处理厂和芝加哥污水处理厂在 20 世纪早期获得资金的方式。在芝加哥的例子中，让芝加哥河逆流最终被证明仅仅是权宜之计，为了彻底解决问题，最终这座城市还是需要建设一座足以净化全城大部分污水的处理厂。而且，当时芝加哥受大萧条冲击非常严重，到了 1932 年 1 月 1 日，卫生区已经卖不出债券来支持正在建设的和计划的项目，没人愿意再借钱给城市，因此原计划要修建一座污水处理厂的方案也被搁置。为了填补财务上的空缺，1933 年美国公共工程管理局（PWA）的第一笔拨款就给了芝加哥。PWA 并没有独自承担这一工程，而是通过购买市政债券的方式贷款给了芝加哥，资助芝加哥建设污水处理厂。最终，芝加哥建成了世界上最大的污水处理厂。

新政下最著名的公共设施建设，要数联邦政府修建的水坝、民间资源保护队（CCC）石桥、国家公园和连绵的高速公路网了。而联邦政府通过 PWA 拨款给地方政府所完成的项目，同样具有很大的影响力。这些钱帮助下水管道和污水处理项目快速发展，在全国支持了超过 1 800 个下水管道项目。在 1933 年到 1939 年间，PWA 资助了全国约 65% 的污水处理厂项目，在 20 世纪 30 年代末，它为全国 80% 的新建下水道系统项目提供了支持，其中就包括这座位于北卡罗来纳州的北达勒姆污水处理厂，也就是 80 多年后约翰·多德森工作的地方。[4]

如同新政为农村带去了电力一样，财政秩序的改变也为城市带来了污水处理。在第二次世界大战结束时，受益于污水处理的城市人口比例提升到了近 75%，同期，城市人口数量也增加了近 50%。到了 20 世纪 60 年代，全国范围内逾四分之三的污水都会经过处理后再被排放进河流湖泊中。[5]

但是，第二次世界大战结束后的全国经济复苏，并没有让美国各级政府的财政角色再次改变。联邦政府对城市的资助替代了财产税，成为用于市政服务最主要的财政收入，尽管全美各个城市的经济都在逐渐复苏，将拨款作为城市主要收入的情况仍然持续了几十年。1956 年，联邦政府 30% 的支出用于修建污水处理厂，而这一数字在 1966 年上升到了 50%。[6]

治理美国的河流污染是罗斯福在任期内由 PWA 领导完成的，在这一过程中，政府不仅通过化学和工程方法进行了治理，而且在政府收入和财政的观念上产生了改变。这些项目的命脉都被捏在了联邦政府手中,联邦政府同时引入了关于水质的联邦条例。这一轨迹发展到顶点,就是 1972 年的《清洁水法》,这次联邦立法行动与一条着火的河,以及一位不知疲倦的俄亥俄州家庭主妇密不可分。[7]

20 世纪中叶,美国的河流已经不仅仅是被污染了,它们已经被"工业化"了。炼油厂、采矿,还有污染最大的有机化学工厂的发展,让美国的河流几乎成了流动的废水,里面有大量未知的物质,带来了无法预见的后果。最初,人们还以为工业废水是无害甚至有利的。他们认为这些废水具有细菌学上的作用,有能力杀死霍乱和伤寒的致病菌。但是,人们逐渐清晰地认识到,这些新的化合物,比如苯、四氯化碳、四氯乙烷和三氯乙烯等所有这些名称复杂的化学品,比之前的污染物毒性更强,存在的时间更久。

当孟山都化学品公司在 20 世纪 40 年代选择掩埋自己生产的有毒废物,而没有向东圣路易斯的密西西比河排放时,大多数化学品生产商都还没有如此先进的理念。许多化学品生产商开始限制雇员暴露在这些化学品前的时长,但他们却不处理生产过程中的化合物和废料,而是将它们直接排进河流。在 20 世纪 30 年代末,新泽西的调查员估计,每天都有近 700 万加仑未经处理的化学废料被倾倒进新泽西的河流中。这种做法一直延续到了 20 世纪 60 年代末,那时,也只有 15% 的化学工业的废料在排放进河流之前会经过处理净化。[8]

这些在地理上聚集在一起的污染企业很快就在美国大地上留下了污渍。化学生产商在新泽西和宾夕法尼亚州东部的河流网中遗留下了巨量污染物。路易斯安那州东部以及密西西比州西部,被密西西比河下游河岸十几家工厂产生的石油化学品严重污染。蒙大拿铜矿排水的河流,俨然变成了一幅死寂的月球景象。凯霍加河的污染情况极为严重,它不仅流经俄亥俄河谷的煤炭和钢铁帝国,而且处在五大湖约翰·D. 洛克菲勒标准石油公司帝国的中心位置。在美国南北战争时期,凯霍加河岸边就有 20 家炼油厂,到了 20 世纪初,钢铁厂、化工厂、造纸厂等林林总总沿着河岸不断地涌现。

20 世纪中叶,汽车工业开始成为中北部地区经济的一部分,事后证明,这一产业对凯霍加河的环境伤害尤为严重。虽然汽车主要在密歇根州底特律组装,但许多单独的零件是在俄亥俄州克利夫兰和肯特制造的，它们都位于凯霍加河沿岸。处于河流更上游的俄亥俄州阿克伦是当时全球最大的橡胶生产地。从阿克伦污水处理厂流出的污水，占到了河流总流量的三分之二，与其说凯霍加河是一条河，倒不如说它是一条咆哮的工业废水沟。1968年，一群科学家对凯霍加河进行了评估，他们发现在阿克伦河段是"严重污染的区域"，而在最下游的末端，在河流汇入伊利湖之前，河水"泛着灰白色，臭味熏天，如同一个粪池"，这条河流被认为"水质标准低到没有任何用途"。9 凯霍加河成了美国的一道伤疤。

89岁高龄[20]的伊迪斯·蔡斯是一位环保先锋，是她在几十年前让凯霍加河恢复了清澈。她只有五英尺高，有一头蓬乱的黑发。温文尔雅的她被俄亥俄环境委员会称为"伊利湖贵妇"（Grand Dame of Lake Erie）。作为一名骄傲的家庭主妇，她以一个非官方身份所达到的成就，比大多数监管部门拥有正式职务的人还要高。虽然蔡斯从未有过正式的体制内职务，但她还是获得了美国国家海洋和大气管理局（NOAA）颁发的终生成就奖。她对治理环境以及改变世界有一套极简的理论："你得有气势，还得有运势。"10

在20世纪60年代，伊迪斯·蔡斯是个家庭主妇，刚刚搬到俄亥俄州肯特，那个时候肯特是一座大学城，也是一座工业城。但是这里已经初见颓势。工厂的规模开始缩小，有的已经倒闭。因年久失修而倒塌的房屋零星地出现了，河流更是被污染得惨不忍睹。作为一个在安蒂奥克学院（Antioch College）获得化学本科学位，并拥有明尼苏达大学有机化学硕士学位的人，蔡斯很清楚导致当地河流污染的原因是什么。于是她开始着手参与改变污染的行动。

她找到了美国妇女选民联盟，这个组织由全美一群受过良好教育、拥有良好社会关系并且组织良好的女性组成，它于1920年在美国妇女选举权运动的影响下诞生，联盟在当时已经取得了一连串的成就，包括促成了《田纳西河流域法案》的通过，该法案会向南方腹地的家庭输送电力，因而获得了联盟的支持。从成立奥杜邦协会，到第一次系统地开展街道清理计划，该联盟一直以来都沿袭了某种传统，那就是女性在环保问题中虽然居于幕后但仍然发挥着领导作用。女性，尤其是家庭

---

[20] 伊迪斯·蔡斯于2017年去世，享年92岁。——译者注

主妇，她们想要的就是保护自己的家庭和孩子，她们为此提出的诉求是受社会赞赏的。水质问题在 20 世纪五六十年代尤其突出，对于家庭主妇而言，没有其他任何问题比保证自己的孩子能喝到干净的水更重要。水污染很快成了家庭主妇谈论的话题，没多久，向来迎合家庭主妇的《好管家》杂志就开始不断发表关于美国城市和郊区水污染的深度报道。

在工业化的中北部地区，妇女选民联盟将视线放在了伊利湖，因为这里通常被描述成已经丧失生机的一片水域。伊利湖每天会接收 7.5 亿多加仑的城市污水，这些水基本未经处理，或者仅仅稍作处理，还有 20 亿加仑的工业污水会排放在这里。在 20 世纪 50 年代，伊利湖的出水口尼亚加拉河被州管理机构重新评级，从 A 级降为 C 级，这一等级意味着河流中的水不适合饮用、洗浴或游泳。笼罩并沉醉在尼亚加拉瀑布的薄雾中的游客，实际上就是在参观一座巨大的露天废水池。成千上万条死鱼被冲上伊利湖畔。1965 年，伊利湖中心更是出现了一片"死亡区域"，这里水质极差，含氧量低到了极点，几乎没有生物能在这片区域里生存。这片区域的面积有足足 2 600 平方英里，比特拉华州的面积还大。

1963 年，妇女选民联盟发起了一场清理伊利湖的政治斗争，成立了伊利湖流域委员会。一年后，伊迪斯·蔡斯加入了联盟，并最终成为联盟的主席。在为清理湖水和河流奋斗了 50 年后，蔡斯现在仍然能够飞快地说出化学物质和它们的衰减速度，就像说出自己孙子孙女的生日一样。她还记得相关科学家的名字，以及他们发表相关研究和论文的日期。蔡斯甚至记得那些曾经合作报道联盟的研究及发现的报社记者的全名。同样令人印象深刻的是她对于相关政策和法规的熟悉程度，她清楚地了解过去和现在的相关法规。

在担任联盟主席的那段时间里，伊迪斯·蔡斯在发展与贯彻联盟治理伊利湖的相关战略上扮演了至关重要的角色，这一战略在 21 世纪被许多非政府环保组织（NGO）视为模版。就如她自己笃定地说的那样："联盟在水污染的问题上已经领先了其他所有人一大步。"众多像伊迪斯·蔡斯这样的家庭主妇居住在湖边以及其他被污染的支流沿岸，在她们的帮助下，联盟深入研究了相关问题，最终撰写发表了有史以来关于伊利湖最全面、最清晰的报告之一——《伊利湖，悼念还是拯救？》当时，关于伊利湖的科学期刊文章、技术报告和专栏文章并不少，而联盟要和它们竞争大众的注意力，为潜在的解决方案赢得关注。当时大多关于水污染的报道都长篇累牍，措辞激烈，将注意力放在化学品上，或者刊登一些死鱼的照片，而联盟的报道成功地用短短50页的大号字体做到了面面俱到，简明扼要。报告回顾了流域的地理历史、合成化学品的数据，分析了科学研究，然后做了一件其他大多数人都忽略掉的事，报告中厘清了可以被用来提升水质的各种政策和法规，并说明了阻碍现有政策施行的瓶颈所在。[12]

联盟的报告中最有见解的一点就是，它认识到了政治决定归根结底是经济。在当时（讽刺的）性别公约中，联盟写道："公民都应当为减少污染而付出不可避免的代价，而且他们也要认识到自己将会付出代价。"环境应该被治理，而且这一过程必然不是免费的。联盟在提出这一想法时，也提出了一个横在环保活动者与解决方案之间的最大问题，那就是谁该为环保买单？更具体地说，她们着重在各项花销应当如何在联邦政府、州和地方政府的预算中分配。

这份报告吸引了中北部地区不少媒体和政客注意，借助报告，妇女选民联盟组织了一系列的净水会议。反过来，一些联盟成员被邀请参加了一些主要的国家级会议。她们不停地向地方和州政府的政客施压，最终让克利夫兰的立法机关批准发行了一亿美元债券，用于净化河水、改善下水管道系统、控制雨水溢流、治理港口和清理杂物。简而言之，联盟成功地说服了克利夫兰和附近社区的公众，为了治理河流而大量负债。

除去这一胜利之外，治理河流在政治和经济上都还有一些障碍存在。虽然选民同意举债清理河流，但市政府对于出售这些债券仍然持谨慎态度。除此以外，通过市政债券筹得的款项，只是从市民的角度解决了污染问题，也就是仅仅解决了生活污水，如果想要有效地清理河流，就需要工厂处理它们自己的污水，并自行承担费用。州和市政府的政客都不愿意，也无法向污染企业施压，因为一旦出现任何来自当地法规的威胁，都可能会将这些公司逼走，而正是这些公司让俄亥俄州从曾经的穷乡僻壤一跃成为如今的工业帝国，而且这些政客的选民很多都是这些公司的雇员。事实上，州政府还雪上加霜地将凯霍加河重新分类成一条工业河流，这意味着无法对河流沿岸的污染企业提起妨害公共利益的诉讼，此举无疑是在地方为污染而战的时候保护了这些公司。

1952年凯霍加河河面上燃起熊熊烈火

妇女选民联盟陷入了僵局。在20世纪60年代的大多数时间里，联盟和伊迪斯·蔡斯付出了巨大的努力，建立伙伴关系，并说服他人改变很有必要，但是他们并没有取得什么实质性的突破。

不过在1969年的夏天，事情逐渐转向了有利于联盟的一面。讽刺的是，当凯霍加河发生火灾的时候，正是阿波罗11号的宇航员即将成功返回地球的时候，当时，年轻的泰德·肯尼迪驾驶汽车冲下了桥。

自南北战争以来，凯霍加河至少发生过12次火灾。到了20世纪30年代，相比于批评河流会起火，当地媒体更集中地在批评消防没有及时有效地扑灭火灾。在这一时期，其他工业河流也会时不时起火，包括纽约的布法罗河、宾夕法尼亚州的斯库尔基尔河以及密歇根州的鲁日河。对比早先的这些火灾，1969年凯霍加河的这次火灾规模较小，火势很快就被控制并扑灭了，这看上去似乎是无足轻重的一场火。这场火灾持续的时间之短，以至于当地的摄影师都没来得及赶去拍上一张照片。在克利夫兰的报纸上，这场火灾的报道寥寥。这件事在当地一份报纸上只占了一段篇幅，而在另一份报纸上，这一消息被登在了最后一页上。

当地的报道是绝对不会帮助联盟提高大众对水质的关注的。但凯霍加河上的火灾过去仅仅数周后，阿波罗11号的宇航员们成功地从月球返回。让人意想不到的是，查帕奎迪克岛丑闻的爆发，参议员泰德·肯尼迪在那里驾车坠桥，这让"人类迈出的一大步"的登月在这一新闻周期中也只能屈居次条。肯尼迪活了下来，但是与他同车的女乘客玛丽·乔·科佩奇内溺亡了。在一个星期内，发生了人类从月球返回以及著名参议员牵涉进丑闻这两件事情。这简直就是杂志出版商的美梦。这两件事都成了1969年8月1日《时代周刊》的特别报道，这一期的封面是一张泰德·肯尼迪带着颈椎固定器的照片。就在这一期的杂志的科学板块，报道月球探险的系列文章后，有一篇关于城市水污染的文章，其中附了一张凯霍加河火灾的照片，这张照片其实玩了移花接木的伎俩，因为它实际上拍摄于1952年，但当时被用作1969年的火灾现场。

45年后再次谈论到那个夏天时，伊迪斯·蔡斯露出了狡黠的笑容并说道："泰德可太倒霉了，不过我们撞了大运。"

这件事之后的风波可谓传奇。无论照片拍摄于何时，熊熊燃烧的凯霍加河都让联盟和环保活动有了一个代表性的图片。全国各地的人都买了杂志去看泰德·肯尼迪和宇航员的消息，但随后他们都会浏览到克利夫兰那条熊熊燃烧的河流。面对河流起火的尴尬情况，联邦政府和俄亥俄州政府立刻采取了行动。在火灾后的几个星期之内，联邦政府就以诉讼为要挟，要求6家工业公司降低污染，其中包括凯霍加河沿岸两家钢铁厂。在接下来的6个多月中，全美出现了66起针对工业水污染源的联邦诉讼。自此，在狂热的联邦环保行动主义中，美国迎来了《清洁水法》《清洁空气法》和《国家环境政策法》，也就是环保主义者"三位一体"的法案。

《清洁水法》实施了环境标准，来控制并降低污染。这给了刚刚成立不久的EPA一把利刃，让EPA有权决定工厂是否可以排污，这是那些如俄亥俄州等地的州属机构所不具备的权力。也就是说，如果这些制造厂或公共污水厂想要将它们的污水排入河流中，就必须得到EPA的批准。而EPA则会将自行处理废水作为许可排放的条件。

如果说EPA的审批程序是迫使企业降低污染的利剑，那1972年的《清洁水法》还带来了一个极其美味的诱饵，那是一项慷慨的联邦支出计划，来资助清理全国河流的措施。之前像克利夫兰等城市不得不自费清理河流，如今联邦政府将提供最高75%的费用，来设计并修建污水处理厂。即使是罗斯福新政中花费巨大的建设项目，和《清洁水法》所刺激的支出相比也显得无足轻重。在该法通过后的最初12年间，联邦政府在污水处理上投入了400多亿美元。到1990年，共有16 000多处公共污水集中处理设施，服务了全美75%以上的人口，此外还有16万个工业污水处理点。[15]

20世纪70年代是治理水污染以及财政支出的高峰时期。从1914年到20世纪中叶，仅仅过了60多年，联邦政府利用所得税增加了其收入，然后利用这些收入在政府支出中取得了核心角色。从19世纪到20世纪初，州政府和地方政府是基础设施建设的主要收入来源，它们逐渐调整预算，依赖联邦政府的资金支持。1978年，拨款占据了州和地方政府财政收入的三分之一，这个比例在有些城市里会更高。就在这一年，联邦拨款占圣路易斯预算的55%，占布法罗的69%。联邦政府成了主要获得税收的政府，并能按照它认为合适的方法将这些资金分配给州和地方政府，州和地方政府可以从联邦政府那里获得拨款，逐渐降低了州和地方政府的税收。受到工业和城市污染的河流之所以能被清理，一部分得益于20世纪中叶的财政治理，另一部分也是因为新规的实施。[16]

在20世纪80年代，美国因为里根革命而进行了又一轮的财务和政治的重组。这一变化将再次对河流污染产生影响。

虽然《清洁水法》带来了一系列的好处，但这一法案却存在一个巨大的盲区，因为它对农场主和拥有草坪的郊区居民缺乏监管。当农场主给农田施肥，或者房主使用从当地园艺店买来的肥料给草坪施肥的时候，他们的行为改变着土壤中的化学。

植物生长一般受限于土壤中少量元素的供给，其中最重要的是氮和磷。几个世纪以来，农业的核心目标，事实上就是为作物提供氮和磷。为了获得氮（虽然当时那些人并不知道他们寻找的是氮），12世纪的日本农民会在进城卖粮之后，从城市里带回粪便。在19世纪的英国，农民会从欧洲其他国家进口骨头来改善自己贫瘠的土壤。直到19世纪40年代，主要的商业氮肥还是鸟粪，这些变硬的鸟粪堆积在一些荒岛上。在19世纪40年代，出现了定期将鸟粪送往纽约的商业货轮，在19世纪50年代，这些货轮共计运送了76万吨的鸟粪。在这种情况下，美国国会在1856年通过了《鸟粪岛法》，宣布对于任何一座地图上未标明的岛屿，只要它上面有鸟粪，第一位发现它的美国公民就有权对其宣示主权。而磷的源头则近了很多。19世纪末，美国南部发现了具有商业规模的磷矿，它在20世纪早期迅速成为全球磷矿的重要来源。[17]

改变整个行业规则的事件发生在1913年，当时，两位德国科学家完善了氮肥的合成生产过程。在取得这一突破的同时，商业规模的磷矿开采蒸蒸日上，在佛罗里达州这类企业迅速发展。由于找到了氮和磷两种元素的新来源，在人类历史上第一次，农民终于有了有效且无限的主要养分来源，能为植物施肥。当农民意识到，利用合成肥料能使作物增产后，他们迅速而彻底地做出了改变。到20世纪60年代，美国超过90%的玉米田里施加了合成氮肥。为了确保最大收成，农民开始施加过量的化肥，每英亩的用量在20世纪后半叶提高了10多倍。随着农民的化肥用量逐渐增加，作物已经无法全部吸收这些养分，于是越来越多的氮溢出了农田，进入灌渠，并最终流入河中。[18]

到了 20 世纪 80 年代，在那些原本被施在密西西比河流域的氮肥中，接近一半最终流入了墨西哥湾，而没有被庄稼吸收。化肥能促使农田里的庄稼迅猛生长，它们也能促使水里的植物疯长。这些化肥从中西部的农田里流走后，最终滋养了漂浮在墨西哥湾的一种微小植物——水藻的生长，从而导致大量水华爆发。当水藻死亡，它们会沉到海湾底部，导致以死去藻类为食的细菌疯长，致使水里的氧气耗尽。后果就是制造出了一片面积超过 7 700 平方英里的死亡区域，区域内的海水含氧量极低，甚至完全不含氧气，这片区域的面积仅仅比新泽西小了一点。通过这个生态路径，艾奥瓦州的农业最终摧毁了路易斯安那州的捕虾业。[19]

农田不是独立存在的，墨西哥湾也不是，因为任何使用化肥的行为都会导致其流入河流，河流带着过量的化肥流向下游的水体中。郊区居民总会陷入一场无休止比拼，看看谁家的草坪最绿，这种比拼和农民犯的错是一样的，也就是过度施肥。从家得宝（Home Depot）买来的化肥与商业农业中所用的化肥有一样的效果。如同 20 世纪早期的河流沦为倾倒污水的下水沟一样，20 世纪末期的河流成了化肥的聚集地。当时间走向 21 世纪，根据 EPA 的分级，在美国境内共计 300 万英里的河流中，接近一半被划分成了受威胁的或受损的河流，而这些破坏的原因正是从农业和郊区径流中流出的化肥。

在城市和郊区，化肥降解对水的影响和几十年来的水务基础设施建设的成功结合在了一起。在许多城郊地区，下水管道同时运输生活污水和雨水。这可以算得上是一个半世纪以前切萨布鲁夫的雨污合流系统留下的遗产。但是，由于两个系统连接在了一起，所以污水和雨水必须一同经过约翰·多德森这样的污水处理操作员的处理。在达勒姆平时不下雨的日子里，约翰·多德森的污水厂每天要处理约 800 万加仑的污水，主要是生活污水。在雨天，则有约 4 000 万加仑的水被冲入下水管道，额外的 3 200 万加仑就来自雨水。所有这些水都需要处理，这些水要停留足够长的时间，以供微生物完成其净水的工作。何况草坪上还有那么多化肥被冲刷掉了，微生物需要将这些额外的氮和磷都消化干净。

在雨天，多德森就会怀疑处理厂是否能应付得了管网中流入的那么多水。会不会有一天水量就超负荷了？当有一天污水处理厂不得不完全放弃处理的时候，问题就出现了。因为雨水和污水管道全都连在一起，如果大雨倾盆，除了郊区的地表径流，未经处理的污水会完全绕过处理厂直接流入附近的河流中。这是最糟糕的水质危机了，污染物和致病菌一起被冲进了河流，进入下游居民的水源里，同时这些污水还卷携着化肥，导致水库与河口环境恶化，出现死亡水域。约翰·多德森清楚，这些未经处理的溢出污水会招来州政府和联邦政府监管部门的怒火。

在亚拉巴马，不仅发生过最糟糕的水质危机，同时还发生了最糟糕的财务危机，这一切之所以成为现实，都是拜美国最近一次财务改革所赐，那就是里根革命。同时在卡哈巴河迎来了一场"完美"的暴雨，让它在金融界从默默无闻一下变得声名狼藉。

卡哈巴河算得上是一条"完美"的河流。它完全位于亚拉巴马州境内，这条长约190英里的河流发源自伯明翰附近，河道呈半圆形穿过整个州，在塞尔玛附近汇入亚拉巴马河。20世纪90年代中期，美国南部郊区化的趋势迅猛发展，许多污水处理厂都要面对大量地表径流和污水，那些位于卡哈巴河上游的污水厂也不例外。中等的暴雨在潮湿的东南部非常常见，会造成反复地溢流，此时这些污水，包括许多未处理的生活污水，绕过了污水处理厂，直接汇入河中。

《清洁水法》除了包含新的规定，并提供资金建造污水基础设施以外，它同样允许公民对违反规定的机构提起诉讼。在20世纪90年代中期，卡哈巴河协会就履行了这一权利，它起诉杰斐逊郡违反了《清洁水法》。在法律上的一来二回之后，1996年杰斐逊郡同意承担责任，消除污水溢流问题，并承担相关费用。郡政府计划接管沿河21片下水管道系统，同时改造现有的污水处理厂。政府还计划改造超过3 100英里长的下水管道，其中有一些管道甚至是一个多世纪前用陶土建造的。最初花费预计略高于2.5亿美元，但很快就膨胀到了12亿美元。

20世纪70年代，杰斐逊郡还指望联邦政府能提供大量拨款来资助这一项目。但是，在1981年罗纳德·里根入主白宫那一刻，各州各市都能轻松享受华盛顿特区拨款的美好年代一去不复返了。作为著名的财政保守主义者，为了削减所得税，里根牢牢把控着联邦预算中监管和环境开支的比例，他把地方项目的财务责任重新推回到地方政府。这有立竿见影的效果。到1991年，在污水基础设施的开支中，联邦政府所占的比例直接降到 5%。对地方政府来说这无疑是晴天霹雳，它们不得不面对现实，突然之间它们就得自掏腰包来满足《清洁水法》提出的各项要求了。

除了里根革命之外，金融圈也正发生一个巨大的财务转变。正是在这个时期，许多金融衍生品、期权以及金融互换（swaps）首次出现在了人们的视野里。无论是它们是什么，或者为什么会产生，想要理解这些抽象概念，最好的方法就是看看杰斐逊郡是如何资助当地下水管道系统改建的。

对于 20 世纪 90 年代末的杰斐逊郡来说，虽然翻新污水基础设施系统费用高昂，但是当时用来支付这一费用的财务机制是经过检验的，也是可靠的，最起码一开始还是这样。市政债券这种长期而稳定，甚至有点无聊的投资形式很可靠，因为它们的持续时间长，几乎可以保证回本。市政债券基本可以理解为借钱给市政府开展工程，可以是修建医院、公租房或下水管道系统。当投资者从市政府买了价值 1 万美元的市政债券后，他就借给了市政府 1 万美元。作为借款的回报，市政府每年按比例偿还给投资者一部分贷款利息，并持续数年。当债券到期之后，政府一次性地将 1 万美元本金归还。如果你买了 1 万美元的债券，期限是 20 年，年息 5%，那么你在这 20 年间每年将获得 500 美元，当 20 年期满后，你将获得 1 万美金的本金，当然，前提是市政府有钱还给你。而市政府必须把水费调整到足够的价位，让市政府有钱偿还所有那些债券持有者的本金与利息。因为基础设施通常造价不菲，且使用时间很长，市政债券的规模一般都很大，时间也都很长。建设下水道项目的市政债券发售规模一般超过千万美元，借款期限长达 10 到 30 年的情况也并不少见。

仅仅把钱借给市政府三年的风险相对很低，因此三年期市政债券的利息通常也非常低，可能只有 1%。相比之下，把钱借给市政府 30 年的风险就显得非常高了，因为 30 年间城市可能会发生巨大的变化，所以 30 年期市政债券的利息通常更高，一般是 5% 到 7%。这就到了评级公司该出场的时候了。像穆迪和标准普尔这样的公司就会通过深挖市政府的财务信息细节，评估其开支，纵观全局地评估投资产品的安全性。随后，这些机构会对债券打分，就像老师给作业打分一样。安全的投资产品会被评为 A 级，而风险大的则会被评为 B 级或 C 级。那些获得 A 级评分的城市能够以更低的利率发放债券，因为这些市政府被认为更有能力在债券的周期内偿还投资者。而获得了较低评分的城市则需要提高自己债券利息，去吸引投资者承担额外的风险。但接下来的部分就解释了为什么市政债券看起来那么无聊。在近几十年间，大多数市政债券都被评为了最高级，也就是 A 级和以上，这些债券的违约率只有 0.03%，相比于私人公司债券的违约率，这几乎微乎其微。也就是说，如果你购买了一个评级为 A 的下水工程债券，你有 99.9% 的概率能拿回你的钱。[22]

但是事情总是会变得更复杂，那就是金融互换。简单来说，互换就是双方的协议，约定甲方支付乙方固定利率，作为交换，乙方则向甲方支付浮动利率。也就是说，双方互换风险。甲方承担已知的风险（也就是固定利率），而乙方则认为随着时间变化，利率会向着对自己更有利的方向浮动，让自己获得比固定利率更高的收益。因为固定利率是已知的，所以它们的代价会更高一些，也就是有更高的利率。对房主来说，签订一份恒定利率的房屋贷款意味着，这份贷款的利率会比浮动利率的房贷利率要稍微高一些。贷方就是赌利率在贷款期间会涨，所以在签订贷款之初愿意承担稍微高一点的利率，避免在未来偿还比之更高的利率。

这就到了金融互换大显身手的时候了。如果贷方很需要钱，贷款的利率一般会非常高，或者是贷方正背负着高利率的贷款，那他肯定希望降低利率。手上握着固定利率的贷方就希望进行金融互换，用较高的固定利率换取一个更低的浮动利率。这必然会增加风险。如果一座城市要偿还 20 年期的债券，并以每年 5% 的固定利率偿还，那市政府必然会想要和银行进行金融互换，寻求一个起点较低的浮动利率，比如 4%，但这个利率未来时逐渐升高到固定利率之上。

如果说里根的金融改革改变了国家的经济，那利率互换可以说是改变了全球的经济。使用互换的私人投资额从 1982 年的 30 亿美元，上升到了 1993 年的 6 万亿美元。在金融手段不断增多的环境下，州政府却没有允许地方政府使用互换，所有工程必须只能使用最普通债券。但在 1987 年，加利福尼亚州和佛罗里达州都通过了相应法律，允许政府机构利用一些新兴的财务工具来最大化地利用现有的公共资金，也就是利用互换达到杠杆效应。

这些财务机制可以极大程度地节省资金。1994 年，加利福尼亚州里弗赛德的东部城市供水特区利用金融互换，为其债券债务重新贷款，通过这一方式，特区省下了将近 200 万美元。到 2010 年，40 个州都通过了类似的法案，同意市政机构参与这类交换，而互换很快就成了市政债务市场上的主要组成部分。这些交易达到了约

2500 亿到 5000 亿美元。这些类型的交易通常都能让市政部门获得想要的结果，它们降低了市政部门原本需要偿还的利率。但隐藏的风险总是存在的。固定利率的债券很安全，因为在某种意义上，它们将市政部门和当地政府的财务状况与变幻莫测的全球经济分割开来。利率互换则把下水道和复杂的华尔街紧密地捆绑在了一起，而且谁也不知道，许多地方政客是否真的清楚可能的后果。[23]

所有这些动态变量都同时集中在卡哈巴河。1986 年，杰斐逊郡拿到了最高的财务 A 级评级。郡政府为了达到《清洁水法》的要求，治理污水溢流，郡政府的第一批债券在 1997 年和 1998 年以固定利率发行，发行量超过 6 亿美元。随着工程开支逐渐提升，很快郡政府又发行了 9.5 亿美元的债券，随后又追加了 2.75 亿美元。所有这些债券都是 40 年期的债券，5% 左右的固定利率，都是长期、稳定、无聊、最简单的市政债券。随后，在 2002 年，事情有了转变。郡政府第一次发行了浮动利率的债券，并在 2003 年又发行了一大批，价值高达 22.4 亿美元。这些新的债券中有一部分是用来偿还之前的负债，也就是说，之前的固定利率债券将由更大规模的浮动利率债券来偿还。

不幸的是，杰斐逊郡的互换操作，及其互换的债券所具备的风险远远超过预期。在经济腾飞的 21 世纪初，郡政府以为和全球市场的浮动联系在一起有利而无弊，它决定采用拍卖程序来售卖债券，也就是拍卖利率证券。典型的债券发售只是一个单独的事件，发行债券，不同的买家来购买，一些人购买 5 年期的，也就是 5 年后本息全还，有的人则会买 40 年期的。在这些最简单的买卖中，卖家知道出售债券的整体利息是多少，所以市或郡也就知道未来的 40 年中，每年要留出多少的预算。但杰斐逊郡选择的这条路是定期拍卖自己的债券，频率从每周到每月不等，向来自世界各地的买家拍卖。如果是一场有很多买家参与的汽车拍卖会，叫价就意味着车辆价格的提高。但在一场债券的拍卖会上，叫价就意味着买家愿意以更低的利率购买债券。拍卖会从 5% 的债券利率开始，如果有很多买家对杰斐逊郡的下水管道债券感兴趣，随着拍卖会的进行，围绕着债券的争夺就会展开，利率逐渐降低，最终可能以 3% 的利率收尾。买家越多，杰斐逊郡政府所需要偿还的利息就越低。在 2000 年到 2010 年这 10 年里的早期和中期，债券市场欣欣向荣，所以杰斐逊郡通过拍卖总是能以比固定利率更低的利率卖出债券。杰斐逊郡政府通过拍卖的方式，将它之前发行的长期高利率债券，转变成了短期的浮动利率债券，利率也更低了。

拍卖意味着杰斐逊郡现在拥有大量利率会浮动的债务，这种不稳定让郡政府神经紧张。于是，他们前往 J. P. 摩根公司并进行了互换利率。郡政府预付给 J.P. 摩根公司 2 500 万美元，以此换来每年只需偿还银行 3.678% 的固定利率的权益。作为交换，J. P. 摩根公司同意按照与全球债券指数挂钩的浮动利率支付给杰斐逊郡政府。利率已经多年处在低位，所以郡政府自然以为利率的变化会如 J. P. 摩根公司所说，利率会不可避免地上涨。如果利率确实上涨了，那 J. P. 摩根公司需要付给郡政府的利息就会高于郡政府付给银行的，这样还能增加郡的财政收入。只要出现两件事，郡政府的美梦就能继续做下去，首先，投资者会继续买进债券，其次，全球利率开始上涨。

但如果买家越来越少怎么办？这种闻所未闻的最糟情况如果发生，无人竞拍将导致债券以极高的固定利率被出售，甚至可能高达 15%。作为预防拍卖流产或利率过高的保险，杰斐逊郡把一切希望放在了接手债券的 J.P. 摩根身上，当遇到拍卖即将结束但没有买家购买的情况时，J.P. 摩根能及时介入，并按照之前商定好的最高利率全部接手债券。当然，前提是这家银行自己还有钱。

到 2005 年，美国超过 25% 的出色的市政债券都在利用拍卖利率证券和利率互换。像杰斐逊郡一样的地方政府，利用日益复杂的金融市场，通过基础设施系统作为杠杆资本，来获取所谓的"综合收益"。但是，在美国最新一轮的财务改革期间，所有这些债务将地方的财政收入和支出都与全球信贷市场捆绑在了一起。水务基础设施的财务主导权从 19 世纪的州政府和地方政府，变成了 20 世纪的联邦政府，并在即将进入 21 世纪之时重新回到了地方政府手中。

但是在 21 世纪伊始，全球金融占据了主导位置。使用信用交换来产生综合收益也标志着一个重大的意识转变，也就是说，污水基础设施从此不再是一项公共事业，它不再只是通过向服务涉及的地区征收使用费或财产税来筹资建设。现在，信用交换可以产生收入，那些企业化的城市将基础设施作为抵押，进入国际金融市场。在 21 世纪的前 5 年里，杰斐逊郡发展的野心让人不安。该郡的下水管道系统负债一度超过 30 亿美元，而郡政府反而开始更激进地利用互换。单单在 2002 年到

2004 年间，该郡就签订了 17 份互换协议，总额超过 58 亿美元。这意味着，这些互换的价值甚至超过了被保障的债券本身的价值。杰斐逊郡的总人口只有 66 万，却拥有近 60 亿美元的互换，只比 1900 万人口的纽约州的互换少 10 亿美元。郡政府已经背离了利用互换来保护自己免受利率波动影响的初衷，而是在利用那些波动来投机获利。郡政府把所有的筹码都押了进去，完全寄希望于全球利率市场上涨，同时拍卖的债券利率不断下降。[24]

2008 年 1 月，标准普尔和穆迪公司都给了杰斐逊郡最高的评级。但不久之后，在 2008 年的情人节[21]那天，天塌了。美国房地产市场的崩塌所引起的大衰退，让全球市场冰封。债券拍卖一时间门可罗雀。

在预期的 3% 到 4% 的利率水平上，没有买家入手债券，导致起拍利率一跃上升至 10%。新的利率让杰斐逊郡每周要多支付 70 万美元的利息，郡政府根本无力承担。与此同时，受全球市场低迷的影响，联邦政府立刻向金融系统注入了大笔资金，很讽刺性的是，全球债券指数反而因此下跌。利率指数的下挫，导致郡政府和 J.P. 摩根约定的互换事与愿违。杰斐逊郡不得不继续按照之前的固定利率每月支付利息，但是银行支付给郡政府的利息不增反减。杰斐逊郡的最后一根稻草是，这些债券已经投保了。但问题是，它们的保险公司同样被卷入了住房抵押的保险之中。当次贷危机袭来，债券的保险公司就和参与债券拍卖的买家一同消失了。杰斐逊郡政府关于财务系统的一切假设在根本上就错了。仅仅在评级公司给杰斐逊郡下水道系统债券打出了 A 级后 8 天，标准普尔和穆迪公司就将这些债券改为垃圾债券。

杰斐逊郡艰难地坚持了几年，最终于 2011 年 11 月宣布进入破产程序。美国证券交易委员会（SEC）起诉 J. P. 摩根，后者向 SEC 支付了 2 500 万美元的罚款，同时归还杰斐逊郡政府 5 000 万美元，并且放弃了原本应由杰斐逊郡政府支付的近 6.5 亿美元的互换取消费。到 2011 年，联邦检察官对数名在下水道工程的财务中涉嫌贪污和受贿的郡雇员和经办人提起了公诉。但除了郡政府和华尔街之间不正当的交易以外，郡政府还是得为污水基础设施提供必要的资金，同时为自己巨大的财务失

---

[21] 指 2008 年 2 月 14 日。——译者注

第 8 章 "熊熊烈河" | 165

因下水工程债券而破产的杰斐逊郡

误买单。杰斐逊郡的居民发现自己的污水费翻了三倍，每月的平均污水费用从 60 美元涨到了 200 美元。[25]

水污染的代价十分昂贵。为了有效地处理污水，需要大量资金资助必要的基础设施，这总是绕不开一个更大的问题，那就是整个政府如何获得和支配财政收入。下水管网和受污染的河流这些现实问题反映出，意识形态和政治之争都有着财政的现实，从芝加哥首创的"经济特区"，到罗斯福为修建污水处理厂所释放出的前所未有的巨量联邦资金，再到杰斐逊郡利用下水管道系统进行无比复杂的财务工具融资。纵观美国历史，为下水道买单这件事，让美国的经济和政治结构都发生了翻天覆地的变化。

为什么下水道总是站在财务的风口浪尖呢？因为对于一个发达国家来说，拥有干净的水是不能让步的要求。如果不能让公民安全地饮用自来水，那政府就是不够格的。自从 20 世纪中叶起，如果政府管辖范围内的河流和小溪仍然是流动的污水沟，那这里的政府就会被认为不够格。这种要求导致了全国对供水和排水项目的长期需求。作为一个国家，我们不仅开发出了保持水质干净的方法，同时也不得已地开发出了一套为它们集资的手段。因此，在治理河流上的创新与资助公共投资上的创新是在携手同行。

第四部分
监管

第 9 章
能源监管

1979 年 1 月 23 日，一群联邦官员围坐在桌边，他们想要确定一种鱼是否有继续存在的必要。这场会议从上午 9 点钟开始，在 9 点 45 分，他们通过投票，全体一致同意拆除水坝，拯救鱼类。[1]

这个水坝拆除委员会成立的目的就是调和美国人不同观点的冲突，联邦政府在管理（也就是监管）社会与经济中应该扮演何种角色。在过去的两个多世纪以来，河流通过水坝产生的水能一直是美国工业的支柱，它支撑着早年间殖民地村庄加工面粉的磨坊，也支持着两次世界大战中制造武器的工厂。因为能源在社会中的中心地位，美国需要处理好私人企业与政府之间的关系。美国政府到底应该如何监管与社会生活息息相关的这些事情？

监管是政府为了公共福利限制个体权利和财产的手段。每一届政府都必须找到出路，在鼓励经济和科技发展的同时保证公共安全，并且在经济上达到稳健和活力的平衡。因此，监管以及监管所影响的权利都不是静态的。因为随着工业、科技和社会的发展，许多曾经被认为是神圣不可侵犯的权利，以及政府认定的那些必要的监管，都处在变化之中。在 18 世纪，政府的监管对象是面包师和客栈老板；在 20 世纪末，监管对象变成了电话商和制药企业；在如今的 21 世纪，监管则指向了无人机和互联网。[2]

纵观这些年美国政府在经济和社会中所参与监管的各个方面，在政府如何对待监管的想法上，水能经常成为焦点。水坝在许多社会中都扮演了中心角色，但水坝在美国的影响却格外突出，它影响了美国政府在监管问题上的想法。美国自建国之初以及它在地理和经济上的成长，都与工业革命步调一致。正当美国开始发展政治意识形态时，工业革命正在以前人无法想象的方式改变能源的使用。英国的工业是以煤炭和蒸汽驱动的，而美国则是依靠水坝。

想了解19世纪水坝的重要性，只要回顾一下1840年美国的普查就可以看出端倪。这次普查发现，美国几乎每一条河上都有一座水坝，许多河流上甚至有十几座。总的来说，美国当时一共有26个州，共计65 000座水坝。当时的美国人口只有1 700万，平均每261个人就有一座水坝。

当时，在年轻的美国，水坝密度最高的要数新英格兰的梅里马克河了，这条河上的水坝密度在马萨诸塞州洛厄尔达到了顶峰。在美国，有的城市像新奥尔良一样，在建设之初需要让土地先排干，然后在较干燥的部分兴建房屋，有的城市则像洛杉矶或菲尼克斯一样，需要通过大运河和灌溉渠才能把水送进城市，而像洛厄尔这样的东海岸城市，则是建立在一系列精心设计的微型瀑布之上。

洛厄尔位于梅里马克河与康科德河的交汇处，正好处在波塔基特瀑布的下游，梅里马克河在这里出现了30英尺的落差，这里就是瀑布线。木材曾是梅里马克河上游的主要商品，伐木工人用巨大的木筏将木材顺流运下。在波塔基特瀑布，工人要将这些木筏拦住并拆散后在陆地上用牛拖着绕过瀑布，再重新组装木筏，漂流到下游的海岸。就像东海岸的河流上大多数波澜壮阔的瀑布一样，很早以前就有一家小公司在河上建立了船闸和运河，让满载木材的小船和木筏更轻松地通过瀑布。

虽然瀑布线长期以来阻碍了航运，但它也是一种能源。在瀑布线以及河流上游的山区，河流奔流而下，经过各种急流和瀑布，这在英国非常罕见，但在美国却司空见惯。美国东海岸大量的降水给河流带来了充沛的水量，再加上一路陡峭的垂直落差，直到海岸，让这些河流十分适合推动水车运转，水车在当时是最先进技术产物。东海岸的殖民者最早在工厂里利用水车处理木材，因为木材对聚落的建设非常重要，木材也是一种在美国产量丰富的原材料，在欧洲却很短缺。当英国最早的一座锯木场于17世纪60年代建设完工时，新英格兰的殖民地上已经有数百家锯木场了。殖民者会将一些木材加工出口到英国，但大多数还是被用来建造他们自己的聚落了。[3]

瀑布线附近遍地皆是磨坊，它们把小麦磨成面粉，或者把玉米磨成玉米面，这对殖民者来说必不可少。如果附近没有磨坊，这些定居者的选择就非常局限了。他们要不然得把粮食运到最近拥有磨坊的聚落去加工，要不然就得靠人力或者有限的畜力拉磨。但无论哪个选项都费时费力。把一蒲式耳[22]的小麦磨成面粉，如果靠人力需要整整两天，靠牲口拉磨也需要花几个小时。相比之下，如果用18世纪最典型的水力磨坊，一天可以加工出几十蒲式耳的面粉或玉米面。住在一座磨坊边上，可以减轻定居者一些最棘手的工作。[4]

磨坊同样能够增加出口货物的价值。在梅里马克河边，洛厄尔的波塔基特瀑布附近的这家锯木场，让木材能够以木杆或者加工木料的形式出口。在梅里马克河的河口，由于航运业务的蓬勃发展，市场对木杆的需求非常大。相似的是，在东海岸，磨坊让社区可以在下游码头直接出口面粉，面粉相比小麦更易于运输，经济价值也更高。相比其他任何类型的基础设施，锯木场和磨坊是当时殖民地经济的中心。[5]

正是因为磨坊在早期美国社会中的核心地位，因此必须对它们实施监管。在许多方面，当时的磨坊和现代的供水、排水或电力系统有异曲同工之妙。磨坊为社区提供了一种必要的服务，这种服务被广泛使用。磨坊也是自然垄断的，一个乡村社区一般只需要一座磨坊，一旦这座磨坊建好了，就不会再有其他磨坊进入这片区域。因此，除非政府介入，否则这座磨坊就能任意抬价。事实上，早期殖民地社区和州政府确实使用了监管，以此来控制市场那只"看不见的手"，为殖民地带来了一些原本是市场竞争才能带来的好处。

对每位被许可经营的磨坊主，政府许诺了一种特权，指定他们成为所在社区唯一的服务供应商。而且不会有其他磨坊将他们上游的水源切断，或者在他们的下游建设影响其经营的水坝。同时他们也被授权可以淹没上游地主的土地，也就是说，如果他们修建的水坝蓄水淹没了别人的土地，他们也不用负责。而作为获得这些特权的条件，磨坊主必须同意履行特定的责任。最常见的就是，他们有义务无差别地服务大众，只要对方能支付费用，磨坊主就必须为其加工面粉。同时他们也必须服从政府或社区的监管，确保他们能达到最低的服务标准。最后，因为这些磨坊主在

---

[22] 1蒲式耳=32.5升。——译者注

这种重要的公共服务上占据了自然垄断地位，他们的价格也必须接受监管。[6]这个例子展现了政府对由私营企业提供的公共服务进行监管，这预示着未来政府最终将在公共事业中扮演的角色。因此，磨坊被称为美国第一项公共事业。[7]

下面这段故事，是船闸及运河公司从无到有的发家史，这家小型公司于1792年在梅里马克河边创立。它最早是一家运河公司，运营着船闸和运河，让满载木材的木筏能从新罕布什尔州波塔基特瀑布附近，来到下游的纽波利波特，最终驶入新英格兰的一个造船中心。船闸和运河能够精确地控制运河的水位，让木材、木筏和小船能够往返于上下游之间。1821年，一群投资者取得了这家公司的所有权，相比于运输，他们对能源更感兴趣。他们开始整合土地和资金，创立了梅里马克制造公司，这家纺织制造公司能利用当地待开发的水能资源。

和其他很多运河不同，船闸及运河公司挖掘的波塔基特运河并没有和原本的河流走势平行。运河向南方弯曲形成了一个半圆的曲流。原本的河流与运河共同围出了一个小岛，岛的北边是河流和瀑布，而波塔基特运河位于岛的南边。这样创造出来的地形就像有一条陡峭的楼梯（也就是瀑布），楼梯下在街道的高度上有一条人行道（梅里马克河），另一边是一条更高的走道（运河），带有一座座电梯（船闸），这些电梯沿着走道让行人能一阶一阶地下降到街道的高度，最终让走道在另一端与人行道汇合。

这样的地势创造出了一种不同寻常的机遇。如果没有借助船闸让水位分阶降低，环岛的运河都会保持高水位，那么从运河到瀑布，这段水位落差就会很大。此时如果挖掘一些小型运河，让它们从原本高水位的主运河里分流一部分水，那公司就能创造出一个水路网络，这个网络从商业交通的角度来看意义不大，在水能上却是种绝佳的设计。

梅里马克制造公司同样拥有原来船闸及运河公司的土地权和水产权，梅里马克制造公司很快发展出了两个不同的经营方向，分别是纺织制造和水能生产。每当有新的制造企业想要搬到这里来，它都需要用梅里马克制造公司生产的水能，而梅里马克制造公司发现自己所生产的水能远远超过了自身需求。1825年，公司管理者决定根据功能将这家公司拆分开。所有剩余未开发的土地、机器商店和水能权归船闸及运河公司所有,而梅里马克制造公司将来会发展成许多工厂综合体。这样,船闸及运河公司可以利用自己的系统生产水能,并直接供给消费者,在这里,消费者就是洛厄尔的那些制造商。

这一规划是一次非常明智的改变,并成了未来能源企业的独特模式。此前,制造商如果想要使用水能,都只能自行解决。无论是锯木,还是初具规模的纺织行业,无论为哪种设备供能,工厂都得自己建造水坝、运河或水车。而船闸及运河公司则通过控制洛厄尔的那座小岛周围水量和落差,为其他制造工厂解决了能源问题。船闸及运河公司通过自己的一系列水坝、船闸和运河,确保了洛厄尔每一家制造厂所需的精确的能源。这些制造厂主要是纺织工厂,他们依旧需要自行建造一些必要的水车,将潜在的资源转化为可用的能量,但不再需要建造、维护以及操作那些水坝、水闸还有运河了。相反,他们可以集中精力,尽可能地将这些可用的能源用在生产上,而船闸及运河公司则致力于更好地操纵河流。[8]

这种安排在历史学家帕特里克·马龙看来,就是能源市场的最早形式之一,河流中的水能资源被商品化了,然后被以能源的单位而非以产品的单位进行买卖。纺织厂并非以河流流量的比例来支付船闸及运河公司费用,而是以"轧机功率"(mill-power)为单位。一轧机功率相当于每秒 25 立方英尺的水从 30 英尺的高度垂直落下产生的能量,约等于 85 马力,足够让一家有 3 500 个纺锤和其他所有必要机器的工厂将棉花纺成布。就像现代能源公司为有需求的工厂或个人提供能源(也就是电力)一样,船闸及运河公司在 19 世纪利用水力,为洛厄尔市的工厂提供能源。诚然,瀑布线这一特殊的位置为洛厄尔吸引了许多工厂,但真正将洛厄尔的纺织工业推到顶峰的,是这里可以购买水能资源的这一特点。沿着这种发展道路,其他公司也采取了相似的策略,类似的公司首先出现在梅里马克峡谷,然后在新英格兰地区更广泛地得到发展,他们把水和制造的产品切割开来,并将水变成了一种能源商品。[9]

这种在能源概念上的改变对工业化经济的影响颇深,但同样重要的是,能源的监管也发生了变化。1833 年,船闸及运河公司希望通过把梅里马克河上的水坝加高两英尺,来提升产能。加高水坝会导致上游的水倒流,淹没上游岸边其他人的土地。事实上,船闸及运河公司加高水坝的计划,会让上游的河水一直淹没到新罕布

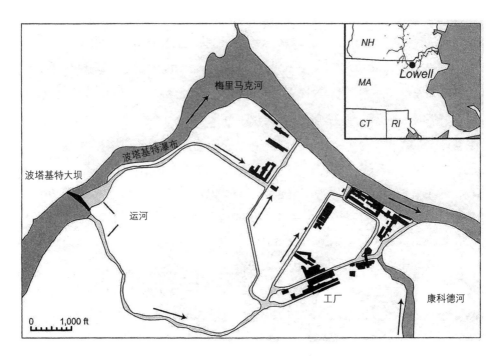

梅里马克河与运河和船闸的水能系统

第 9 章　能源监管　| 173

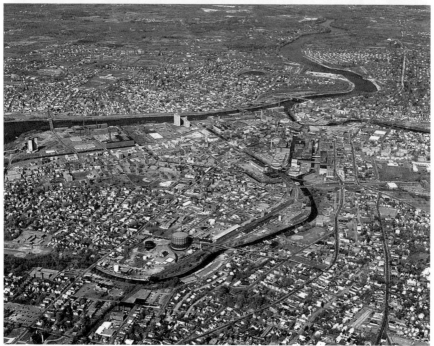

梅里马克河及运河

什尔州纳舒厄。这座城市本身也是一个以水力为基础而茁壮成长的制造中心。但是船闸及运河公司没有理由担心这个问题。政府的监管总是朝着有利于经济发展的方向进行。像上游纳舒厄的那些规模较小的工厂，就该为下游洛厄尔这些规模更大、经济效益更好的工厂让路。[10]

19世纪中期，对工厂的监管明显偏离了提供最低服务保障的初衷，转而变成为全面的经济发展铺路。政府出台了名为"工厂法"的监管，法案让水坝的建造和所有者有了沿河的土地征用权，私有财产为了更广泛的经济发展而被牺牲了。法律史学家米尔顿·霍洛维兹认为，从保护私有财产，到为谋求经济发展而牺牲私有财产的转变，是美国法律的一次重大的变革。

给予工厂主以及运河公司这样的企业征用土地的权利，需要美国在19世纪第二个25年间很大程度地改变私有财产的基本概念。这种改变又反过来促进了一种观点，即政府监管应该侧重于冲突爆发时财产使用的相对效率。也就是说，政府应当决定，社会或地方社区到底是在哪种情况下会更好，是要拥有小水坝和稳定的私有财产权的情况，还是在拥有大型水坝、经济的巨大增长，但私有财产不稳定的情况更好。如果在监管的解释和执行过程中，没有这种范式转变，那河岸财产权的重要地位将在河流的水力开发过程中降低。相对应的，19世纪初，对经济发展的渴望十分强烈，让政府监管从致力于保护私有财产，转变成了大力支持经济发展。因此，在政府的鼓励下，水坝和工厂无论是在数量、规模还是经济效益上都不断攀升。结果，美国以水力为支撑的纺织制造业迅速超过了英国。

但是纺织业这个依赖19世纪水力的典型行业，比起面粉加工业也只能屈居第二。随着定居者开垦出的农田越来越多，谷物产量大增，面粉加工厂逐渐从原本低产能的社区磨坊，转变成了高产能的商业化面粉厂，这些面粉厂每小时能生产上千磅面粉，然后将它们出售到广阔的大西洋市场上。地理因素在一定程度上促进了这种贸易。许多大型面粉厂都在瀑布线附近，这里正好处在东海岸河流上游的航行范围之内。瀑布线上游的农民带着他们的谷物顺流而下，这些谷物在蓬勃发展的工厂里被加工成面粉，然后码头工人再把它们装到等待出发的远洋货船上。单单一座面粉厂每天就能生产150桶面粉，面粉出口发展迅猛。伴随着工业化设施的出现，出口市场迎来了爆发。在巴尔的摩18英里范围内，50座面粉厂出口的产品，让船只不停歇地往返于港口之间,其他许多东海岸港口拥有相似的工厂密度,情况也是一样。[12]

整个19世纪,水力支撑的工厂发展迅猛,它们不断采用新的技术,同时膨胀的人口带来了对多种商品的大量需求,这让制造商将他们依赖水力的产业拓展到了谷物和木材行业之外。1826年,宾夕法尼亚州特拉华郡共有129家工厂,其中包括53家锯木场、39家面粉厂、14家羊毛加工厂、12家棉纱厂以及11家造纸厂。1802年,E.I. 杜邦在特拉华郡威尔明顿附近的布兰迪万河边创办了一座火药厂,到19世纪中叶,这里已经成为最大的火药生产商,并在随后借此机会纵身一跃,造就了一个化学品生产帝国。[13]

这些以水力为基础的工业在美国的景观上留下了持久的影响。最典型的就是,那些靠近航运河流或码头建立起来的城市,工厂和聚落都散落在滨河地区,而配套设施的建筑则都密集地建在后面。为了充分利用瀑布线附近狭小河谷里的水能资源,工厂需要密集地分布在瀑布周围,一个挨一个地排列在一起。但是,从更大尺度上看,丰富的水能地段实际上分散了制造业。在东海岸有一连串陡峭的河流,能够为整个地区提供源源不断的水能。对于任何有野心的制造商而言,即便沿河的一个地方被别人占了,再向南或向北几英里,很有可能还有另一条河流可以利用。

虽然航运和出口将经济活动集中在了几个核心港口区域,以及几条主要河流的瀑布线附近,以水能驱动的工厂发展出了分散的小型人口中心。因为这些新兴的人口中心在内地蓬勃发展,远离大城市,工厂往往会招收上千名工人,这让住房短缺问题突显。这一现象导致日后出现了典型的工厂村,村中心有几座依靠水力供能的工厂,周围则布满了高密度的住宅区,这些住宅是企业家为他们的工人建造的,从新英格兰一直分布到卡罗来纳州。

政府监管促进了所有这些经济增长。19世纪早期用来鼓励经济发展的工厂法被证明是非常有效的。但是负责监管工厂的立法机关却没有预见到,水能的利用在19世纪中叶到19世纪末会发生何种变化。州政府无法再证明工厂主具有合理的理由征用土地,因为工厂主早已不再是以提供基础的社会服务为己任,他们越来越追逐利润效益。因此,管制的钟摆终于又摆向了保护私有财产的一边。[14]

仅仅数十年之后,州政府就认为,19世纪早期那些允许工厂开发基本的聚落和社区的监管政策是违宪的。1855 年，缅因州最高法院认为，在经济更发达的 19 世纪中期，工厂法"将土地征用权几乎推到了违宪的边缘"。佛蒙特州最高法院在 1860 年同样提出，工厂法"就算没有违宪，也已经处在违宪的最边缘了"。当提供公共服务不再是唯一目的，或者不再是这些企业最主要的目的，并且当工厂已经遍布整个国家时，支持建造更多大型水坝的监管政策就没有什么理由继续存在了。到 19 世纪 70 年代，各州法院都在反对各州境内的工厂监管，水能被放在了和其他行业同等的位置。[15]

接下来的 50 年同样给美国社会的能量带来了巨大的变化。而政府仍然不惜一切代价监管能源行业，部分是因为能源像其他工业那样，已经走进了千家万户，让社会依赖于变幻莫测的能源行业，并且发展出了垄断。紧随这些改变的是巨大的技术创新，它将彻底改变能源在社会中的输送方式，它就是电网。

第10章
河流之能

19世纪的最后几十年标志着一场运动的开始,人类逐渐放弃将河流作为能源。相比水力,利用蒸汽机驱动制造有着巨大的优势。而蒸汽动力给景观带来的最大影响,就是它转变了工业化的地理,让潜在的能源和特定位置的水文不再挂钩。依赖水力的工厂只能从河流里获取相当有限的能源。任何河流的流量都有天然的限度,因此一个地方制造业的潜在大小都有一个水文条件的上限。而蒸汽动力可以像水力一样为工厂提供能源,蒸汽动力不仅提高了任何地方的最大能源潜能,也提升了地理上的灵活度。利用蒸汽动力的工厂不再需要扎堆在某些特定的地方,也无须像洛厄尔的那些公司一样,远离城市,还要修建自己的工人村。相反,工厂可以修建在接近交通枢纽的地方,方便货物出口。随着蒸汽动力的崛起,芝加哥、克利夫兰和底特律等这些位于五大湖周边地势平坦的城市,最终发展成制造业与航运业中心,它们的规模远比依赖水能的那些中心要大。

其他国家几乎很快完成了从水力向蒸汽的能源转换,而河流在美国工业中依旧顽强地占据着重要的地位。进入20世纪后许久,许多美国的工厂仍然依赖水力,而没有转向蒸汽动力。它们之所以会这样,一方面是因为它们大量投资了水坝和工厂等基础设施,另一方面是因为美国水能非常便宜,并且十分充裕。许多工厂安装了蒸汽机是作为备用能源,当河流流量不足以推动涡轮时才会启动。英国拥有富饶的煤炭资源,但水能的潜能有限,因此英国的制造业才在一瞬间就完成了从水能向蒸汽动力的转换。而美国在迈入20世纪后很长一段时间里,河流继续驱动着工业。[1]

虽然工业从水能蒸汽动力的转变非常缓慢,但美国迅速采用了电力这一彻底革新的过程。无论是通过推动水轮,还是借助蒸汽动力厂的涡轮,电能都可以将机械能转换成电流,然后通过电路运输后作为能源使用。它可以用来照明、取暖或驱动机器。通过电力产生动力的关键步骤都是转动涡轮。但是将旋转运动转化成电流,并利用电子的简单运动为设备供能，有两个重要的特点。首先，电子是完全通用的。无论是水坝的涡轮，还是风车或烧煤的火力发电厂，产生的电流都是一样的。其次，电力可以跨越遥远的距离运输，穿过成百甚至上千英里的距离。这些重要的特点结合在一起意味着，点亮房子里一盏灯的电子，可能是来自佐治亚州的一座水力发电的水坝，也可能来自俄亥俄州的一座火力发电厂，或者是马萨诸塞州的一个风力涡轮机。对消费者来说这不重要，只要结果是一样的就行。因此，电网可以在数万英里的传输线路上整合众多电力来源，编织出一张巨大的电力网，最终彻底终结电力的地理差异。

在1879年爱迪生向世界展示了白炽灯泡之后不久，他开发出了首个电网，利用燃煤的蒸汽机产生了足够点亮曼哈顿59户家庭的电力。不到一个月后，威斯康星州福克斯河上的世界上第一座水力发电厂，产生的电力点亮了威斯康星州阿普尔顿的250个灯泡。电力生产和使用从一种新奇的事物很快变成了标配。新建的房屋里都预埋了连接电灯的电线，电力驱动的电车成为公共交通的标配，制造商重新改造了他们的工厂，安装使用各种电动机器。这些改变发展得非常迅速，在1900年到1930年的30年间，芝加哥市工厂的电气化程度从4%上升到了78%。[2]

早期的电力公司承担着向社会供电过程中所有的工作，包括为终端用户发电、传输、分配和开发市场，这些用户既有个人也有企业。电力是通用的，所以其实单个电力公司并不需要开设所有这些业务。但是通过运营所有业务，公司就能保持对这条产品供应链的掌控。在19世纪早期，这就意味着完全掌握了正在变成社会生活基础的一项产品。确实，私有电力公司和18世纪到19世纪早期的磨坊颇为相似，两者都为社会提供了基础的服务，同时也具有自然垄断。

于是，就如同对待磨坊一样，政府也出面对这些电力公司进行监管。1907年，有三个州成立了电力监管机构，到1916年，美国48个州中已经有33个州成立了类似的机构。电力公司在其所处的地区拥有特许权，其他公司不许涉足这片区域，而条件就是，它们必须向该地区所有愿意支付费用的用户提供服务，并且电费价格要由当地公共事业委员会决定，确保那是最低水平的合理服务价格。基本上在19世纪早期所有适用于磨坊的条例和监管手段，都被改用在了20世纪早期的电力公司身上。[3]

威斯康星福克斯河上第一个水电站

这类监管对小型电力公司非常有效，但当那些电力公司之间开始在业务和财务上不断进行合并之后，监管就没那么有效了。1926 年，私人企业费城电气公司开始了科诺温戈水电项目，其选址位于跨越瀑布线的萨斯奎哈纳河下游。但是这一工程的潜在水电资源非常巨大，远远超出了费城电气公司自己的需要。唯一能够让建造这座水坝显得名正言顺的方法就是提高需求。因此，费城电气公司、宾夕法尼亚电力照明公司以及新泽西电力与燃气公共服务公司这三家电力公司联手，建造了一片区域输送网络，让它们能够分享各自众多发电厂所产生的电力，这些发电厂中就包括费城电气的科诺温戈水电站。这份 1927 年的协议创造了历史上第一个全国范围内中心分配联合电网，这个巨大的电网覆盖了整个中大西洋地区，后来它被称为"PJN 交换网"。通过连接电网，这三家公司的用户数量和种类增长迅猛，同时它们利用了远距离但储量巨大的电力来源，例如建有水坝的河流，其发电量远超过一家小型公司供给单个城市或地区的电量。[4]

科诺温戈项目全面地展现了这个行业正在发生的变化。首先，电力公司纵向整合产业，它们提供电力供应链上的各种服务，从发电到传输，再到分配和市场营销。其次，在 20 世纪的前 30 年中，零散的发电厂被拥有众发电厂的大型电力公司有组织地并购。不同的电力公司又逐渐被收编进了更大的控股公司中。控股公司就是掌控许多公司的大公司，比如谷歌（Google）就被字母表（Alphabet Inc）这家拥有数个科技公司的大公司所掌控。

举个例子，1925 年，遍布全美的电力证券股份公司收购了俄勒冈州的地区性供电公司——西北电力公司，后者主要通过位于怀特斯特金河上的康迪特大坝发电。这家股份公司同样收购了蒙大拿电力公司以及华盛顿水电公司，这两家公司各自都拥有 13 座水电站。在这些针对西北地区小型电力公司的收购案背后，给电力证券股份公司撑腰的就是投资人小 J. P. 摩根。当摩根的控股公司成立时，它控制了太平洋西北部 53% 的电力需求，而它也并没有就此收手。后来摩根麾下的电力证券股份公司控制了全国 15% 的电力，成为全国最大的电力控股公司。

这种合并扩张的趋势在整个行业里蔓延，用电人口逐渐增加，但为他们供电的公司却日渐减少，最终只由几家控股公司掌控。例如，在威斯康星州，1917 年有 25% 的家庭使用电力，有 312 家不同的电力公司为他们供电。但到了 1930 年，超过90%的家庭使用电力，供电公司却只剩9家，其中8家都隶属于该地区最大的三家控股公司。这些控股公司为政府监管带来了许多问题。[5]

在20世纪早期的进步人士眼中，私人电力公司是最新型的托拉斯[23]，就像19世纪的铁路公司和20世纪早期的石油公司一样，需要将它们拆解并实施监管。在政府监管者眼中，这些私企控制了太多社会核心功能。现代美国发展的整个支柱，被像小J. P. 摩根这样的华尔街巨鳄捏在手里。

以西奥多·罗斯福为代表的进步人士，眼见一小撮电力公司不但垄断了电力市场，还垄断了河流，他们为此忿忿不平。这些私人企业的发展速度远远快于合作性企业这样的国有电力公司，私人企业能够夺取大多数最理想的选址建造水坝，从而进一步巩固自己在行业内的位置。更棘手的是，政府监管要求这些私人电力企业为整个地区供电，导致它们会选择性地避开农村地区，因为这里住宅分散而广阔，潜在利润较低。城市中有用电量巨大的工厂，居民密集，这样极大地降低了电力传输和分配的成本，让收益最大。因此私营电力企业在美国20世纪20年代的发展是以私营为主、水力发电为主，集中在城市供电，而忽视了农村地区。[6]

进步人士致力于寻找一种方法，能够在打破电力托拉斯的同时，为农村地区供电，在余下的主要水坝的选址上，将公众使用和发展放在首要位置。富兰克林·德拉诺·罗斯福提出的解决方案，就是政府自己创办一家电力公司，直接与私营公司竞争。这也就是后来为人所知的田纳西河流域管理局（TVA），它通过自己的水坝为贫困的农村地区供电，这一地区就是位于美国南方腹地的田纳西河谷。

TVA很特别，它的定位介于联邦河流管理部门与私人电力公司之间。管理局的定位始终如此，整个故事始于一座未完工的水坝，这座水坝是1918年美国陆军部在亚拉巴马州马斯尔肖尔斯开启的一项工程。它原本是为了在第一次世界大战中为亚硝酸盐的生产提供电力而建，亚硝酸盐是一种爆炸物的关键原料。但战争在这项工程开始后不久便结束了，于是，尚未完工的工程对联邦政府来说失去了它正式的用途。

---

[23] Trust，又译商业信托，垄断组织的形式之一。——译者注

威尔逊大坝

马斯尔肖尔斯的这座水坝最终被命名为威尔逊大坝。它的命运和联邦政府应该在电力行业里扮演何种角色息息相关。如果联邦政府涉足发电,那就是直接和私有企业竞争,这是政府小心避免的。就在1928年,在授权垦务局建造胡佛大坝的议案中包含了许可该项目发电的条款。垦务局没有亲自运营大坝,而是租给了几家不属于联邦政府的电力公司,垦务局向这些公司提供蓄水和水压等条件,而这些公司自己负责电力的传输、分配和销售。这种安排在表面上避免了联邦政府与私营和地方电力公司的竞争。这座位于马斯尔肖尔斯的未完工的大坝又提供了一个机会,将联邦大坝的用途重新规划,转给私人电力公司。在众多关于这座大坝用途的提议中,就有一个来自亨利·福特的提案,他希望购买这个大坝,以此在亚拉巴马州建立一个全新的汽车制造中心。

但是,这座工程兵团花费了6年多时间才建成的大坝,最终依旧归联邦政府所有,并采取了一个类似胡佛大坝的处理方案。工程兵团建造的这座大坝所产生的电力以10年为期,打包出售给了当地一家私营电力企业——亚拉巴马光电公司。这一举措建立了一种公私合营的模式,即联邦政府的大坝产生的电力,通过私企的线路分配传输。可这一模式长期看来却前途未卜。亚拉巴马光电公司的这份合同在1935年到期,而那时,在联邦政府和反工业团体中有越来越多的人希望利用这座大坝和其他许多水坝,和亚拉巴马光电公司一决高下。[7]

自此,温德尔·威尔基和戴维·利连索尔二人展开了一场为期数年的较量。威尔基大力鼓吹私营企业应该在电力行业茁壮发展,这与利连索尔所赞成的政府监管甚至代替私营企业的观点冲突不断。威尔基是私营电力企业的代表,他起初是一名律师,后来成了联邦南方公司的总裁,这家公司是亚拉巴马光电公司的控股母公司。威尔基戴着一副全框眼镜,有一头乌黑但略显杂乱的头发,口才出众,极富魅力,但同时也有人认为他为人傲慢,独断专行,还有些鲁莽和冲动。[8]他的宿敌就是戴维·利连索尔。利连索尔来到田纳西河谷,与联邦南方公司以及其代表的一切利益方作斗争。虽然他们两人的气质有些相似,但利连索尔在外貌上和威尔基截然不同,他秃顶,身材消瘦,穿衣讲究。

当威尔基在私营领域留下自己的大名时,利连索尔职业生涯的主旋律一直都是竭尽全力地利用政府监管来限制私营企业的权力。当他从哈佛法学院毕业后,曾短暂地就职于私企领域，利连索尔发表过一系列法律评论，这些评论深入探讨了监管的问题，同时在如《新共和》（New Republic）等这类自由激进的杂志上发表过大量文章。尤其是发表在《哥伦比亚法律评论》（Columbia Law Review）中的两篇文章尤为突出，它们展现出利连索尔深厚的法律学识。他阐述了州政府在试图控制各大跨州的控股公司时所面临的问题，州政府所依赖的监管手段只是针对单个电厂所设计的，而如今他们需要的是针对整个系统的监管。利连索尔的文章很快就吸引了进步人士的注意，这些进步人士致力于限制电力行业中这些电力托拉斯不断膨胀的影响力。⁹

利连索尔参与政府监管开始于威斯康星州州长任命他领导当地公共服务委员会。在这个位置上，利连索尔终于将他的观点付诸实践了，他认为不应仅仅监管单个企业，而应监管整个系统。他凭借自己对这个行业的复杂性、监管手段和行业定价方式等各方面深刻的理解，很快就获得了"激进的斗牛㹴"的美号。其中最后一点极为关键，因为这些受监管的行业，诸如水利、下水道服务和电力都是自然垄断的行业，这些行业的定价都是通过和监管委员会的协商得来的，因此就需要有一位专家坐镇，他既要懂定价，又愿意挑战这些不停地试图涨价的企业。

利连索尔参与的最早也是最有争议的定价案是与威斯康星电话公司的斗争，他揭发该公司与其控股公司 AT&T 的违规操作。他发现，大萧条时期这家公司仍在持续获利，由此提出了问题，到底定价是应当保证私企的收益，还是应当能让大众负担得起。在此之前，凡是政府监管与私企之间出现纠纷，私企总是依靠自己强大的专业知识战胜知识薄弱的对手。但这一次，利连索尔邀请了一大批经济学家，他邀请了威斯康星大学、芝加哥大学和普林斯顿大学的一众教授，其中还有美国经济学会的前主席，让他们作证驳斥威斯康星电话公司所谓收费合理的说辞。利连索尔在公共服务委员会时，对自己管理的各个方面的现状都发起了挑战，他对私企安身立命的经济基础提出了质疑，同时他揭露了在全国的经济衰退之中私企却仍然发达的事实。¹⁰

利连索尔的视线从电话行业转到铁路和电力行业。他不惧于带着自己的同事走进立法机关，这一策略让私企闻之色变，同时立法者也加强了监管委员会的权力，并引入了一条宪法修正案，允许当地政府筹资建设属于自己的电力项目，这是个非常明智的政治举措，私营电力公司不敢对抗日益增强的监管权威，因为它们惧怕当地政府兴建自己的公共电力项目作为反击，此举切断了私有电力的潜在利益以及发展机会。

在成功地让私营电力公司放弃抵抗，增加监管的权威后，利连索尔大规模地扩张了公共服务委员会的规模。他允许委员会雇佣专家深入调查私企的工作和价格。不到一年时间，委员会让威斯康星州众多私企下调的价格共计300万美金，造福了超过56万位消费者。但利连索尔并没有满足于此，他对企业穷追猛打，多次要求降低价格，这一系列举措让私企开始担心自己的财务稳定。利连索尔由此在全国收获了名声，从最高法院大法官路易斯·布兰代斯到《纽约时报》的社论，各种有影响力的人都在称赞他。总的说来，他因为在对付电力托拉斯时"复仇般的监管"，被人们视为国内一颗冉冉升起的新星。

1933年，仅仅在威斯康星州两年之后，利连索尔就被选为当时刚刚建立的TVA主任。这一升迁让他开始了与威尔基的直接斗争。他们俩即将爆发的这场争斗的原因之一在于，利连索尔对管理局原本模糊的任务有了更激进的定义。在1933年罗斯福实施闪电战般的百日新政的这段时间里，他向国会要求"创造一个田纳西河谷管理机构，这一机构既要披着政府权力的外衣，又要在运营上能拥有私企那样的灵活度和自主权"。[11] 这一指示最早被理解成对一个政府机构的设想，旨在创造一个用于改善航行条件、控制洪涝、制造农业肥料、发电并且提升当地经济的政府机构。

但是当利连索尔掌舵TVA后，TVA作为监管私有电力企业的一种特殊机制，发挥了它最大的作用。那时，公共事业委员会通常不知道私人电力企业到处游说的电力价格是否属实。因为缺乏确实的情报，虽然利连索尔在威斯康星州大展拳脚，但是在其他州的案例中，政府部门能做的却非常局限。那时人们仍然很难确认，电力公司对各种服务征收的费用是否合理。利连索尔意识到，想要破解这个难题，只有让政府和私企电力企业进行相同的工作，用罗斯福的话说，就是"发现电力真正的价格"。无论是罗斯福还是利连索尔，都将TVA形容成了用于对标私企成本和价格的"标尺"。当亚拉巴马光电公司和威尔逊大坝的合同即将到期之时，利连索尔把自己关在屋子里几个礼拜，研究了各种书籍，估计电力的售价大约是多少。

联邦南方电力公司执行官温德尔·威尔基,约 1940 年,这一年他被提名为共和党总统候选人

TVA 主管戴维·利连索尔,约 1938 年

1933 年 9 月，他宣布 TVA 的电价是每千瓦时 3~4 美分，而当时私企提出的费用是 5~6 美分。[12]

利连索尔提出的这个价格同时满足了他为 TVA 设置的两个目标。这个价格低于美国南部以及全国范围内的电力价格，即便这个价格是人为拉低的，私企与公众会发现政府发电的电价更低。电力私企的股价和债券应声而跌。利连索尔设置如此低的电价的第二个原因是，TVA 产出的电能已经过剩了。利连索尔希望低电价能够刺激公众提高用电量。如果需求提升了，而仍然产出相同的电量，那单位成本就会降低得更多，让公共发电的价格和私企电价的差距更大。

所有这些新闻都给电力行业的私企带来了很多问题，他们认为 TVA 正在开创一个危险的先例。在接下来的 6 年里，温德尔·威尔基代表电力行业的核心利益，与利连索尔和 TVA 展开了一场战斗。威尔基对 TVA 的批评从 TVA 项目刚刚被提交到国会的时候就开始了，直到这个项目进入国会听证会阶段仍在继续。他的控股公司联邦南方公司会因为 TVA 损失太多利益。田纳西电力能源公司、亚拉巴马电力公司、佐治亚电力公司以及密西西比电力公司的所有普通股都在威尔基控股公司手中，而这些电力公司都在 TVA 的辐射范围内。只要 TVA 遵循早先使用在胡佛大坝项目中类似的方法，或继续使用目前在威尔逊大坝中的处理办法，潜在的冲突就会被化解。但威尔逊大坝与亚拉巴马电力公司的合同在 1934 年就要续签了，这一案例将成为 TVA 处理私营电力企业问题的首个判例案件。威尔基提出了一个 TVA 与私企共同开发的提议，但遭到了利连索尔的拒绝。

利连索尔在威斯康星州对私营企业监管的经历，让他不相信私营电力企业的目的和诚信。崇拜利连索尔的进步人士越来越多，给他提供了充分的支持，并且保证了 TVA 在意识形态上的纯粹。更现实的问题是，如果私企依旧控制着电力的传输和分配，那 TVA 这根标尺就仍然不完整，政府还是无法自己衡量供电中的很大一部分成本。从更广泛的角度来说，利连索尔拒绝在任何方面妥协，他要确保 TVA 在整个地区电力供应的绝对影响力，不给私营企业留任何立足之地。

当他就威尔逊大坝接下来的供电合同去和威尔基进行谈判时，利连索尔知道自己背后有罗斯福总统明确的支持。TVA 是罗斯福新政最理想的模范代表，这是一个可以吸收大量劳动力的联邦机构，而从更高的层面上来说，它将系统规划应用在区域经济发展的问题上。罗斯福将 TVA 视为"掌上明珠",并且时不时就去田纳西河谷视察进度。

在大萧条时期,TVA 附近全是水坝施工的工地。每座水坝都是一个额外的电力来源,也是对现有电力公司的直接威胁。在谈判中,威尔基代表日渐式微的私营电力企业。威尔逊大坝非常宏伟,但是在大萧条期间 TVA 开启的一系列水坝工程同样壮观,而且相比于交给私人企业建造,TVA 的造价更低。当私人电力企业兴建一座水坝或其他蒸汽动力厂时,它们需要以更高的利息贷款建设所需的费用。但是当 TVA 兴建水坝时,联邦政府会以项目符合航运或防洪等更广泛的公众利益为由,为 TVA 承担一部分费用。这种支持降低了发电的成本,并且因此降低了 TVA 所需的电价,利连索尔设定的电价就会比逐利的私营电力企业更低廉。

除了降低价格之外,利连索尔将自己的手段运用到了极致,他建议 TVA 开始建设与亚拉巴马光电公司现有输电线路平行的线路,这是给威尔基一个明显的提醒,要么认输,向 TVA 出售手下电力公司的现有线路,要么直接在竞争中被淘汰出局。另外,一些规模更小的电力分配线路,也就是从发电到传输给各家各户和工厂的最后切换线路,也借助 PWA 的贷款补贴建成的,而这些贷款的对象是一个不断扩大的市政公用事业合作社的网络,比如非营利机构的网络。在田纳西河谷逐渐发展的电网在任何阶段都不再需要私人电力企业了。而用这种上来就主动挑衅的方式,通过直接竞争来监管电力价格,就像利连索尔早年在威斯康星的做法,所谓"复仇般的监管"。

一开始没人知道 TVA 能否作为联邦政府机构的活动推进,因为它拓宽了联邦政府参与的活动范围。而最高法院的一系列判决给了 TVA 意想不到的支持。1936 年,亚拉巴马电力公司的持股人将 TVA 告上了法庭,起诉 TVA 意图并购该公司财产和设备。股东聘请温德尔·威尔基当作他们的律师,威尔基将这个案件放大,直接攻击 TVA 使用了超出国会授予的权力。但是最高法院没有支持威尔基的控诉。在对 TVA 角色的第一轮诉讼中,法院裁定 TVA "处理"盈余电力的行为是符合宪法规定的。

1938 年,亚拉巴马电力公司起诉了联邦政府,因为后者为市合作社拨款,允许他们向 TVA 购买电力。再一次,法院做出了支持 TVA 的裁定。在之后的 1939

年，因为一件名为"TEPCO"的事件，温德尔·威尔基控股的 5 家公司联名直接起诉了 TVA，质疑 TVA 违宪。[13] 在这一过程中，TVA 名下所有电力项目被冻结了 6 个月，这给了威尔基一个短暂的时间窗口，期待罗斯福政府的公共电力公司崩溃。但是最高法院又一次偏向了 TVA，这彻底打消了威尔基想要通过法院推翻 TVA 的想法。

威尔基意识到，面对联邦政府涉足电力领域，他已经束手无策，也无法在罗斯福新政期间对抗 TVA 基础建设项目，这些项目背后有来自联邦财政的无穷无尽的支持，他更无法对抗阴晴不定的最高法院对 TVA 符合宪法的支持。利连索尔这一系统依靠着整套政府的背书，创造了一个完整的电网，它依靠政府补贴，从而成本更低，威尔基和其他私企却只能依靠自己。威尔基开始说，这根"标尺"的精度存疑，"TVA 这根标尺从第一个刻度到最后一个都不可靠""TVA 虽然只涉足 4 个州，但却榨干了全国"。无论如何，威尔输掉 TEPCO 案之后，最终和利连索尔达成了和解。田纳西河谷中剩下的那些私有发电厂，比如曾经归联邦南方公司拥有的发电厂，都被出售给 TVA。但 TVA 潜在的扩张范围也受到了限制，TVA 的任何扩张都要经过国会的同意。私营电力企业最终输掉了这场监管战争。[14]

随后却发生了一件怪事。TVA 开始致力于提高当地的电力使用，而不仅仅是供电。每当一座水坝完工，就有更多的电力被生产出来，而电力市场却处于一种供过于求的状态。在接下来的发展过程中，利连索尔巧妙地将标尺的定义从对比发电成本的参照物，转为了在宏观上衡量政府供电有效性的参照物。随着威尔基和私营电力企业退出田纳西河谷，这根用于监管的标尺在对比单价上的作用日渐降低。如今标尺的这个比喻被用来解释为什么 TVA 是全国的模范，这个模范的解释听起来有些重复：如果电费降低，在较大范围内看来，电力的需求就会增加，再通过对整个分水岭中水能资源的中央调配和高效开发，电费还能进一步降低。利连索尔认为，整个美国都应该学习这个模范，并且以 TVA 这根（改变用途后的）标尺来衡量其成功与否。[15]

讽刺的是，TVA 原本是想被作为一个模范供全国学习，但即便它本身很成功，其他地方却再也没有出现过类似的机构。1945 年，利连索尔为《纽约时报》杂志撰写了一篇名为"我们是否应该拥有更多 TVA？"的文章。撇去成功不谈，他不出意料地肯定回答了标题。确实，原本的计划就是利用联邦电力为全国供电。在1932年的总统选举中，罗斯福一开始提出了同时开展4个联邦电力项目，它们分别位于美国4个角落的4条主要河流上，它们分别是西南的科罗拉多河、南部腹地的田纳西河、西北的哥伦比亚河以及东北的圣劳伦斯河。最终，圣罗伦斯河上没有出现任何实质性的进展，而科罗拉多河和哥伦比亚河项目转变成了"行政机构"，来销售或管理由其他机构生产的电力，例如工程兵团或垦务局生产的电力。只有田纳西河上的TVA清楚地显示了联邦政府的宏大计划，通过竞争对私营电力企业实施监管，并且它有充分的理由这么做。它所处地区地形陡峭，降水丰富，造就了大量适宜发电的河流。

虽然新英格兰甚至中大西洋地区的各州都有类似的河流，可以建立其他河流管理局，但是这些河流的沿岸已经遍布村庄和城市，河流上也已经建有了小型水坝，还有相关的工厂和工业。仿照TVA建立一座梅里马克河管理局，将会导致马萨诸塞州洛厄尔这样的城市被水淹没，这里就是依靠河边水力驱动的工程而建立和发展起来的。田纳西河谷相较之下发展程度更低，已有的水能系统更少。建造大型水坝不会带来太大的经济冲击，至少没有太大的政治阻力。但类似的水坝根本不可能修建在美国北部，因为那里的人口和工业都已经在河谷安定了下来。即使撇去其他机构想要成为TVA会遇到的障碍不谈，TVA的成功本身就意味着，设置类似TVA的这种实验的政治动机已经消失了。随着经济逐渐复苏，政治风向转变，曾经适合大萧条时期南方腹地河谷的政策已经过时了。1953年，当时的美国总统德怀特·艾森豪威尔在被问及如何解释他之前提到的"温和社会主义"一词时，他就以TVA作为例证。仅仅在被创造20年之后，TVA已经在政治上被摒弃。[16]

随着电价下降，用电量上升，利连索尔修改后的标尺得以实现。但这种发展并不仅仅局限于田纳西河谷，全国的能源消耗在1945年到1965年间增长了65%，而真正的电价却降了一半。随着美国逐渐电气化，电力公司拼尽全力满足电力需求，期间火力发电厂数量激增，水力发电厂数量同样不断增长。虽然今天人们提到TVA时，脑海里浮现出的都是20世纪60年代前建造的壮阔的大坝，比如威尔逊大坝、诺里斯大坝和丰塔纳大坝，其中很多大坝都是在仅仅数年之内就完工的，这些水电大坝证明了TVA的存在，也让许多资源流入了这个机构，但TVA通过火力发电厂产生的电力比这些水电大坝还要多。1966年，TVA就像同时代其他许多电力企业一样，开始扩张进入核能发电领域。在20世纪80年代，TVA与全球密切合作，有计划并系统性地开发整个流域，向全球派遣工程师分享他们的水电经验。但在那时，TVA的电力来源的构成和其他电力公司已经没什么两样了，水力发电已经不到总发电量的10%。[17]

不管TVA的经验是否能被重复，还是如今它已经和其他电力公司别无二致，都不能抹杀它的地位，以及水能在国家发展中的地位。TVA开了先河，同时基于几个目标对整个流域进行管理，包括防洪、航运、供水以及最重要的发电。TVA的科学家和工程师在林业和农业项目发展、河漫滩管理、涡轮技术、核能发电技术以及其他诸多项目上均处于领先地位，并且拥有无懈可击的专业标准。他们因为在基础科学和应用科学上的飞速发展而闻名，而更令人印象深刻的是，他们是在这个国家最偏远落后贫穷的角落里取得的这些成就。

更进一步看，TVA的影响力远超出了田纳西河谷这一地区，它的水坝在第二次世界大战中至关重要，当时美国陆军要求TVA向位于田纳西州橡树岭一座特殊的设施提供巨量电力。这个神秘的地点消耗了TVA水电中的惊人的电量，当时利连索尔并不知道橡树岭里正在发生什么，他要求TVA（也就是他）必须能够获得这处地点的控制权。但他的要求被拒绝了，这处地点仍然归美国陆军工程兵团纽约曼哈顿区办公室管理，而这也是后来它的名字的由来——曼哈顿工程。

TVA的发展和电力产业中其他公司如出一辙。在19世纪和20世纪的大多数时间里，在河流的各项用途中，水能开发占据了最重要的位置。随着磨坊水坝的出现，河流具有的推动磨坊水轮或涡轮的宝贵潜力，很快就超越了曾经受欢迎的商业航行。一旦有乡镇或农场出现在通往TVA的水库路上，居民就会被迁走，村庄则会被淹没。对电力无可阻挡的追求压倒一切横亘在它们面前的事物，监管为了经济服务，偏向电力行业。但是在20世纪60年代，人们对环境的顾虑也慢慢出现，一个新的团体获得了政治影响力，他们逐渐能够在河流的使用方式上拥有最终的决定权。

1979 年，7 个人聚在了华盛顿特区，他们隶属于《濒危物种法》委员会。这次会面是为了决定一座水坝和一种鱼纠葛的命运，他们也获得了"上帝委员会"或"上帝小组"的外号，因为他们有权决定一个物种的未来。而第一次让这个"上帝委员会"聚在一起的就是 TVA。这个原本被设计用于监管的机构，如今成了被监管的对象。

上帝委员会的存在在各方面都表明，在过去 20 年间社会事务的优先级被改变了多少。对环境的顾虑逐渐被重视，甚至和经济发展旗鼓相当。环境运动开启了监管的全新时代，也就是环境监管。这些新的监管如同海浪一样，一波接着一波。首先拉开大幕的是 1970 年 1 月 1 日颁布的《国家环境政策法》，紧接着就是 1970 年的《清洁空气法》，然后是 1972 年的《清洁水法》。虽然这些新的监管政策给电力公司带来了新的约束，也给其他许多行业带来了新的限制，但大多数企业都能够找到某种适应的方法。电力公司可以通过改变某些地方，或填写报告，或接受罚款等方法应对监管。但 1973 年通过的《濒危物种法》（ESA）却是一块彻底的铁板，为电力公司带来了麻烦，尤其是 TVA。ESA 中提到，如果工程（比如修建水坝）有破坏某种濒危物种栖息地的风险，那任何联邦机构都不可以开工。这一法案是监管的王牌，因为法案内容简单明了，几乎没有可钻的漏洞。

在 ESA 刚通过的不久，一系列奇怪的事情导致 TVA 与法案发生了碰撞。最早的一件事是一种新发现的鱼类被列为濒危物种，这种鱼表面上看起来平平无奇。在 20 世纪 70 年代中期，科学家开始记录各个物种的濒危程度。有些物种，比如白头鹰，是出了名的稀有，需要被保护。当科学家将某个物种标注为非常稀有，该物种未来能否延续都存疑的时候，联邦政府就会将该物种列为濒危物种，这也就是 ESA 所涉及的物种，法律限制了可能会影响这类物种的各种行为。

仅仅在 ESA 通过后的几个月，来自田纳西大学的生态学家戴维·伊提纳就在小田纳西河中发现了一种不同寻常的镖鲈，这是一类体型较小的鱼。镖鲈是非常不起眼的鱼类。它们完全成熟之后的体形也不过 3 英寸长，几乎没有任何特点，除了生态学家，其他任何人都很难注意到这种鱼的存在。伊提纳注意到，他发现的这种鱼和生活在其他河里的镖鲈有一些区别，于是将这条河里的镖鲈记录为新的物种，且根据它们的食物偏好将其命名为"蜗牛镖鲈"。[18]

泰利库大坝

没有钓客会把蜗牛镖鲈当作目标，实际上即便你在河边，除非你非常仔细地观察，否则你不会发现他们。而且除非你身处小田纳西河，否则你也不需要到处寻找，因为小田纳西河是蜗牛镖鲈目前已知的唯一自然栖息地。伊提纳是在附近唯一一片没有建筑水坝的地方发现的它们，TVA 将附近所有的地方都变成了水库。不过小田纳西河没有建造水坝的状况也只是暂时的。实际上，当伊提纳发现蜗牛镖鲈的时候，管理局即将完成泰利库大坝的工程，最后仅存的一条河流也即将变成水库。[19]

蜗牛镖鲈和泰利库大坝被当作监管的丑闻而紧紧地绑在了一起。相比 TVA 的其他水坝，泰利库大坝默默无闻。这座大坝大部分由土构成，在河谷的另一端有一个小的混凝土塞。大多数 TVA 水坝在地平线上很容易看见，因为它们都被如同蜘蛛网一样的高压电线环绕。泰利库水坝却没有这些标志性的电线，因为它并不发电。它是为了给附近同在田纳西河上那些较大的水坝补充蓄水，它们之间连接着一条小运河。泰利库水坝原本被 TVA 纳入了名为"进步时代"的计划，该计划由一系列水坝组成，它通过具有前瞻性的精心规划来控制整个河流系统。但 TVA 直到 20 世纪 70 年代才完成泰利库水坝，所以它成了 TVA 最后建造的水坝之一，却是 TVA 最早撞上 ESA 的一座水坝。

几十年来，泰利库水坝项目在 TVA 修建水坝的计划当中一推再推，因为它能创造的经济利益非常有限。在 20 世纪 30 年代最初开始对田纳西河谷进行规划的时候，相较于成本，修建水坝会带来 10% 的收益。但到了 20 世纪 70 年代，TVA 发现了其他方法，为剩下几个项目正名，它最新的说辞是基于周围地区发展的潜力来建设项目。TVA 的解释是，如果水坝建成，除了能在电力生产上提供微不足道的增长以外，大型的水库和可用的运河能给当地社区带来巨大的福利。确实，修建水坝需要 TVA，人们曾认为这是个让偏远的农村脱离贫困的方法，但随后发现，TVA 能做的只是淹没河谷中最后剩下的那点肥沃的农田。不过，假设工业和当地居民会随着泰利库水坝的修建一同发展，TVA 就可以重新计算项目预计的经济收益，并且得到高昂的产权价值。这种财政上的花招足以证明这个项目的价值，只要勉强过关，TVA 就可以再次回到修建水坝的老本行。

1973 年 8 月，蜗牛镖鲈被记录为新物种。鉴于这次发现，这种小鱼几乎立刻就被列入了未经考验的崭新的 ESA 的濒危物种名单。由于蜗牛镖鲈唯一的栖息地即将被泰利库大坝的水库淹没，ESA 中的第 7 条生效了，它没有特例，即便是这座大坝已经完工了 90%，也必须停工。在这个讽刺的转折中，TVA 发现自己错误地处在了被监管的一方。

从这里开始，关于泰利库大坝和蜗牛镖鲈的通常流传的故事版本与记者丹·拉瑟后来所描述的"真实故事"大相径庭。但是，我们首先说一个大众版本。在水坝和镖鲈之间发生的所有奇怪的事情中，最诡异的恐怕就要数 TVA 对环境监管的反应了。TVA 声称，TVA 不受其他任何联邦机构的监管，无论是 ESA 对蜗牛镖鲈的保护，还是《清洁空气法》对火力发电厂的约束，都不作数。TVA 身边的世界早已发生了变化，但它自己却没有察觉。曾经被树立为整个河流流域发展模范的机构，不仅将电力的需求放在其他所有利益之上，甚至放在了联邦政府之上。当初 TVA 在最高法院被威尔基和其他人挑战时，TVA 毫无疑问地获胜了。但 40 年后，当它挑战这些新的环境监管时，它不可避免地失败了。1978 年 6 月，最高法院裁定 TVA 和其他电力公司以及其他联邦机构一样，都要接受新的联邦法律的监管。尤其针对蜗牛镖鲈，最高法院指出，无论这些鱼看上去是多么不起眼，也无论水坝的施工已经完成了多少，泰利库项目必须终止。

这一判决带来了许多关于蜗牛镖鲈的修辞和传说，主旨都是一种不起眼的小鱼比一座水坝更重要。这部分故事既让鱼和水坝成为自由环保传说的一部分，也让它们成了自由主义者反监管的故事的一部分。但它却忽视了故事的第二部分，这一部分则更偏重于经济和农民，而不是鱼。

在最高法院做出裁决后的 4 个月，田纳西州参议员霍华德·贝克和艾奥瓦州参议员约翰·卡尔弗（John Culver）依旧十分恼火，两个州因为鱼而失去了水坝和其他基础设施项目。两位参议员提议了对 ESA 的修正案，建立一个濒危物种委员会，也就是上帝委员会。这个委员会由联邦机构领导组成，他们可以平衡一个物种和一个发展项目的竞争利益，委员会成员包括农业部部长、陆军部部长、内政部部长、环保局局长、国家海洋和大气局局长、经济顾问委员会主席以及所涉及的州的代表。上帝委员会在保护濒危动物时如此不方便，就是在设立之初故意留下的漏洞。

1979 年 1 月的一个早上，当上帝委员会第一次被召集起来的时候，他们有两个项目和两个物种需要讨论。第一个是格雷洛克工程，这是一座建在怀俄明州拉勒米河上的水坝和水库的项目，该项目会为火力发电厂提供冷却水，但是会对下游内布拉斯加州的高鸣鹤的生存产生冲击。上帝委员会查看了这个案例，发现格雷洛克工程是个非常有经济发展潜力的项目，符合国家的利益，他们审核了一些提出的用于抵消对物种的潜在伤害的方式后，为了平衡积极的经济发展，并减轻对濒危动物造成潜在的消极影响，上帝委员会投票一致允许格雷洛克工程的实施，不受 ESA 监管。

然后话题就来到了蜗牛镖鲈。令人惊讶的是，在小组的讨论或决策中，濒危鱼类的价值并没有得到充分的重视。泰利库案件的展示环节中，上帝委员会关注的重点几乎完全放在了水坝的经济成本和利益上，而这些并不被看好。在介绍了该项目的经济状况后，主持人展示了几张蜗牛镖鲈的照片，并向委员会道歉，因为照片上的蜗牛镖鲈非常难看清楚。他提到照片中有回形针，用来对比蜗牛镖鲈的大小，就好像是为了强调鱼的无足轻重。

在展示结束之后，经济顾问委员会主席打破了尴尬的沉默说："好吧，总得有人开个头。"然后他总结了泰利库项目中几个同样尴尬的现实："有趣的就是，现在这个项目已经有 95% 完工了，如果我们只考虑完成它的成本，而不考虑他的整体效益，即使这个项目完成了，也无法获得收益，这说明它一开始的设计就有问题。"[21]

无论泰利库项目对蜗牛镖鲈带来的冲击有多大，也无论它已经完工了多少，这一项目最终被定义成了一项无效的投资。上帝委员会仅仅站在经济分析的基础上，同样是全票通过地否决了 TVA 完成这座水坝的请求。

再一次，ESA 让国会措手不及。国会则以非常直接的方式做出了反应，它专门为泰利库项目在 ESA 中开了一次特例。参议员贝克与众议员约翰·邓肯（泰利库项目在他的选区）一道，在另一项法案中加入了一项条款，希望借此让泰利库项目暗度陈仓。当贝克在国会演讲的时候，他抓住了国会在 ESA 中无意间造成的影响说道："我们在为《濒危物种法》投票的时候，是抱着保护大自然中如狼、鹰以及其他那些宝贵动物的纯真信念去参与的，但现在却有些极端主义者别有用心地利用了这个高尚的法案来卑劣地阻挠他人。"[22] 这项条款被附加在了众多有关水能和电力的法案当中，1979 年，深陷政治泥潭的卡特总统不得已在他总统任期即将结束时,签署了这项附加条款。

在更为流行的故事版本里,泰利库大坝的建成代表了经济上的理性战胜了对环境的麻木不仁。但是更为可信的故事版本是,TVA作为田纳西河谷经济发展的工具,早已超越了它应有的范畴。泰利库水坝不仅摧毁了蜗牛镖鲈的栖息地,它和其他水坝一样,让水淹没了土地。泰利库水坝也淹没了周围区域一些小型农场。TVA建设泰利库水坝的提议是建立在这样一个假定之上,即大坝周围的土地将从贫穷的农村农场转变为急需用电的工业工厂。也就是说,TVA认为,它建立之初被要求控制的这个行业,已经比它建立之初被要求帮助的这些田纳西河谷穷苦的农场主更加重要。随着水库逐渐被填满,这些农场被淹没消失。故事的最后,这些农场成了牺牲品,最终也没能发展起工业。今天,高价的河滨郊区在河畔延伸开来,而养老社区围绕在水库周边出现。

监管其实就是在挑选胜利者和失败者,它就是故意为某个特定群体或某个特定活动制定的规则。从依靠磨坊水坝的纺织业时代,一直到150年后的20世纪70年代,政府通过监管表明自己将经济发展当作首要目标。关于河流的其他各种用途,都为电力行业做出了巨大的牺牲。

当私人电力企业占据的地位太高,TVA利用河流限制了它们的影响力。将河流的发电潜力从私营领域里夺走,并投入了公有领域,与将河流直接用来发电殊途同归,只是换了个方式而已。TVA为了建造泰利库大坝而淹没农田,其实就是这一逻辑的延伸,延续了19世纪人们在梅里马克河和其他河流中建造水坝而淹没河流上游土地的行为。对权力的追求压倒了其他一切顾虑。无论是梅里马克河边的私有公司,还是田纳西河边的联邦政府机构,监管就是确保权力总是最后的赢家。

但是自从20世纪70年代开始,其实就是从泰利库项目开始,社会的优先级发生了改变。伴随着优先级的改变,监管的目的也变了。水电发展项目在美国逐渐变少。适合新建水坝的选址越来越难找到,物种保护也极大地约束了新项目的发展。确实,环境保护如今已经成了政府监管合法的目的,它在优先级上甚至超过了电力生产。通过对电力行业的控制,环境监管的新时代建立起了一个全新的视角,审视谁将在监管中受益。

第五部分
保护

第 11 章
渠道化

多年以来，每当我在北卡罗来纳州的希尔斯伯勒，坐在自己最喜欢的那把高脚凳上休憩时，目光总会落在县法院旁的一小片土地上。有一条小溪横穿了这片土地，浅浅的溪流刚刚能漫过脚踝，人们可以直接跳过这条小溪。它只比一条水沟宽一点，常年被县里割草机折腾，已经算不上一条河流了，数十年来，这条名为"无名支流 1 号"的小溪，一直默默无闻地为这个美国小镇输送水流。

但现在，我还是坐在那张高脚凳上，眼前看到的却是一面 20 英尺高的树墙，由柳树和梧桐组成。穿过这堵墙望去，无名支流 1 号仍然在流动，不过如今它成了一条蜿蜒的小溪，布满碎石，偶尔传来潺潺声。它已经值得拥有名字了。

如果不考虑神迹的可能性，我认为这条无名支流的变化有点让人害怕。因为它太完美了。它看上去就是一条河流该有的样子，只是小了点。它有微型瀑布、迷你的深潭和浅滩。河岸边还有微型的石堤，这尺寸简直可以让芭比娃娃和她的男友在这里飞钓了。这条蜿蜒的潺潺小溪在均匀分布的柳树和非自然的瀑布间流淌，小溪的路径出奇地对称，完美地画出一条曲线。

自然创造不出这种对称或简洁的几何图形。溪流能拥有对称的曲流，一定是有人为因素的参与。而这只手就是亚当·斯密所说的看不见的手。有人说亚当·斯密的手应该有个绿色的大拇指，有人说环保主义者们应该"在绿色中看到绿色"，也有人说应当有"绿色茶党"出现，在 21 世纪的头十年中，这些吹捧绿色的观点已经成了陈词滥调。恢复河流成了美国环境经济中蓬勃发展的一部分，讽刺的是，它让吸人眼球但缺乏活力的 21 世纪碳经济相形见绌，这是河流及推崇河流的人无声地塑造美国经济的又一力证。相反，当美国经济在过去几个世纪经历起伏时，我们如何移动、填满、抽干河流和舍直取弯,以及是否要这么做的想法,都在一同改变。对称的河流如何成为一种可交易的商品,以及北卡罗来纳州希尔斯伯勒的小溪如何变成正弦曲线的故事,要从19世纪纽约州北部的荒僻之处说起。

在钓鱼爱好者心中,比维奇尔河可算是圣地。隐身于卡茨基尔山脉的上游,比维奇尔河远离19世纪繁华的都市中心费城和纽约,然而对于那些痴迷钓鱼的人来说也不算太远。在19世纪中叶,钓鳟鱼逐渐流行了起来,来自都市的钓鱼爱好者纷纷前往比维奇尔河。人一多,问题就来了。在19世纪70年代,过度捕捞榨干了比维奇尔河,鱼的数量越来越少,从城里跋涉几个小时前来垂钓也觉得没什么吸引力了。在饱受污染的新英格兰的工厂村,或者成为工业荒地的克利夫兰,类似许多地方的河流都没有鱼。但是在比维奇尔河这个相对隔绝的钓鱼圣地,鱼群数量减少的责任很难归咎于上游污染或水坝。似乎河流自己要承担这份责任。

鳟鱼之所以这么受钓客青睐,是因为它们对栖息地非常讲究。鳟鱼只喜欢一些特定的环境,水要够深,能供其栖身,流速够快,让水生昆虫能够顺流漂过,水温够低,足够阴凉。它们需要水体中有深层水流和浅层水流,而且二者之间还要有足够的空间。所以鳟鱼自然能在不受人类影响的天然水域中繁衍生息。

河流天然地会弯曲、倾泻和迂回。想要看到这种现象,最好的方法不是观察自然界的河流,而是实验室里的河流。想象一个50英尺长的水缸,让它稍微倾斜一点,这样高处"上游"的水就会流过50英尺到达"下游"。在水缸的底部铺上几英寸厚的沙子和小石块,你就能得到一条"玩具河",也就是一个测流槽。河流地貌学家是一群研究河流形状的科学家,他们非常喜欢测流槽。

道格·汤普森是康涅狄格学院(Connecticut College)的一位河流地貌学家,他在夏天的时候会研究真实的河流,在冬天的时候就捣鼓自己的测流槽。除了对所有地貌现象感兴趣,汤普森也对鱼类的栖息地,也就是深潭和浅滩,以及奇怪的流体物理甚为着迷。他的测流槽干净得一尘不染,整套实验设备安装妥当,为即将到来的下一个学年做好了准备。当测流槽被调节到某个特定的状态后,他倒入了一些水,用非常精密的计速器测量了他的微型深潭和浅滩中的水流。通过研究这个微观的版本,汤普森能够更清晰地了解到在真实的河流中是什么造就了深潭和浅滩。

汤普森在科罗拉多州立大学完成了自己的博士学位。这里之所以能成为河流学发展的温床，很大程度上是源于几十年前，联邦机构在这里建造了一座巨大的测流槽用来研究河流，如今这里成了工程研究中心。实验室位于研究中心内，面积足有停机库的大小，其中有 12 条迷你河流用来研究水流的复杂现象：沉积、侵蚀，以及流水会带来的各方面的影响。在实验室的一个角落里，有一座微型水坝，而在实验室中间则有一条迷你版的萨克拉门托河。从早期河流学家开始研究这个领域时做的那些极为简单的实验，到 20 世纪一些经典的实验都是在这里完成的。科罗拉多州的科学家给一个较宽的测流槽里铺了沙子，并在其中挖出了一条笔直的水道。当他们往里面放水后，几分钟之内，河道就开始出现明显的弯曲，也就是曲流。

汤普森站在实验室中的测流槽边说道："河流会自己弯曲，它们就是会这样。"只要是流体，河流、血液、湾流，甚至是喷射的气流，都会弯曲。甚至不需要在地下实验室里就能看到这些现象。只要在你院子里挖一条浅浅的水沟，然后打开水龙头向里面灌一小会儿水。只要短短几分钟，曲流就开始出现了，然后就会逐渐发展成一个像正弦曲线般的典型河道的形状。

假设我们来到一条真实的弯曲的河边，然后开始涉水向下游走。大概走上 100 码左右，我们就会发现一路走来河水有深有浅，可能从刚刚没过脚踝到足以淹没腰的高度。那是因为河流弯曲的过程中，河水的深度也会随之变化，并且这种变化很好预测。在河流弯曲的顶点会形成一个深潭，这里的河水流速慢，深度深，河床通常都铺满沙子。在两个深潭之间是浅滩，这里河水一般较浅，而流速快，河底多是石块。规模更大的河流，无论是密西西比河还是哥伦比亚河，都会发展出这种深潭和浅滩依次连接的情况，只不过规模更大，两者的距离可以以英里计，而不仅仅是以码来计。深潭—浅滩—深潭—浅滩，只要给一条河足够的时间，不去干涉，它们最终都会发展成这样。[2]

飞钓也被 19 世纪光顾比维奇尔河的常客称为是一项"高雅艺术"，它结合了外行人对水文知识的了解、耐心，还有鱼类学知识。找到正确的水流，使用正确的钓法，鱼就唾手可得。当然，前提是人们不去干涉河流的发展，但我们几乎都做不到。相反，人们自从 18 世纪早期开始，投入了巨大而不懈的努力，对遍布美国的河流进行截弯取直的改造。弯曲的河流相比于笔直的河流，流速更为缓慢，也更容

比维奇尔河

道格·汤普森

易发生泛滥。曲流还不利于汽船或平底船的航行。更进一步说，19世纪经济发展背后的驱动力就是对自然资源的利用。人们很少会让自然保持它原本的样子。

在人们推动景观从原始走向利于生产的过程中，河流被改进，被转向，而最多的是被截弯取直。大型河流被改造成了直线，来提高汽船的交通效率，而在美国东北部和中西部的北部地区，林业占据了经济发展的重要地位，人们清除了河道中的沙坝、障碍物和大石块，让原木能更顺畅地漂流。

当河流和小溪中没有了深潭－浅滩这种排序后，引诱鳟鱼的水流条件就消失了，这导致鳟鱼要么游向其他水域，要么不再繁衍。结果就是鳟鱼数量骤降，因此，19世纪末，一群在卡茨基尔山脉热衷钓鳟鱼的钓客，在不屈不挠的詹姆斯·斯宾塞·范·克莱夫的领导下，开始了他们恢复溪流的工作。

就像卡茨基尔山脉其他钓鳟客一样，范·克莱夫也来自别的地方。他曾是纽约州波基普西的一名律师，第一次来到比维奇尔河是1857年。就是在这里，他迅速地融入了当地人之中，当地人也是他钓鱼的导师。他逐渐成了这里的常客，在周末和夏季走遍了比维奇尔河及其附近的森林，学习寻找洞穴，也就是神出鬼没的鳟鱼栖身之处，但他越来越沮丧，因为他发现适合钓鱼的洞穴越来越少。随着他钓鱼水平不断攀升，范·克莱夫成了《森林与河流》杂志的定期撰稿人。最开始他写的内容是关于飞钓的点点滴滴，但是最终他的目光放在了河流的问题上。范·克莱夫很清楚究竟是什么破坏了溪流中鳟鱼的生存环境："我认为，溪流边生长的树木被破坏，河岸环境因此被改变，最终导致了河流中鳟鱼生存和躲藏的环境遭到了毁灭。"他还补充解释道，鳟鱼数量的减少是可以逆转的。"我相信，让大多数的溪流恢复是有可能的……尤其当河流的所有权在俱乐部或社团手中时，这种组织也能出一分力。"[3]

范·克莱夫凭借自己的直觉，结合了两个重要的想法，它们在接下来的150年间塑造了河流恢复的框架，同时也不断地受到争论。首先，他认为河流的物理性状，也就是它的形态，对鳟鱼来说是一个重要的控制因素，而河流的形态就像道路的设计图一样是可塑的。其次，他直觉上认为，为了鳟鱼而恢复河流存在私人动机。范·克莱夫猜想钓鳟鱼是一种经历，而这种经历就像其他所有商品一样是有价值的。如果能够向人们保证提供一次美妙的钓鱼体验，那人们一定会愿意缴纳一些

第 11 章 渠道化 | 205

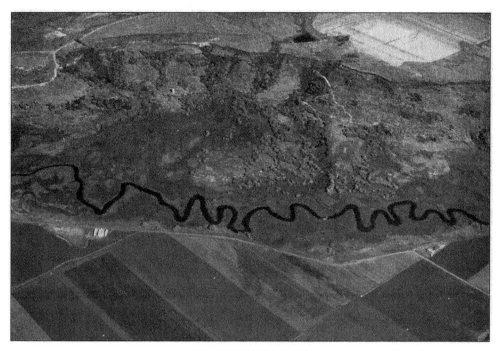

怀俄明州自然蜿蜒曲折的温德河

费用，也就是使用费，从而在这些河里钓鱼。他对恢复的河流设想受到了 19 世纪的经济情况和工业律师的职业背景的双重影响。他猜想，基于当时的经济状况，恢复和保护河流需要个人出力，政府在其中所能做的非常有限。

1868 年，范·克莱夫组织了威洛韦莫克俱乐部，开始将卡茨基尔山的钓鱼区域收归私有，仅限俱乐部的会员使用。他和俱乐部的会员购置了该地区用于飞钓鳟鱼的上千英亩水域。这些人在 1878 年继续成立了比维奇尔俱乐部，随后在 1886 年成立鲍尔瑟姆湖俱乐部，他们一共累积了超过 3000 英亩的水域，包括比维奇尔河上游 6 英里的河段。

在将土地保护成私人财产之后，他们与自然保护协会当时的做法几乎没有什么两样，俱乐部随即开始转向恢复河流。在 19 世纪 70 年代，范·克莱夫制定了施工方法的草图和描述，而实施这些计划成了会员在钓鱼之外的另一项爱好。他们利用现成的材料，也就是原木和大石块，将它们布局排列在特定的位置，以此吸引鳟鱼再次游回到这些河段中。会员在河道里建造了微型水坝，也可以叫堰，从而在上游形成深潭，并在下游形成流速快的浅滩。他们运来更大块的岩石来创造河流中的脉络，这些部分浸在水里的大石头挡住了水流，就像是水流减速带。会员在寻找过程中，尝试了各种形状和造型的结构，就是为了能够让环境适合这些挑剔的鳟鱼。

这些努力显得非常业余。范·克莱夫和那些卡茨基尔的追随者空有一腔热情，但是他们只不过是一群爱好者。他们工作的基础来自直觉，以及对那些他们认为状态更好的溪流的观察。他们为自己的行动提供资金支持，虽然在实际提高钓鳟鱼的工作中收效甚微，但他们个人可以从中受益，这反过来会增加他们羽翼未丰的俱乐部会员的数量和影响力。但他们的恢复工作从来不被认为在经济上有利可图，他们甚至都没有真正地寻求获利。会员也没有机会去测试这种冒险长期上是否能获利。当范·克莱夫和他卡茨基尔的钓鱼俱乐部的会员完成了许多工作后，在理论上他们能以更高的价格出售会员资格之时，整个国家却陷入了大萧条。

无论是漂在水里的原木、湿滑的沙子，还是迅速流淌的河水，都会让初学钓鱼的人手忙脚乱。防水的橡胶连体裤增加了体积，更是让穿上这身行头的人在水里举步维艰。

实地考察经验丰富的河流地貌学家具备的一个显著特点，他们在水里身手矫健。道格·汤普森穿着下水裤，灵活地走下了康涅狄格的布莱克利奇河，然后走上了河堤，接着又下了水，轻松地走过深潭和浅滩，从这些熟练的动作不难看出他花了大量时间穿梭在河流中。汤普森在河水中惬意地行走，就如同在自己地下测流槽实验室里闲逛一般。虽然汤普森于20世纪90年代末期开始在康涅狄格学院的任教后，测流槽成了他主要的研究工具，不过他仍然在研究当地的河流。他的目标就是建立一个包含新英格兰所有自然深潭和浅滩特征的巨大数据库。布莱克利奇河非常方便，所以他就从这里开始研究深潭，带着他的学生一起测量了所有相关的水文数据。布莱克利奇河是他事业的起点，也正是在这里他迎来了职业生涯一次不同寻常的转机。

站在没过膝盖的布莱克利奇河中，汤普森指了指半埋在河床沙砾土中的几段原木。这些原木看上去没什么特别之处，除了一点——它们横卧的方向正好垂直于水流。随后他又指了指下游靠河岸的位置。那里有一排半露出水面的石头，一路从河岸排列到河中央，它们比河中的石头更大一点，也更有棱角。当我们顺流而下时，汤普森指了指另一截原木，它和水流方向的夹角正好呈45度。十多年前，当他第一次注意到这精确排列的古怪现象时，他就意识到"有些不对劲"。

在其中一根原木的一端，汤普森指了指上面一根几乎被沙土彻底掩盖的生锈铁钉。它不是现代的钢筋条或者其他制作精良的工件，它就是一根钉子。这就是在汤普森事业早期真的绊倒过他的那种钉子，在看了第一根长钉后，他又四处查看，在布莱克利奇河各处发现了不少这种钉在木头里的钉子。汤普森在这个荒无人烟的地方发现了人工的痕迹。凭借一双受过训练的眼睛，这条河其他一些奇怪的地方也吸引了他的注意力，比如一排有规律的手指状石块立在水里，原木和水流的方向形成了明显的角度。所有这些结构无一不是为了改变河流的弯曲程度，从而形成小的深潭和浅滩。汤普森原本想要研究深潭和浅滩究竟是如何自然形成的，但现在却发现，布莱克利奇河里根本没有自然形成的深潭和浅滩。这种困境在人工改造程度极高的新英格兰其实很并不罕见。就如他所承认的那样："事实证明在新英格兰研究纯天然的深潭可能不是最好的选择。"

在经历了最初的困惑之后，汤普森开始在周围寻访是谁进行了河流改造工程。

最早的答案是当地的交通局，在 20 世纪 50 年代，为了建造附近的高速公路，它改变了周围河流的走势。但是交通局下的高速公路部门只是复刻了几十年前的模式而已。这些钉子是由民间资源保护队手工打造的。

在 20 世纪初，西奥多·罗斯福和他的林务局局长吉福特·平肖将联邦政府的注意力转移到了环境保护上来。最早美国的农业经济之所以能够飞速发展，是由于采矿业和制造业，但这两个行业都不惜以严重破坏自然环境为代价以换取个人利益。罗斯福和平肖越来越厌恶这种发展模式，并且开始憧憬能够保护部分国内自然资源的方法。

平肖是一位典型的进步人士，他坚信所有社会问题只能通过科学、审慎的计划和专业人士来解决。范·克莱夫这种在早年间为了恢复河流而付出了努力的人缺乏所有这些关键点。他们完美地展现了，如果将环保工作交给业余人士会有哪些缺陷，比如工作零敲碎打，结果未经检验，无法长久坚持。最重要的是，他们的方法并不科学。在进步时代之前，由这些度假的工业家在俱乐部的私有土地上完成的恢复工作，在平肖看来是雪上加霜。他认识到，诸如威洛依莫克俱乐部和其他那些业余的环保人士在处理这个问题上根本不够格，所以他请求联邦政府出面领导工作。罗斯福和平肖最初的想法是新建一个像林务局、垦务局或联邦电力委员会这样庞大的巨型机构，所有这些机构都集中在利用政府保护环境的潜力，对自然资源开采形成压倒性的反对力量。

和之前那些精英人士的兴趣不同，当所谓的密歇根学派成立后，在密歇根州出现了一个推动开展河流恢复的机会。这个学派最早是密歇根大学的渔业研究所，在生物学家卡尔·哈布斯的领导下于 1930 年成立的。哈布斯是从加利福尼亚州搬到密歇根州的。作为一位斯坦福大学的毕业生，他开启自己新兴科学事业的课题是研究洛杉矶河里的鱼类，显然，这项研究不出所料地一落千丈。哈布斯在 1917 年移居到了中西部，成为芝加哥菲尔德博物馆馆长，又在 1920 年搬到密歇根州，虽然他在这里依旧是一名博物馆馆长，但他抓住机会，在 1927 年拿到了博士学位。哈布斯在 1930 年到 1935 年间担任渔业研究所所长，同时他还成了河流渔业科学家中的先锋。随后他结束职业生涯，回到了加利福尼亚州，成为斯克里普斯海洋学研究

卡尔·哈布斯（上图左、下图左）

所所长,并在此期间成为美国科学院院士。⁵

在20世纪30年代初的密歇根州,哈布斯开始组织一群学生将研究重点放在鳟鱼身上。数年间,全国范围内鳟鱼下降的数量一直被放生数量抵消。人们在孵化场中饲养鳟鱼,然后将它们成百上千地放回溪流。这种行为有效地说明,经过人工培育改造后的鳟鱼无法在自然中生存并繁衍。哈布斯希望减少对放生的依赖,而更多转向提高栖息地条件,让鳟鱼能够自然繁殖。1932年,哈布斯和他的学生们就如何恢复河流这一问题,一同提出了最早的一些正式且科学的指导意见。他们出版了一本平淡无奇的小册子,题为《提升密歇根州鳟鱼河流环境的方法》(*Methods for the Improvement of Michigan Trout Streams*)。这本小册子在当时成为提升栖息地环境,也就是河流恢复领域里的奠基文件,它在管理美国有鳟鱼的河流培护方面有无比尊崇的地位。⁶

哈布斯和密歇根学派真正的举措,也就是为了恢复地貌而搭建的东西,实际上和范·克莱夫这些人在比维奇尔河半个世纪以前所做的大体相同。最重要的是,他们在工作伊始就在将自己的工作局限于现有的河道之中,他们认为河道的整体形状是一套景观特征,但河床上的细节是可以改造的,它们可以被设计用于某些特定的目的。以这个概念为出发点,他们建造了小型水坝、堰、大石块和原木,并将它们排列成特定的形状,放在特定的位置。就像范·克莱夫和他的同伴那样,哈布斯和他的学生致力于在现有河流的区域中创造水生栖息地。但是,他们接下来做的就和比维奇尔河那没有规划的行动大相径庭了,哈布斯开始仔细记录改造过后的河流中发生的所有情况。这一方法是哈布斯的典型做派,他是一个以严谨和仔细著称的科学家,对他和他的学生来说,他们打算像对待其他任何科学实验一样,有条不紊地处理恢复河流这一问题。

密歇根学派在随后的20年间分析了众多类似的研究,记录了被恢复与未经恢复的河流中生活的鳟鱼在数量、体形和取食习惯等方面的改变。在20世纪的第二个25年间,这群研究者在一线渔业科学杂志上发表了几十篇论文,这些研究成为制定长期评估和指导准则的基础,随着这些密歇根学派的学生毕业进入了各个地方的政府机构,他们恢复鳟鱼生活的河流的效用理念被当作技术和管理手段传遍全国。远在北卡罗来纳州毗斯迦国家森林的河流管理员发现了这种河流恢复理念中存在的问题,认为这一恢复过程尚处在试验期,当人们发展出了原理并将其付诸实践后,下一阶段就是"在获取额外的信息后,当条件发生改变的情况下,做出相应的改变"。整个恢复过程其实就是科学上经典的试错法。[7]

颇为讽刺的是,当密歇根学派在恢复环境中不懈努力时,虽然他们监控和评估环境,最杰出的毕业生不断进入这一领域,但20世纪中期鳟鱼栖息地环境却鲜有改善。观察者很难区分出哈布斯恢复的河流和范·克莱夫在半个世纪前恢复的河流的区别。同样,想要通过观察河流中鳟鱼的数量,来区分出一条经过恢复的和未经恢复的河流也很困难。那就是直到20世纪中期,哈布斯恢复河流的工作没有取得任何实质成果。

这一发现让道格·汤普森既惊喜又沮丧,他在康涅狄格学院的办公室里堆满了关于湍流和流体力学的书籍,还有很多文件柜装满了一个多世纪以前各种老旧调查、地图和数据。从汤普森被布莱克利奇河中那根钉子绊倒的那一刻起,他成了河流地貌学界与流体力学界一颗冉冉升起的新星。在那次发现之后,他继续发表关于湍流和河流过程的论文,但同时也开始将越来越多的时间投入到研究交通部门和钓鱼俱乐部的档案中。就是在这个过程中他发现了哈布斯那些不为人知的报告,以及零星的相关数据。他随即将精力全部用来研究密歇根学派的档案,和其他有几十年历史的数据库,这些数据来自从美国各地广泛恢复的河流中经年累月的收集。之后他重新分析了数据,严谨的科学家在专注研究某个问题时都会这么做。2006年,汤普森在一份看上去朴素低调的科学文章中,发表了这份生态历史的研究成果,他总结道:"我的统计结果表明,应用这些设计的结构恢复河道,并没有为鱼类的生活环境带来可见的良好效果,同时我们也不该假定这些设计能增加鱼类的数量。"[8]

汤普森使用的许多数据都来自哈布斯,虽然哈布斯那个时候并不知道他的技术没有奏效,或者至少他不确定。在哈布斯后来的发表文章和报告中,哈布斯开始暗示自己的疑虑,并非所有恢复工程都有效地增加了鳟鱼的数量,但是他和他的学生依然陶醉在河流恢复之中。为什么?因为河流恢复满足了一种社会非常渴望的需要,那就是吸纳劳动力。

当大萧条来袭,恢复河流的有效性还没有得到确认,但是这项工作从经济、政治和实用性上来看非常完美。就像建造防洪堤、水坝和码头能够在大江大河上吸收劳动力一样，河流恢复能够小规模地吸收当地的劳动力。小型的河流恢复对于 CCC（Cirilian Conservation Corps）来说非常理想，因为这个项目不需要什么技术，可以在美国偏远的农村地区开展，只需要利用当地的材料，比如原木和大石块。因为密歇根学派使用的河流恢复实际上是一种二次创造，它建立在半个世纪前范·克莱夫想到的结构基础上，所以这没有什么技术含量。密歇根学派通过在同行评审的渔业期刊上发布研究来推广和证明这些工作，从而努力让河流恢复被纳入了 CCC 的项目。这些科学出版物让那些几十年前的做法看起来更加完美，使得它们可以作为技术入门手册被列在大学参考书之列。因此无论河流恢复是否有证据可以证明其结果，都获得了学术界的认可。⁹

密歇根学派发展出的这种方法最终被 CCC 和美国林业局接纳，哈布斯的团队利用工作坊来普及他们的方法。哈布斯的助理跨越美国，带领着施工队在不同地区恢复河流。有了 CCC 在背后支持，河流恢复工程迅速壮大，很快就超出了卡茨基尔和密歇根的最初范围，向着北卡罗来纳州、加利福尼亚州和怀俄明州的偏远地区发展。1933 年到 1935 年间，在 400 多条山涧中，出现了超过 31 000 处恢复结构，到了 1936 年，CCC 恢复了将近 5 000 英里的河流。所有这些努力其实都是古老与进步的结合，他们用的是和范·克莱夫相同的技术，为的是进步时代的公共事业。¹⁰

从范·克莱夫和他的私人恢复河流俱乐部，到哈布斯和密歇根学派的公共恢复河流计划的转变，这是在河流保护中的一次重要的意识形态的变化。它表明进步人士在全国经济之战中赢得了重要一役。对于范·克莱夫和那些 19 世纪晚期的工业家来说，私有财产和有限的使用权是恢复鳟鱼生态的关键，保护需要私有化。但对进步人士而言，让鳟鱼生活的河流能够对公众开放，则是保护的重要环节。或者用一些林务局的河流恢复工人的话说，"确立的目标始终都在眼前：大多数鳟鱼飞钓应该属于大多数钓客，每个钓客都有平等的机会"。虽然对恢复河流这件事本身并不具备经济需求，甚至在经济上都没有对鳟鱼数量上升的需求。恢复河流的实际结果是让大众对钓鱼的认知逐渐增加，并且增加了全国范围内的工作机会。实际上，在卡茨基尔一些鳟鱼生活的河流沿岸购买的公共捕鱼役地权，主要是为了给自然保护局提供其他机会进行河流改善工作。虽然河流上进行的工作实际上并没有带来什么改变，但参与和投资恢复工作的人和地方，却因为国家经济的更强大的力量而被深刻地改变了。[11]

虽然就像道格·汤普森几十年后展现出来的那样，20世纪早期的河流恢复没有奏效，但这对哈布斯的工作，或者说对他的成功几乎没有影响。汤普森说，虽然哈布斯从来没有系统地分析过数据，做出总结性的发现以及建议，"但他对于河流恢复成功的看法最明显的体现是，当他去了加利福尼亚的斯克里普斯后，你就再也听不到关于河流恢复的半个字了"。

从范·克莱夫到哈布斯，所有这些恢复工作都是局限于"河道内"的恢复。河道本身被当作了一个固定的框架，所有工作都在框架内完成。大量的石堰和原木坝被建造了起来，但是几乎没有人把河道本身也纳入恢复的项目中。但是在20世纪中期，恢复大型河流的呼声渐高，这些要求提高了改造河流形状本身的可能，也提升了人们改造大型河流的可能。

在马克·吐温的回忆录《密西西比河上的生活》中，他开篇将密西西比河形容为"这条世界上最弯曲的河流，1 300英里的河流，乌鸦只需要飞675英里"。就像密西西比河上的这种曲流，再加上水流、水深和沉积物的变化，才是生态学家眼中河流具有高度生态多样性的根本原因所在。物理条件的多样性才带来了生物多样性。[12]

然而能让工业化社会接受如此蜿蜒的河流的理由并不多。几十年来，人们原本只是在清除偶尔出现的沙洲或堆积的原木，它们会挡住水流，但20世纪早期的河流工程师将他们的目光放在了别处，他们利用已有的更大规模的疏浚和推土技术，来改造低效的曲流，就像新英格兰的林务员在较小的河流中清除曲流那样。疏浚和推土可以截弯取直，也可以将河道变深和变窄，将水流集中在尽量窄的水道里。除了所有这些，他们还清理了河道中所有杂物，包括原木、树根、树枝和其他所有东西。截弯取直、深挖、缩窄河道和清理河道，所有这些活动一起被归类到了一个笼统的术语之下，即渠道化（channelization），也就是将原本又宽又浅，水流缓慢，又满是漂浮物的河流，变成了又直又深又窄，什么都没有的水沟。

在密西西比河下游，渠道化在1932年到1955年间发展得最为迅猛，当工程兵团在执行他们新的防洪指令时，他们让密西西比河缩短了 150 英里。除了密西西比河，在 1936 年的《防洪法》和 1972 年的《清洁水法》之间的空档期，11 000 多英里的河流在工程兵团的工程中被渠道化。同时，土壤保持局也渠道化了 21 400 多英里的河流，通常是在较小河流的源头。全国范围内估计共有约 200 000 英里的河流被渠道化，占美国境内河流的 7%。在那些地势低洼的州，河流更容易引发洪水，渠道化的程度更高，比如伊利诺伊州在 20 世纪中期就有超过 26% 的河流被渠道化，共计 3 123 英里。而且这些工作并不是推土机离开后就结束的，所有这些工作都需要维护，因为自然总是会让河流产生曲流，这就需要持续地疏浚不断堆积出的沙洲，并且要在河流自然弯曲的过程中，保护河堤不受侵蚀。[13]

但对于社会来说，所有这些初期工作和后续漫长的维护都是值得的，因为渠道化确实有用。它降低了当地洪水的程度与持续时间，促进了航运，还增加了可耕种的土地面积。或许更微妙的是，渠道化是一种发挥了工程师自身优势的河流管理实践。河流从复杂的、难以驾驭的、交错的沼泽和河漫滩，被转化成笔直的、线形的、梯形形态。渠道化让河流变得"理性"了。

但是在带来优点的同时，渠道化也给生态系统带来了巨大的影响和损失。从摧毁鱼类栖息地到侵蚀河岸，渠道化造成了巨大的生态破坏。尤其让人警觉的是，渠道化似乎是永久性的。大多数人都认同污染会损害河流的生态环境，但是河流被认为拥有"自净"能力，给河流足够的时间，或者到下游有足够的距离，河流就能分解污染。但是，渠道化却带来了永久性的伤害。在一次致力于解决渠道化所带来的问题的渔业研讨会上，就有这么一段话：

> 当一条河被污染了，它的生态会产生巨大的变化，就像一个人得了严重的急性病或慢性病，河流的行为和功能会被改变，通常是彻底的改变，但完全恢复的希望一直存在。不过当一条河被渠道化后，它就永远地残废了。[14]

当生态学家开始注意到渠道化时，他们才量化这种惊人的效应。在位于田纳西州孟菲斯市外的奥比昂河－福科迪尔河水系沿岸，241 英里的渠道化减少了 95% 的水生栖息地和 86% 的水禽捕食栖息地。在艾奥瓦州的一条河上，渠道化将河流的长度从 63 英里缩短到了 34 英里,一项关于这条河流的生态研究,以 20 世纪中叶自然科学家典型的精辟评论作为结尾:"结果可以清晰地指出,在被渠道化的河段,不利于供垂钓的大型鱼类保持稳定的数量。"同时,这种渠道化对生态系统的影响看上去似乎是永久性的。从北卡罗来纳州到密苏里州再到爱达华州,在 70 多年被渠道化的河流中,鱼类群落数量一落千丈。而曾经在河上和河漫滩上生活的哺乳动物与水禽也一去不回。[15]

渠道化的花费也不便宜。美国走出大萧条之后,联邦政府在河流工作上占据的比重就越来越大。渠道化通常是由联邦政府出资,由一系列机构以及改善项目共同赞助。随着对渠道化的批评日益增多,国会也更加注意,导致了 1973 年一场国会听证会,这场听证会的主题是"联邦政府资助的挖掘机对我们国家的河流做了什么"。在听证会上,负责鱼类、野生动物和公园事务的内政部助理部长陈述道:"河道改善对航运、减轻洪水和农业排水等角度来说是'改善',但从可再生资源的角度来看,它们无疑是最具破坏力的水务发展和管理的做法之一。"[16]

渠道化带来的破坏和伤害越来越多地被认为是过度的,当把环境的代价计算在内后,说渠道化有好处的呼声越来越小。一系列关于渠道化的文章在 20 世纪 70 年代刊登出来,它们的标题包括《我们摧毁的河流》《那些曾经的河流》《渠道化:没有出路的捷径》,还有《如何以改进的名义毁灭河流》。[17]

于是钟摆又摆了回来,恢复被渠道化的河流的运动开始了。起初,人们的态度是通过调整施工方法,减少渠道化的影响。联邦公路管理局推荐减少河道缩短的长度,并且重新种植植物。它还推荐在那些被渠道化的河流中,替换或补上一些砾石和大石块,尽量接近渠道化之前河里存在的东西。人们预测将来渠道化还是会继续,但是能以一种伤害较小的方式进行,它的影响能够降低。[18]

人们对于将建造栖息地本身作为渠道化的一部分越来越感兴趣。渠道化继续在进行,但是人们的期望是,纳入栖息地的结构可以纠正许多相关的问题。到了 20 世纪 80 年代,工程兵团在被渠道化的密西西比河和密苏里河沿岸进行了试验,改变控制河流的结构,从而提高鱼类栖息地。兵团寻找一些方法,在保持渠道化与河道控制的优点的同时,还能恢复鱼类栖息地的一些条件。其中一种方法就是沿着河流切割堤防,在河流整治设施上切割出缺口。堤防迫使水流流入统一的河道里,因此,通过策略性地在堤防上开槽,兵团希望在保留驳船交通和防洪的整体功能性的同时,仍然让一些鱼类获得栖息地。在1974年到1980年间,兵团仅在密苏里河沿岸的堤防上就开出了超过1 300个槽,除此之外在密西西比河、艾奥瓦河和伊利诺伊河沿岸的堤防上也开了上千个水槽。[19]

在规模较小的渠道化的上游支流中,类似的栖息地结构也开始建造出来,其中许多和范·克莱夫与密歇根学派在几十年前推荐的几乎一样。通常情况下,在位于下游的大型河流,以及几十年前经范·克莱夫与哈布斯恢复过的河流中,恢复的重点被放在了河床上的结构上,而河道则被留在那里。渠道化后的笔直形态仍然被认为是现代河流的固定特征。

但对环保人士而言,这些努力就如同用一片创可贴治疗一个心脏骤停的病人一样无济于事。河流需要一场大手术,如果截弯取直和被疏浚的河流在生态上属于垂死状态,而自然弯曲的河流在生态上则很强健,那么舍直取弯就应该能够逆转生态伤害。

相比于范·克莱夫在比维奇尔河的工程,或是CCC所做的努力,在大萧条时期保住了那些没有技能的劳工的工作机会,舍直取弯需要更昂贵的设备和更专业的专家。1974年《河流保护手册》推荐"简单的手工工具、许多力气、汗水再加上心灵手巧,就是参与河流改善项目的所有要求",并且"河流改善可以独自完成,也可以向童子军和四健会俱乐部寻求帮助"。就像是对范·克莱夫和这种钓鱼俱乐部的回应,作者还问道:"一起钓鱼的好伙伴一起推一块大石头到河流中央,让它变成鱼儿的栖息地,这才会花你多长时间?"如果以在密苏里河下游、萨克拉门托河或佛罗里达州基西米河的规模进行这些工作,需要的就不只是一支童子军或是几个钓鱼伙伴了。这场运动包含了从鳟鱼生活的河流这种小规模工程,到需要挖掘机、推土机和疏浚的大规模工程。这个过去试过错的方法,已经发展成了一个更加精心设计的方法。[20]

工程师面对更加复杂的项目,需要更深入的分析和计划。推土机工作之前还需要设计、预算、蓝图、施工进度和电子表格。更重要的是,工程师需要运用方程进行设计。工程总是按照某种科学的方法进行。科学和工程之间存在鸿沟,这条鸿沟既是意识形态上的，也是时间上的。意识形态上的鸿沟指的是，工程师希望获得已知的信息和具体情况，尽可能从现有信息中获取精确的信息。科学家则喜欢未知，借助观察和思考尚未被理解的某种现象和过程来获得发现。时间上的鸿沟则是因为基础科学需要走在工程学之前，必须通过观察，确定系统，减少不确定性，直到科学提炼出其本质，也就是一个方程。通过一个方程，工程的能量才能被释放出来。在机动车使用的汽油的发展过程中，热力学和化学的发展必须在化学工程之前。要想重新设计一条河流，需要河流地貌学上的科学发展。这需要的不是对自然河流的直觉概念，而是一整套自然河流的主方程。在20世纪50年代，河流地貌学家正处在推导这些方程的过程中。

在20世纪的大多数时间里，河流地貌学都局限在深奥的期刊中那些落满灰尘的书页上，还有象牙塔中的办公室里。地貌学是一门没有归属的学科，它尴尬地处在地质学和地理学之间，而地貌学家的身份则是由一部分科学家、一部分读地图的人和一部分风景解说员组合而成。在迈克尔·翁达杰讲述沙漠地貌学家的书《英国病人》中，地貌学家被描写为"行走在一毫米厚的雾气之下，与用墨水绘制的地图之上，在距离和传奇的纯粹地带，介于自然和小说家之间"。简单地说，他们解读地貌。[21]

在20世纪50年代，当地貌学经历了一场由卢纳·利奥波德带领的量化革命之后，它获得了科学上的"身份"。利奥波德是这批新生地貌学家中的先锋。他最初受训成为一位土木工程师，1950年在哈佛大学获得了地质学博士学位。相比于像一位地质学家那样将看到的东西画在地图上，或是像一位传统的地貌学家那样描述他所看到东西，利奥波德所接受的折中的教育，让他能够通过代数和微积分来认识河流。沉积物的颗粒不仅仅是在极漫长的时间内形成的地层的一部分，它如同一架正在爬升的飞机上的一颗球。因此利奥波德想要将沉积物颗粒套进方程中，并预测出它们在何时会以何种方式移动。

利奥波德在科学界的名声迅速扩大，当他41岁时，已经是美国地质调查局（U. S. Geosilocal Survey）的首席水文学家了。当他在调查局里任职时，他和工程师以及物理学家一同工作，学习分析数据和思考自然世界的新方法。他很快就和那些优秀的年轻同事打成一片，这些人在20世纪50年代和60年代走遍美国，收集到了大量实地数据。他们利用了利奥波德发明的新定量范式分析了这些数据。地质学和水文工程学的专业报告和学术期刊很快就出现了很多"定量地貌学"的文章。利奥波德自己分析了过去几十年来所有收集到的关于河流的数据，对这一无人涉足的知识领域进行了定量的阐述。当这些新一代的地貌学家测量、绘制并计算着美国的水道时，利奥波德打算着手开始真正改写地貌学，他重新写了一本关于这门学科的书，而这本书将改变世界对河流的认识。

利奥波德在工作上有两个同伴，第一个是约翰·米勒，他是哈佛大学的地质学教授，曾花了大量的时间和利奥波德在落基山脉一同实地考察，并分享了自己的思想轨迹。不幸的是，米勒在测量新墨西哥州的水土流失时染上了黑死病，在回到剑桥的家里后几天就去世了。剩下半本没有完成的书，利奥波德和另外一位作者一起推进了下去，他是约翰斯·霍普金斯大学的戈登·沃尔曼，他因为一头卷曲而纤细的红发而被人称为"阿红"（Reds）。沃尔曼和利奥波德一样受益于哈佛大学的教育，但利奥波德在中西部和落基山脉中度过了很长时间，沃尔曼则将自己形容为"巴尔的摩人"，他非常熟悉东部的河流与20世纪大西洋沿岸密集的人类足迹。最重要的是，他和利奥波德一样喜欢定量，他们两人很快就成了河流地貌学界首屈一指的作者。

利奥波德和沃尔曼的合作是历史性的，这不仅在于他们对未来河流地貌学的贡献，还在于这也体现了一段历史。卢纳·利奥波德是奥尔多·利奥波德的儿子，后者写过著名的《沙郡年鉴》（1949），这本书优雅地将博物学和哲学相结合。就像蕾切尔·卡森那本《寂静的春天》号召了抵抗污染的运动一样，《沙郡年鉴》则成为荒野和环保运动的圣经。《沙郡年鉴》在奥尔多·利奥波德去世时仍未完成，是卢纳完成了这本书，并将其编订出版。

卢纳·利奥波德和兄弟姐妹的童年都是在威斯康星州索克郡那座著名的"小棚子"里度过的，那里成了环保的圣殿。奥尔多·利奥波德的5个孩子都在20世纪下半叶的环境科学名人排行榜中位居前列。5人中有4人拿到了博士学位，其中三人成为美国科学院院士，卢纳不仅成为院士，还因为在河流领域的工作获得了总统勋章。卢纳的睿智被他作为一个环境活动家的粗犷外表所掩盖了，他离开了威斯康

第 11 章 渠道化 | 219

卢纳·利奥波德教授,他通过将方程应用到河流,给河流科学带来了革命性的改变。约 1978 年

奥尔多·利奥波德在沙郡的小屋进行创作

星的小屋，前往怀俄明州牧场隐居，并在那里研究河流和写作。在 USGS 待了几十年后，利奥波德成为加州大学伯克利分校"臭名昭著"的人物，他尖锐的提问，对粗心的无法容忍，让研究生胆战心惊。

"阿红"几乎在各个方面都和卢纳相反。卢纳钟意牛仔帽和苏格兰威士忌，而"阿红"喜欢领结和马天尼。卢纳在威斯康星州的乡下度过了性格形成的期时，"阿红"儿时则生活在时髦的巴尔的摩街区，在那里，他的父亲阿贝尔·沃尔曼是约翰·霍普金斯大学的教授，创立了公共卫生工程和污水工程的学科。巴尔的摩市政府以他父亲的名字重命名了公共事业大厦。在水处理领域，由专业工程学会颁发的最高荣誉依然叫阿贝尔·沃尔曼奖。"阿红"在 USGS 与利奥波德工作了一段时间之后，他同自己的父亲一样回到了约翰·霍普金斯大学。因为在这个高深的学术领域中的地位，沃尔曼也在科学界出了名，同样被选为美国科学院院士，也培养了一批学生，他们包括几十位河流地貌学博士，后来在 20 世纪末期的河流科学领域都成了赫赫有名的人物，而这些学生都尊敬"阿红"是约翰·霍普金斯大学一位温和的圣人。卢纳是身材高大，肩膀宽阔，透露着牛仔气息的科学家，而"阿红"则矮小而瘦弱，亲切绅士，和所有人都能随和相处。

但当他们两人一起工作的时候，他们合作的这本书为河流科学领域带来了革命，就如同他们的父辈对环保和工程学所做的贡献。他们合作的这本书名叫《地貌学中的河流过程》，这确实是他们父辈令人尊敬的那些工作的一种知识上的延续，是奥尔多的自然科学和阿贝尔的工程科学的复杂混合。这本书，还有卢纳和"阿红"的工作，以及他们学术上的支持者，将地貌学从叙事变成了数学，从描述转化成了预测，从科学家的领域移到了工程师的领域。[22]

这种用新方法带来的思考力量，就是将自然河流转化成了一系列方程式，让河流在某种程度上可以预测了。河流的形态可以被分解成图表中的一系列线条。从美国、欧洲甚至是印度无数河流研究中收集到的数据，深潭－浅滩模式从一个理想的特征变成了科学的规则。实际上，利奥波德和沃尔曼指出，他们的数据表明，一整套深潭－浅滩的序列，或者按他们的话说，一整套完整的正弦波形的曲流，会在每 6 倍河道宽度的距离上发生一次。这就是说，如果一条河是 20 英尺宽，那一个顺着河跋涉的人就要知道，每走 120 英尺就会跨过一个深潭－浅滩的序列，这是一个在

"阿红",戈登·沃尔曼教授,卢纳·利奥波德的优秀搭档。约 1972 年

数学上可预测的节奏。

  他们的书中满是这些定量。这些曲流会有多密？河流泛滥的频率是多少？我们应该认为一条河有多宽、多深？人类的直觉被工程的确定性所代替。因为利奥波德和沃尔曼利用了海量的数据，他们似乎是给了读者一个放之四海皆准的工具。

  有了这本书，河流恢复运动也改变了原本的方法。它不再是用针对特定鱼类（比如鳟鱼）的需求而设计的特殊结构，恢复的支持者在设计河流的时候，也开始使用河流地貌学中的科学，来模拟自然条件。渠道化的河流被去渠道化，然后舍直取弯，并配备上一些半天然的过去存在的元素，利用利奥波德和沃尔曼提出的方程指导设计。河流恢复不再是钓鱼伙伴的周末爱好，它逐渐成了一种产业。

第 12 章
恢复经济学

洲际公路 I-90 和 I-15 横穿蒙大拿州。在比尤特县西部和米苏拉南部，炎热的夏天里，会出现如同月球上的景观，在这片空旷的沙地上，时不时有无视蒙大拿州白天限速的车辆呼啸而过。有座处在高速公路交叉口的县城实际上是个卡车停靠点，名叫锡尔弗博，它的名字取自附近的一条小溪。从天空中俯瞰下来，锡尔弗博溪在这片景观中格外显眼，它就如同一条正弦波一样，蜿蜒流过数十英里，溪流两边如同两条绿色的丝带，嵌在周围一片棕褐色的背景中。这是一条在荒芜之地中被人为弄弯的河流。

格雷格·库恩斯参与推动了锡尔弗博溪最初几英里的重塑，他同样也参与了遍布西部的其他 750 条河流的重塑项目。在恢复河流的领域，尤其是舍直取弯这方面，库恩斯算得上是个老资格了。他的公司是最早一批专精于恢复河流的咨询公司之一。在 20 世纪 80 年代，库恩斯作为一批新生代顾问的早期代表，服务了一些来自蒙大拿州、爱达华州和俄勒冈州大牧场的新生代客户。逐渐下滑的地价创造了开发兴趣农场与度假村的机会，许多后来来到西部的人都是热切的飞钓客。

那个时候的落基山脉开发的传统做法是建造尽可能多的房子，通过数量来获取最大的收益。但是，另一些开发商却有一套不同的商业模式，他们希望将环境保护和资本主义相结合。库恩斯回忆起他第一次与这类新型开发商的合作："核心思想就是，除非有经济上的原因，否则没人会恢复这些土地。这些新型开发商主动恢复土地和河流，然后提高自己的价格。"私有土地需要改善，这个观点非常新颖。土地并没有被污染，只是年久失修，植被和土壤由于多年的过度放牧和忽视而退化。这限制了继续放牧和几乎其他所有事情的潜力。

当库恩斯和鲍勃·奥布赖恩、戴尔·米勒以及乔·乌尔巴尼一起创立 Inter-Fluve 公司的时候，他们还只是 4 位想要恢复河流的河流学家。这个年轻的公司以极大的规模重启了河流恢复这一行。公司科学家利用地貌学，增加人们钓到鱼的机会。Inter-Fluve 在 20 世纪 90 年代早期刊登在《鱼竿》(*Rod&Reel*) 以及《鳟鱼》(*Trout*)

和《田野与河流》（*Field&Stream*）等杂志上的广告，基本都是鱼类学和《广告狂人》（*Mad Men*）的幽默混搭，比如一张鳟鱼从河里跳出来的图片，标题写着："我们可以为你造一个！"

多年来，Inter-Fluve 和它的客户都是当初卡茨基尔钓鱼俱乐部的现代继承者。恢复工程都是在私人土地上完成的，恢复也都是为了能钓到更多鳟鱼，资金也都是由那些富有的地主提供，他们中许多人是来度假的。库恩斯和 Inter-Fluve 的其他员工都知道，如何在河道内建造堰和其他结构，来构建栖息地。但是在很重要的一点上，他们的工作与范·克莱夫的有天壤之别。所有 Inter-Fluve 的创始人都是在利奥波德与沃尔曼的那本书出版之后才上大学。他们都会利用数学方程，可以在建造栖息地和种植树木之外做更多事情。就像库恩斯提到的，"创立 Inter-Fluve 之后，我们也开始利用挖掘机在现有的河流中构建深潭和浅滩"。就如同范·克莱夫和哈布斯遇到的情况一样，当这些河道内的结构和被挖出的深潭和浅滩被证明效率低下之后，库恩斯想尝试利用舍直取弯来改造整条河流。

改造整条河流是巨大的一步。库恩斯回忆道："我们第一次舍直取弯实在是太可怕了。"驱使他们最终尝试舍直取弯的动力，一部分是魄力，一部分则是几何学。在私人的土地上，面对那些想要获得最好钓鱼体验的激进开发商，来自 Inter-Fluve 的科学家有尝试新事物的空间。他们得到了进一步的支持，因为飞钓的重点并不是鱼，而是一次审美体验。库恩斯知道河流的弯曲不仅仅是自然的，那同样是优美的几何形状。对飞钓的痴迷，并愿意为重塑整条河而付账，其实是一种提升整体飞钓体验的追求，而曲流就可以提升整体的效果。"站在几英尺深的河中沙坝上，将鱼钩甩到水的上游，看着美丽的弧线，和你的鱼线一起顺流而下，这种体验才是飞钓的精髓。"库恩斯说。飞钓需要自然而具有美感地运用只有曲流才有的几何。感谢利奥波德和沃尔曼的那本书，Inter-Fluve 的团队可以利用方程来测算、衡量并设计曲流。

在他们第一次河道舍直取弯的经验中，结果被证明有奇效，恢复的河流中确实可以钓到鱼，从此之后，Inter-Fluve 开始正式进入改造河流形态为主的产业。他们先是在爱达华州，然后在蒙大拿州和俄勒冈州，接着遍布整个西北部，库恩斯和他的搭档们开发了一整套商业模式，基于利奥波德和沃尔曼的公式来设计河流蓝图。

随后他们和工程队一起开工，改变河流走势，但一直以来他们都有些许担忧，因为他们对正在做的事情并没有十足的把握。当他们的工作传到了约翰·霍普金斯大学和加州大学伯克利分校时，"'阿红'被我们正在做的事情惊呆了"，库恩斯回忆道。卢纳也很惊讶。

多年以来，Inter-Fluve 只承接来自私人客户的小型河流工程。锡尔弗博溪是这家公司更加具有野心的项目之一。几十年来，这条小溪从伯克利矿坑中流出，这个矿坑是当时全世界最大的露天铜矿。数十年间，铜尾矿不断地在沉积物中累积，让这条小溪变得有毒，死气沉沉。Inter-Fluve 接手了这个 EPA 超级基金（Superfund）的河流恢复项目，超级基金是联邦政府清理全国污染最为严重的土地和生态系统的项目。这个项目比为了鳟鱼而恢复一条小溪的工程要复杂得多。Inter-Fluve 要将整条河流移动到山谷的边缘，挖出受污染的土壤，引进干净的土壤进行替换，之后重新再将河流引回山谷中央。团队根据利奥波德和沃尔曼的方程规划了河流的曲流，通过水力几何学的方程对河流进行了测算。河流恢复正日趋成熟。

其他河流恢复的咨询公司也在陆续出现，首先集中在西部鳟鱼活动的河流附近，随后遍布美国。20 世纪 90 年代，从类似卡茨基尔这样的私人土地到 CCC 的公共土地，河流恢复的轨迹本质上就是 20 世纪早期的翻版。随着河流恢复在 20 世纪末期越来越受欢迎，来自私人的牧场或一些新开发的土地的工程越来越少，越来越多的则是来自公有土地的项目，如国家森林或州和县的公园等。联邦和州的监管也同样增加了恢复的需求。因为响应新的《濒危物种法》中恢复鲑鱼数量的要求，加利福尼亚州的河流进行了恢复，而露天矿复垦的新法规要求怀俄明州恢复和重塑境内河流。联邦机构也跟随这一趋势，遵守环境监管的政策。在佛罗里达州南部，工程兵团开始对基西米河舍直取弯，而这条河在仅仅 30 年前才刚刚被裁弯取直。一时间，似乎恢复河流的热情永无止境。到 2015 年，单单 Inter-Fluve 一家公司就恢复了 500 多英里的河流。河流恢复项目在 20 世纪 90 年代到 21 世纪以指数级速度增长，而美国每年投入河流恢复的钱超过 10 亿美元。[1]

在 20 世纪 90 年代末期，恢复手段再次升级，像 Inter-Fluve 这样的公司开始将目光放在了水坝上。生态学家和环境科学家长久以来一直抨击水坝造成的环境破坏。水坝阻断了水流，让鲑鱼"望坝兴叹"，地貌支离破碎。它们扼杀了河流。约翰·麦克菲曾在《与荒原同行》中着重写道，水坝"有某种形而上的邪恶"，他还说，"在地狱的正中心就是一座坝。"[2]

水坝曾经遍布美国的河流，现在仍是这样。2000年，工程兵团估计，全国有80 000多座高度超过10英尺的水坝。根据这个估计，美国自《独立宣言》之后的几百年间，平均每天就建起一座水坝。当我们想到水坝，首先会想到胡佛大坝或大古力水坝，但绝大多数水坝是那些几十年前甚至一个多世纪前建造的小型私人结构，建造它们的理由从当年为殖民地村庄磨稻谷，到为那些如今已经倒闭的纺织厂提供动力，这些理由通常都已不复存在。许多默默无名但遍布各处的水坝已经荒废，或者对它们原本的目的来说已经变得毫无作用，不过它们仍然对环境造成了影响，遭到环境主义者的诟病。

在20世纪即将结束的时候，社会痛苦地面对着这些古老的基础设施的去留问题。在一些情况下，州政府机构会介入，并结束它们的命运。以威斯康星州和宾夕法尼亚州为例，他们意识到这些荒废的旧水坝有巨大的安全隐患。当地人称这些水坝是溺死孩童的杀手。所以两个州都开始拆除那些最危险的废弃水坝，其他的州也都效仿。如同河流恢复那样安静地开始，水坝拆除的时代也静悄悄地开始了，就好像是对河流一段隐秘的感情一样，几乎没有引起国内的注意。[3]

亲眼看到拆除水坝是一件稀奇的事情。大多数情况下，这个过程都会是虎头蛇尾，也很无趣。它就像围观一栋楼的建筑过程，只不过反过来。一个装着巨大钻头的挖掘机轰隆隆地靠近水坝下游那侧宽阔的水泥墙边，而水泥墙还笨拙地保护着这个即将毁灭自己的机器。接下来的几个小时，挖掘机伸长机械臂，将钻头钻入坝体之中，就像一只巨大的啄木鸟。随着工作的进行，水开始渗透出来，钻孔不断扩大，直到有一些河水从狭小的缝隙中迸出。随后这个毁灭者继续沿着水坝移动到下一个钻点。很快水就不再像瀑布那样从水坝的顶部倾泻，而是透过这些钻孔喷出，进一步侵蚀着水坝。接着这个钻头会代之以一个巨大的挖抓，将水坝的碎块铲进翻斗车里，然后将这些碎块拉去填埋。

在拆除小型的水坝时，有两样事物必不可少。首先是围观的人群。很多当地人会前来围观，讲述着发生在水坝的各种故事。"我当年就是在这里和伊芙琳求婚的。""还记得比利家的孩子是什么时候淹死的吗?"每座水坝都不可避免地和当地的村庄及其历史产生联系。其次,当水坝轰然倒下,水库的水流干后,总会有些惊喜。比如在明尼苏达州,水底发现了不少曲棍球网和上百个曲棍球。通常情况下,在水泥被清除之后,分层结构会逐一地出现。在被混凝土覆盖了一个世纪以后,随着水坝下面的原木和偷工减料的历史结构出现,水坝的年代和历史都被无情地揭开了。

在20世纪90年代末,水坝拆除项目进行了上百次。每一次的工作都类似,但都各具地方特色。在威斯康星州巴布拉河,工程就为了当地马戏团博物馆的大象做了调整。很多年来,这些大象都会在这个昔日的磨坊贮水池里洗澡,如果拆除水坝,它们下午泡个澡的惯例就要被打破了。在俄勒冈州,通过移除水坝来恢复鲑鱼的项目是内政部长布鲁斯·巴比特的得意之作,他挥舞着一柄金色的大锤,在水坝上凿开了第一个缺口。在北卡罗来纳州,为了获得当地的支持,水坝拆除者找了附近列尊营的海军陆战队带着炸药前来,将河流恢复当作军队训练项目。

从推土机到挖掘机,再到通过直升机投放炸药,水坝拆除成了河流恢复的一部分。或许,当河流的使用和滥用绕了一圈回到原点,就是拆除水坝。2011年9月17日,华盛顿州奥林匹克半岛的艾尔瓦河上,当时参与拆坝的有两位参议员、一位州长、垦务局官员和内政部长,这群人很可能在几十年前也出现在了水坝落成的剪彩仪式上。第一个钻孔被打在了位于艾尔瓦河下游一座弃用的水电站大坝上。驳船上的挖掘机进一步挖开了缺口,而巨大的起重机则从水坝顶部将房子大小的混凝土板吊起,它们工作的位置距离峡谷的底部有257英尺,峡谷底部来回游弋的奇努克鲑鱼正等待着时机。

挥舞着金色大锤的政客,还有让人眼花缭乱的环保主义者,在他们大张旗鼓的宣传下,水坝拆除和更广泛的河流恢复的经济核算被隐藏在了背景里。在蒙大拿州,挖出受污染的沉积物,并重新设计锡尔弗博溪的造价可不便宜。让奥林匹克国家森林里的河流舍直取弯也不容易。拆除一座小型水坝的价格足以让它作为单独一项登上州财政预算。而拆除大坝完全就是天价。在艾尔瓦河上拆除两座水坝并恢复其他的河段,最终花了3.25亿美元,而这几乎全都是由联邦政府出资的。

如果拆除水坝,或者笼统地说恢复河流的决定需要以是否有效的标准来衡量,而这些项目真的会对美国成百上千英里被破坏的河流产生明显的影响，那它背后的经济学计算就要有所改变。一整套不同的动机与机制就此登场，那就是市场的力量。

在 20 世纪早期和中期，为了国内经济，许多河流恢复工作都是在特定的时期进行的。资助河流恢复背后的观念是，河流恢复这种造福大众的事情应该由政府出资支持。第二次世界大战后经济迅猛发展，加上进步时代和大萧条遗留下的影响，确立起了一种模式，将联邦政府当作自然资源保护背后的经济引擎。河流恢复工程通常都是由像 Inter-Fluve 这样的私人咨询公司设计并实施，虽然有时他们会收到来自私人牧场主的付款，但他们最主要的资金来自联邦机构，或者可能是州或地方政府的环境保护计划。如果面对的问题是恢复被破坏的河流，这很可能是由政府出面解决。不过，当时也有许多不同意见的思想家，对这种环境恢复的经济假设提出了质疑。

约翰·戴尔斯并不是你印象中那种典型的有远见者的样子。首先，戴尔斯是一位经济学家，一个沉闷的科学领域中的从业者。作为多伦多大学的教授，在 20 世纪中叶坐在安大略湖的岸边，戴尔斯肯定想过一些看上去特别乏味的事情。五大湖污染严重，周围的河水都达到了水质的最低点，而那条燃起熊熊烈火的凯霍加河则是所有这些偏离正轨的典型事件。但是戴尔斯还是在那里，无声无息地转变着我们心中关于如何让一切变得更好的想法。

在他西边 500 英里的密歇根湖畔，戴尔斯的那些芝加哥大学的同行更为坦率，他们包括米尔顿·弗里德曼、弗里德里希·冯·哈耶克和罗纳德·科斯，他们正在尽全力重塑世界经济。他们对于市场经济有无穷无尽的信仰，相信将政府职能最小化，加上开放的市场，是解决任何政治难题的最高效的方法。糟糕的医疗保险？私有化。电费太高？解除管制。学校运作不佳？教育券。这种对于经济和政府如何适应彼此的反思史无前例，并且还要重提出在经济中最小化政府扮演的角色。[4]

戴尔斯并非不赞成这些芝加哥的同僚，但他也并不是完全同意。他和这群人关于市场的基本信仰是一致的，但他同样关注于解决现有的问题，这就需要面对纷繁复杂的局势提出务实的解决方法。他静静地坐下来，以传统的学术方式，进行了一场思想实验，思考如何利用市场和价格来降低五大湖污染，这就是今天我们所说的"总量控制与交易"。

首先，戴尔斯假设不能指望大众解决污染。相反的，政府必须认识到污染是一项公共问题，并且要明令要求通过降低污染来使五大湖变得更干净。现状是，有大量污染物不断排入五大湖，政府明令要求五大湖有清洁的水，势必会导致清洁水资源的短缺。其次，戴尔斯意识到，一个市场必须要有可交易的产品，也就是某种商品。他认为政府必须创造出这么一种商品，也就是排放污染物的权利。每一位污染者，比如钢铁制造商或城市污水处理厂，都会被分配一定量的排放污染物许可指标，他们可以自己使用，也可以出售给其他污染者。如果一位污染者排放的污染增加了，那污染者就需要从别人那里购买额外的指标。想要提高水质的政府机构，可以在一段时间里降低排放指标，从而限制总体排放量，增加了许可的稀缺性。这样一来，政府就可以通过运用亚当·斯密那只看不见的手来提高水质。就此，自由市场环保主义的几根支柱，也就是总量控制与交易、碳排放交易和生物多样性补偿，就于1968年诞生在了戴尔斯的书中，那本书很薄，只有111页。⁵

罗纳德·里根实施了许多芝加哥学者提出的理念。但是将市场化的理念放到环境当中，尤其是河流中这件事，则交给了他的继任者乔治·H. W. 布什。布什对自由市场环保主义中最重要的一项应用，就是《清洁空气法》的一系列修正案，这将约翰·戴尔斯思想实验运用到了解决现实世界的问题上，如工业烟囱带来的酸雨的污染问题。污染者被分配了一个排放污染的指标，并告知他们可以使用也可以交易这些指标。这一项目效果出奇地好，只花了预期成本的一部分，就换来了空气污染的显著降低。

相比之下，没那么受关注的是布什通过"零净损失"这个不太出名的项目，它将市场巧妙地应用在了河流和湿地上。随着人们意识到美国湿地正在迅速消失，零净损失的呼声最早出现在20世纪80年代中期。从19世纪以来，湿地就一直被人们抽干或填埋，不断消失，衰退的速度达到了平均每小时60多英亩。湿地恢复成了布什在1988年选举期间的一条环境纲领。1989年，他作为总统，在一次野鸭基金会的会议演讲中又提到了这个问题，并且断言，零净损失这个简单的政策方针会成为可以留给后世的环保政策遗产。借助调整话术的细微差异，河流也被作为一种特殊的类目划入到了湿地中，因此零净损失的原则也同样适用于河流。[6]

河流"零损失"就像是总量控制，只要会伤害河流，就禁止开发。而这个"净"则至关重要，这是戴尔斯的主意。零净损失创造出了一种受保护河流的稀缺性，同时也创造出了一种商品，使可能的河流市场能够运作。如果开发商想移动或渠道化自己土地上一条300英尺长的河流，他们只需要确保恢复其他的地方一条300英尺长的河流作为补偿，因为自然河流要保持一个净平衡。摧毁或污染河流、填平了河流，或让河流在地下流淌并不违法，只需要一份由工程兵团的批准，这个监管机构会考核整体的零净损失。这种利用指标的方法让政府有了灵活性，能够对社会不断变化的需求做出反应。对指标的需求意味着，如果某处湿地和河流减少，政府有最终决定权，并且通过改变优先级的方法，让政府在评估这些指标的时候能够自由裁量。政府在河流生态系统中创造出的这个总量控制与交易制度，让戴尔斯的思想实验成真。

仅仅在2006年，工程兵团就评估了约96 500份零净损失的指标申请。这是处在需求端的数据。这个新兴的市场同样需要供给端，也就是拥有待恢复的河流的供应商准备出售给那些寻找湿地和河流指标的开发商。这个现象创造出了一个不同寻常的商业机会，它是新兴经济体系中一个全新的市场。

"我们的工作就是找沼泽来交换。"这是乔治·霍华德对整个河流交易行业以及他自己的恢复系统公司的总结。就像许多其他的企业家一样，乔治·霍华德和他的生意伙伴约翰·普莱尔也在还不大清楚这个行业究竟如何运作的情况下，就进入了河流交易的领域。

霍华德和普莱尔都不是科学家，他们也没有像道格·汤普森那样在河流或实验室里花过多少时间，甚至可能完全没有。虽然对河流科学一窍不通，他们却能用自己在商业和政策上的知识来弥补。他们有能力对任何关于水力政策和环境市场的话题进行极具深度的剖析。1996年，当他们成立恢复系统公司时，环境市场看上去好像有巨大的前景，但是挺进这个新生市场似乎会牵涉到无穷无尽的未知事物。

霍华德和普莱尔在20世纪80年代末在大学里相识。他们俩最终都在华盛顿特区落了脚，成为国会的工作人员，那时恰逢零净损失的提案正在联邦政府的政策圈内酝酿。在特区的酒吧里喝酒的时候，他们俩就猜想，如果有一天零净损失的提案大展拳脚了，并且成为所有开发项目的标准，那几十乃至上百个土地开发商都会需要河流恢复项目，来从工程兵团那里为自己换取指标。第一个拥有正在运转的河流恢复项目和积分储备的人就能在市场里获得一席之地。

所以霍华德和普莱尔就成了第一批建立环境积分银行的人。普莱尔将这个新生的市场描述为，"最开始，开发商自己负责那些恢复项目，他们就是简单地留出一部分项目来移动河流，做出一些象征性的恢复工程，就这些。"

霍华德接下去说道："但是有哪个开发商愿意去对付那些环保的繁文缛节呢？他们仅仅想要从工程兵团手里拿到指标然后进行开发，只要有机会，他们才不愿放弃任何土地，所以他们宁愿花钱找人解决这些环境问题。这就是我们登场的时候了。"

霍华德和普莱尔提供的河流恢复项目，正式的名称叫作"补偿银行"。而恢复河流系统的公司所储存和借贷的商品被称为河流积分。在北卡罗来纳州，也就是恢复系统公司成立的地方，每一英尺的恢复河流等于 1 点河流积分。因此当一个开发商会影响到 300 英尺长的河流时，就借了工程兵团 300 点河流积分。也就是说，开发商在某处以某种方式欠工程兵团 300 点河流积分。当零净损失政策第一次投入实践的时候，这个开发商就要单纯的恢复 300 英尺的河流来获得那需要的 300 点积分，或者是找到别人在自己的私人土地上恢复 300 英尺河流。但没过多久，像恢复系统这样的公司就开始通过恢复自己购买土地上的河流来储存积分。一旦工程兵团批准了补偿银行，并且承认他们恢复的河流有效，这些银行就可以出售积分给开发商、道路修筑商和任何需要为了自己的工程购置积分的人，他们往往不想自己去解决这些麻烦，不想靠自己一英尺一英尺地去恢复河流。

2005 年，河流恢复积分的行情价超过了每英尺 200 美元，也就是每英里 100 万美元。河流恢复开始拥有了成为一个真正市场的各个特质。风险资本家支持着新生的补偿银行。联邦和州政府机构小心地监管并控制着市场。企业家租赁或购买土地，恢复河流，然后在更广阔市场上向买家出售这些积分。纵览这些地方，河流总是弯弯曲曲的，上面满是木头碎片，河里遍布碎石，为了鱼类生存各处都冲刷干净，以此彰显恢复的成功。补偿银行家甚至有一支贸易团队，去游说州和联邦政府的立法人员。[7]

但是，越来越多的银行家进入了这个行业。由工程师、水文学家和生态学家组成的新兴团队组建了各式各样的补偿银行互相竞争，寻找最合适的土地去恢复河流。约翰·戴尔斯所预见的一切，以及米尔顿·弗里德曼所保证的似乎都已成真。这里有竞争，并且这些环保恢复工作也都由私营企业在操作。在同一片区域有多家补偿银行，开发商在需要积分的时候就有了多种选择。竞争也带来了低价。借此，约翰·戴尔斯的水之梦终于实现了，政府创建了一个为河流而生的功能性市场。

补偿银行的推土机干的活，在大体上和过去几十年推土机在俄勒冈州与蒙大拿州干的活几乎一样，人们借助利奥波德和沃尔曼的方程，重塑河道的曲流，让河流重新拥有深潭和浅滩。因为在同一片区域有多家公司进行着同样的工作，竞争关系让价格下跌。河流恢复市场中最具竞争力和活力的地方包括了北卡罗来纳州，这里曾经的恢复价格很少低于每英尺 200 美元。从事恢复河流的工作，无论多长的河道被恢复，似乎都需要房地产律师、工程师、设计师和重机械。储备河流积分一度是个高利润的行业，但很快就变得仅仅能勉强获利。

2002 年，来自恢复系统公司的乔治和约翰看到了一个创新的机会。实际上，他们看见了上千个机会。他们的家乡北卡罗来纳州有上千个被州政府称为"功能性过时"的水坝。在乔治和约翰看来，所有这些被遗弃的老旧而过时的水坝都代表了一个不同寻常的机会，它们都对环境有害，同时也对公众的安全有隐患，更别提如果谁继承了其中一个，还得承担经济责任。引起乔治和约翰极大兴趣的，是那些数十年前的老旧水坝，它们在纺织业离开北卡罗来纳州之后就被废弃了，比如卡本顿大坝，它已经在迪普河上矗立了快一个世纪。实际上，威廉·特库姆塞·谢尔曼在南北战争结束前的几天，当他穿过南方阵营开辟道路的时候，出于某些原因留下了卡本顿大坝。这座大坝最终被用来给一家纺织工厂提供能源。在这家工厂最终被荒废后，大坝被闲置了几十年。乔治和约翰曾经看到过政府机构出资拆除水坝，有些无法为电力公司产生电力的水坝还是电力公司自己出钱拆除的。他们知道拆除水坝具有可行性，但想确定其中是否有利可图。

迪普河非常深。相比于北卡罗来纳州中部的其他河流，这条河流在连绵的农业景观中砍出了一条深深的河谷。在 2005 年 10 月 20 日那个清冷的早晨，雾气弥漫，充满了整个河谷。从桥上看，下面的河流全都被笼罩在了雾气之中，只能看见一片蜿蜒的灰色云雾穿过大地。可怕的声音从那里传来，有一阵阵持续的敲击和撞击声，就像地底的巨魔在活动一样。雾时不时地散开，一眼就能看到一台黄色的挖掘机，然后你会看到水坝的墙体，上面正中间有一个大洞。渐渐地，虽然像是有些不情愿，但迪普河还是从这个具有历史意义的水坝的泄洪口流出，向着河道中央流去。随着雾气再次笼罩，一切又被隐藏了起来，只剩下这种为了恢复而进行破坏的声音，回荡在河谷之中，乔治·霍华德站在河岸边，脸上露出灿烂的笑容。他找到了河流恢复的创新方法。

这种新的尝试，也就是这次创新，展现了恢复河流其实何其简单。恢复系统公司创造性的破坏计划，一下子就恢复了超过 5 英里的河流，创造了补偿银行里大量的积分，而代价不过是每英尺 70 美元。这些积分可以轻松地被转化，然后以每英尺 200 美元的价格在市场上出售，创造相当可观的利润。乔治和约翰改变了河流恢复市场的计算方式。仅仅在卡本顿大坝拆除后的五年里，两种原本濒危的贻贝就在迪普河的这个河段安了家。鱼类经常迁徙到这里，往返穿越过这片水域，而它们在过去 150 年间都无法这么做。迪普河如今可以直直地穿过原本的水库，然后开始弯曲。它自己开始形成曲流，紧接着沙洲、深潭和浅滩也——出现，就像道格·汤普森说的那样。

相比于联邦需要为移除水坝和恢复艾尔瓦河所投入的上亿美元来说，这种移除水坝的工作往前迈出了一大步。就像涌现出的其他更典型的河流恢复工程一样，这项工程也是由那些寻找积分的土地开发商出资完成的。在这种新型恢复经济中，房地产市场处在了需要恢复河流的一端。美国西南部阳光地带的各州在 21 世纪初经历了建筑狂潮。伴随着建筑的发展，道路建设也随之兴盛。每当一条公路要跨越河流，道路建造商就需要购买河流积分。从 2000 年到 2007 年，美国修建了近 227 000 英里的路，创造出了对积分的巨大需求。近 1 000 家补偿银行承接这些需求，结果就是，从 2000 年到 2007 年，开发商购买了价值接近 30 亿美元的河流与湿地积分。单从数据看来，这个项目看上去无疑获得了成功。[8]

但随着河流恢复从蒙大拿的私人牧场转向了积分市场，问题也出现了。在近一个世纪以前，当哈布斯为 CCC 做恢复工作的时候，这个问题曾经出现过，那就是，

芝加哥位于密歇根湖西南宽阔的平原之上

五大湖周围稠密的河道网络

现代的污水处理厂

大量含氮等物质排放，造成的水体内藻类暴发，形成水华

比维奇尔河

蜗牛镖鲈

被下水工程债券问题困扰的杰斐逊郡

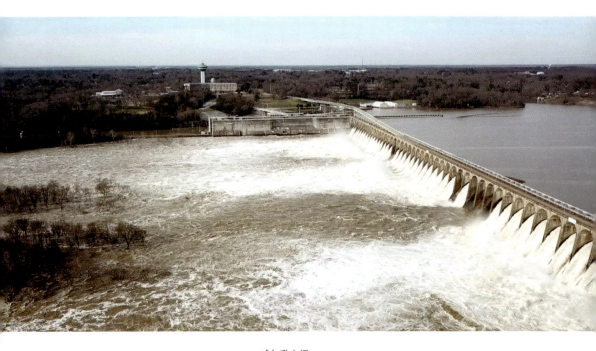
威尔逊大坝

利奥波德在沙郡的小屋

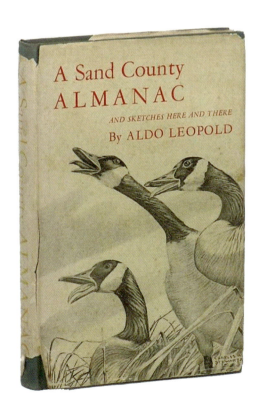

利奥波德的环境保护以及地方博物志的名著《沙郡年鉴》

河狸

河狸筑造的大坝系统

河狸大坝

被恢复的河流并没有明确的使用者。举例来说，当格雷格·库恩斯在爱达荷州为牧场主或社区设计河流的时候，很重要的一点是，鳟鱼能不能出现在恢复后的河流里。恢复后的河流是否可以为鳟鱼生存提供合适的环境会影响到口碑，所以库恩斯的成功取决于他的恢复工作可以为私人地主的河流带来更多的鳟鱼。但是，当获取指标成为恢复河流的动机之后，商品变成了河流的长度，恢复一条似乎也没人真正需要的河流，只要里程数达到了工程兵团的某个标准就可以。即便舍直取弯或者拆除水坝，致力于恢复河流的实际生态，在卡本顿大坝的这番工作也只是用创造了河流积分这种虚拟商品，用来在同样虚拟的积分市场上出售而已。这个市场的力量是政府凭空创造出来的，这是纯粹的政治经济，和政府在大萧条期间做过的那些工作相比，可能并没有太大不同。

恢复工程最关键的问题，并且也是真正测试亚当·斯密哲学的一点是，是否会有人纯粹出于个人的利益动机，而非政府的介入和要求，去恢复这些河流。

在俄勒冈州东部的高原沙漠中，家畜烙印是一项传统的社区活动，就像东部的搭谷仓一样。邻居在这里是个相对的词语，毕竟最近的牧场可能也有几十英里远，他们互相帮助，完成每年烙印、阉割和接种疫苗等工作。

斯考特·坎贝尔还是用老方法来烙印，依靠邻居和雇来的牛仔帮忙，用套索拖住牛群中的牛犊。随后骑在马背上的牛仔跳入牛群，把牛犊带出来后捆住四肢和脑袋。几十只脏兮兮的手一起按在牛眼圆睁的牛犊身上，做完必要的工作，不到 3 分钟，这头小牛就被放回到它妈妈的身边。这活动有种混乱而有序的氛围。刺耳的哞哞声和小牛的叫声混在一起，旋转的套索，牧牛人手忙脚乱地从露天燃烧的碳堆里把烧红的烙铁抽出来。现场很热，灰尘很大，还很忙乱，但从功能性上看却很优雅。这是一个非常高效的烙印系统，经过几代人的发展，如今已经适应了西部沙漠牧场的现实。

斯考特·坎贝尔就喜欢历经长时间发展的系统，而一个他认为正在拯救自己牧场的系统，现在也开始拯救河流。在这片区域并没有太多河。坎贝尔的牧场是希尔维斯山谷牧场，处在俄勒冈州东部海拔 5 000 英尺的高原上。虽然一些山上长着杰克松，但这片半干旱地区的大多数地方是贫瘠的土地，布满灰尘的灌木蒿绵延，偶尔会被一处凸起的岩石打断。那所谓的河流，也不过就是偶尔才出现的稍微有些湿润的山谷，远远看上去就像是嵌在淤泥质的山谷沉积物里的小树枝。这里或许能看到一片狭窄的草地，甚至还能看到零星的柳树，但它们通常只出现在隘谷深处，高高的坡地将它与更广阔的景观隔开，上方有更多灌木蒿。这就是西部高原沙漠的冲积景观，从华盛顿州东部一直延伸到亚利桑那州。

牛不靠灌木蒿为生，所以牧场主需要通过灌溉来种植牧草，前提是他们能做到这一点，否则就得购买干草。而两者都要花钱。遇到2013年这样的旱年，几乎没有牧场主能收获足够的草料来饲养家畜。所以他们不得不购买干草，或出售家畜。干草市场水涨船高，价格涨得很快。所有牧场主都面对相同的气候，一场干旱就会导致整个地区都在抛售家畜，牛的价格就会不可避免地骤降。

这种干旱的景观有几个不寻常的特点。其中一个是在一个河狸坝旁边，它就在希尔维斯牧场附近林务局的土地上。在水坝上游看到的景象着实惊人，周围一大片饱受旱灾影响、长满灌木蒿的地貌上，居然有一块40英亩水汪汪的绿草地。"这就是这片区域有了河狸之后的样子。"这是坎贝尔给出的非常合理的解释。对牧场主来说，这样一片绿地简直就像金矿一样。

坎贝尔在这个山谷里长大，他是镇里一位医生的儿子。他大学在俄勒冈州立大学，后来成为一名兽医，因为他慧眼独具，事业不断发展壮大。作为一名兽医，他开办了一家宠物医院，现在发展成了班菲尔德宠物医院（Banfield Pet Hospital）。他的妻子桑迪也生长在俄勒冈州东部的高原沙漠，他们一同将最早的一家宠物医院发展成了拥有450个宠物门诊的连锁品牌。当宠物公司开始在自己的门店中加入宠物门诊时，他们的合作对象就是班菲尔德门诊。

随着班菲尔德业务天文数字般地增长，坎贝尔夫妇想带着两个儿子回到位于希尔维斯山谷的小屋里度个假。这个小屋位于断崖之上，山下就流淌着海伊溪，这条溪流就像这个区域其他无数的隘谷河流一样。2003年，坎贝尔决定在溪流上下功夫，让他的儿子有个钓鱼的地方。红带鳟鱼是这里最好的鱼，目前大多数被发现的红带鳟鱼只生活在原始山谷受保护的区域内。坎贝尔并不知道外号"阿红"的沃尔曼或卢纳·利奥波德。他也没有雇佣工程师或地貌学家。他只是四处观察思考，然后开始在小溪和河漫滩上建造石堰，那是一种只有河岸高度的水坝。他的想法是减

第 12 章 恢复经济学 | 235

河狸

缓水流的速度，创造出深潭，然后河流流经石堰，创造出小型的浅滩，就能制造出一些供红带鳟鱼生活的栖息地。他成功了，坎贝尔的儿子在接下来的几年中每年暑假都能在小木屋边的海伊溪钓到鳟鱼。

而那时让坎贝尔没有想到的是，他在海伊溪造的石头小水坝其实复制了在西部人类定居之前，河狸所做的工作，即便那个时候的鱼和草不算特别丰富，也比现在要多得多。在那段时间里，河狸发展迅猛，它们的水坝创造了更复杂的河流，其中不止有水坝、深潭和曲流的阶梯。当河狸建造一座河狸坝的时候，上游的深潭中流速较慢的水里逐渐堆满沉积物。下游水坝的蓄水高度正好达到让地面稍稍湿润的程度，青草能够生长，而小池塘则变成了一片草地，中间流淌着一条狭窄的溪流。数量繁多的河狸进行着它们的水利工程，西部高原沙漠的自然景观是由长满草的牧场、山谷中潺潺的溪流和山地上的灌木蒿一起拼凑出来的拼花毯，而不是像如今这样，成了一张只有灌木蒿和微湿的隘谷组成的灰毛毯。

正是欧洲移民创造了如今这样的景观，其中最关键的是他们消灭了河狸。西部最早一批移民是用陷阱的猎人，他们彻底捕尽了河狸。因为当时的欧洲疯狂地痴迷于河狸皮毛的帽子，这些开拓者和猎人为了搜寻河狸，扫荡了俄勒冈州东部和爱达荷州南部。在 1823 年到 1829 年间，他们从这一区域一共捕获了 18 000 只河狸，而在 19 世纪 30 年代，他们又陆续抓了几千只。到了 19 世纪 50 年代，猎人又发现了几百只。由于大西洋彼岸对河狸的需求，让这里的河狸基本上灭绝了。没有了日常维护，河狸在美国西部建造的水坝都毁了，一同消失的还有那些草地和山谷中的树木。随着水坝腐烂后被水冲垮，那些满载沉积物的牧场被侵蚀，只留下了这片像月球表面一样的荒山野岭。[9]

当坎贝尔在 2007 年买下希尔维斯山谷牧场的时候，他也逐渐了解到关于河狸的这段历史。他发现这片区域里保存下来的河狸坝和草地，也注意到了这里过去的一些记录中提到了河狸。因为坎贝尔早已用挖掘机和推土机处理过了自己整片牧场，他发现自己有机会能恢复一些牧场里的河流，来钓鳟鱼。"是的，一开始我的目的就是钓鱼。"他边说边笑，走过了他最近才恢复的弗拉特溪。

在这条溪和他牧场里的其他溪流中，坎贝尔用了他几年前使用过的招数，建造了一系列跨过河沟的石堰，让它们的间隔正好够形成人工的"河狸深潭"和草地。

这招奏效了。鱼类出现在恢复后的弗拉特溪里，但最让人印象深刻的是，草地出现了。坎贝尔在希尔维斯山谷重复着河狸的工作。他搭设的跨越溪流的石堰，为鳟鱼提供栖息地，同时也为溪流储存了水。当河流被深挖或下切后，春雨和雪融水会快速地流向下游，河漫滩的土壤因为被堆积得太高，导致植被无法吸取到地下水。而石堰的存在降低了河水的流速，让水能浸入土壤，使得地下水位上升。随着水位上升，灌木蒿消失了，因为它们无法在如此湿润的土壤中存活，原本的草原就恢复了。不再需要人工种植草地，也不需要额外灌溉。在恢复工程一年后，另外一个牧场的牛仔路过弗拉特溪的时候，他说："我路过这里的时候，哪里都是绿色。这地上可不只是青草，它们入秋后都是牲畜的干草。"

在弗拉特溪，最印象深刻的经历就是倾听这里的声音。水流漫过石堰的汩汩声，鳟鱼和水獭浮出水面时的哗哗声，还有听上去似乎像无数只鸟进进出出这片区域时鸣叫的吱吱声，以及微风吹过这些高草时的沙沙声。坎贝尔完成了不可能完成的任务，他做到了威洛韦莫克俱乐部、CCC、密歇根学派、工程兵团和无数工程师都没能完成的任务。他不仅仅是恢复了河流，而是恢复了整个生态系统。

斯考特·坎贝尔的河流和其他大多数恢复项目不一样。在美国各个地方的河流恢复如今变得像心脏手术一样复杂。对大型施工机器的需求不断攀升，恢复工程撕开河边的走廊，砍倒河边的树木，给挖掘机和推土机开出一条道路来，这些机器里喷出了一股股柴油废气。整个过程都是在方程和电脑模型的指引下进行的，最终带来一条恢复后的蜿蜒的河流。所有这些工作之后，大多数河流恢复项目的成功仅仅存在于宣传中。被恢复的河边会有一块体面的标志，上面印有参与其中的联邦机构和公司的标志，这块强制性的广告牌宣示着生态的胜利。但是除了这块招牌之外，大多数被恢复的河流中都很难找到生态胜利的真实证据。

斯考特·坎贝尔也渐渐地学到了这点。他参加了恢复项目会议，阅读了所有相关文献。他开始觉得这一切都太疯狂了。范·克莱夫和哈布斯，以及其他无数工程师在河流中建造各种结构时的出发点，都是坚信自己才是关键一环。坎贝尔往回退了一大步，猜测河流存在的问题，其实是另一个更大问题显示出来的症状，而河狸才是最重要的一环，要恢复河狸的存在。他解释说，至少要恢复河狸带来的影响，这样河流就会跟着恢复。坎贝尔的方案完全不同寻常，完全不同于其他人的方法，而他成功了。

同样重要的是，这个策略对坎贝尔牧场主的身份大有裨益，作为牧场主，他需要用到家畜单位月（AUM）这个单位，也就是饲养家畜所用的饲料量，来衡量一头牛每个月吃的草料量。通常情况下，在俄勒冈这片区域，坎贝尔需要 5 英亩土地产出 1AUM，这个量他既能自己用，也能以 25 美元每年的价格出租给其他牧场主。因此，平时普通用来牧牛的草地价格是每年每英亩 5 美元。在弗拉特溪沿岸，当他开始自己的恢复工作之前，这里有 600 英亩岸边的牧场。设想一下，在这片半干旱的土地上，通常需要 5 英亩的土地才能产出 1AUM 饲养牧牛，每 AUM 价值 25 美元，坎贝尔可以将弗拉特溪这片草地粗略的估算成每年 3000 美元的收入。

2013 年，当弗拉特溪被恢复后的 3 年，上面的算式都被改写了。他现在的土地上每英亩可以产出 3AUM，而非当初的每 5 英亩产出 1AUM，在市场价 25 美元每 AUM 的情况下，弗拉特溪的草地如今每年可以给他带来 45 000 美元的收益。除此之外，就像那个牛仔提到的，这片土地都是牲畜的干草。坎贝尔现在可以先收割一茬牧草，制成干草之后，仍然继续用这片草地放牧。他现在拥有的这片 600 英亩的草地上，每英亩都能打包 1 吨到 1.5 吨的干草，而干草每吨的净利润达到了 120 美元，这让坎贝尔拥有了价值 70 000 美元的干草，他既可以自己用来饲养家畜，也可以出售。2013 年，整个地区都陷入了长期的干旱，大多数牧场主都面临着要么购买干草，要么低价亏本出售家畜的选择，河流恢复帮助坎贝尔渡过了难关。就像他后来总结的那样："我现在能够在这片恢复的区域将产能提高 10 倍，而且我还能钓到鳟鱼。"

所有这些成功都是投资的回报。对坎贝尔来说，投资行为本身和获得的成功同样重要。他以 10 万美元每英里的价格恢复了 1.5 英里的弗拉特溪，和附近超过 3 英里的坎普溪。但是坎贝尔和他雇来帮忙的人都在寻找降低成本的方法。史蒂夫是希尔维斯山谷一个说话细声细语的牧场工人，他在溪流上做过许多实实在在的建筑工作，当他朝着坎贝尔牧场另一个正在恢复的项目点了点头，露出了狡黠的一笑，说道："我们现在已经把成本降低到每英里 20 000 美元了。"

虽然坎贝尔知道其他许多的恢复工程都致力于让河流舍直取弯，并种植柳树，在他看来，"如果做出这种规模的投资，那换来的回报也必须是巨大的"。相反，坎贝尔总是希望在有正面回报的情况下，做的越少越好。他认为，自己恢复的大多数河流都能在2年到3年内回本。但是他总是很快指出，他已经获得了干草、牧草以及不断增值的土地，还有他最初追求的鳟鱼。他已经获得了其他所有恢复工程所追求的东西。但是他所做的事情不一样，他为了追求很小的目标而获得了很大的收获。

大多数参与到河流恢复的人都不会自欺欺人地认为这是个在经济上可持续发展的行业。在政府资金缩水和房地产泡沫破灭的时间段里，为了获得未知的生态好处而花费每英里100万美元的成本，这种环境政治实验是否能在未来几十年持续下去，或者说是否该持续下去，这些都是问题。但是在俄勒冈州东部荒芜的牧场里，斯考特·坎贝尔可能发展出了一套真正的恢复经济模式。

别的牧场主都在观望坎贝尔的恢复工作，不仅仅是因为他的方法新颖，而是因为这方法真的奏效了。一些牧场主开始时对此还有点忿忿，但过了一段时间，他们又眼馋这种方法带来的好处。有一些参与了烙印活动的牧场主也开始在自己的土地上尝试恢复河流。在烙印活动后供应麋鹿排和土豆沙拉的午餐会上，一个邻居牧场主就开始讲述为什么他和其他一些牧场主对河流恢复感兴趣。为什么他们现在主动干起了早年间西部政府硬性要求他们做的事情呢？他给出的第一个原因可能我们都能猜到，那就是自豪感，以及一种老生常谈，一位优秀的牧场主应该时刻记住，不要仅仅想着明年牧场会怎么样，而要想到50年后会怎么样。这些事先就能准备好的答案，解释了为什么农场主和牧场主应该以可持续性发展的角度管理自己的土地。这个答案已经被用过太多次了，对于外人来说通常没有说服力。但是随后这位农场主用他蓝色的眼睛扫视了一遍广袤开阔的地平线，然后说了一些关于西部农场河流恢复意味深长的话："一个很大的原因就是政治的可持续性。大多数牧场主只想安静地进行自己的工作，和自己的家人和牧场在一起。如果公众了解牧场主管理自己土地的水平高于那些机构，那牧场主很有可能就能独立工作生活。人们因为相信你所做的事是正确的，而让你独立工作，这是西部牧场可持续发展的重要组成部分。"

或许斯考特·坎贝尔真的找到了一种方法，在半干旱的西部让一些牧场能够持续发展下去。在最开始的时候，坎贝尔和那些在卡茨基尔度假的鳟鱼钓客没有什么区别，同样是一位富裕的商人希望在自己周末度假小屋边能多钓到几条鳟鱼。但是当他发现会恢复河流，其实是恢复用来牧牛的草地这一关键后，这直接让问题由如何从河里钓出更多鳟鱼，变成了如何拥有一个更健康的生态系统。他的鳟鱼之河带来了青草之河，并且在这个过程中恢复了这里的经济。

致 谢

在河流以及相关领域工作的人都热爱着自己的职业。他们也热衷于与别人谈论自己的工作，这正是本书能够顺利出版的原因。我在书里直接提到了许多人，但在幕后其实有很多甚至更重要的人，从事着教育以及后勤方面的工作。

比尔·比科姆船长在中西部航行很有经验，他安排我前往位于密西西比河下游的克里斯托弗·帕森内奇号的这份人情是无法报答的。除此之外，比尔用他那关于驳船的渊博知识储备回答了我数不清的问题。船员中有很多是我所认识的最具智慧的河流科学家，不过其中没有人能比豪迪·迪蒂以及唐尼·兰德曼更出色了，他们能容忍我在驾驶舱里的所作所为。

乔·吉布斯（Joe Gibbs）和苏珊·德洛索（Susan Dell'Osso）教会了我防洪区的相关知识，达里尔·阿门特罗特（Daryl Armentrout）和泽格·普拉特（Zyg Plater）向我介绍了TVA，帕特里克·马龙告诉了我纺织厂的知识，本·库普（Ben Copp）告诉了我关于牛和饲养的内容，亚当·里格斯比（Adam Riggsbee）和托德·本多尔（Todd BenDor）向我解释了补偿银行。布莱恩·查芬（Brian Chaffin）则是我在乘筏子与开车渡过克拉马斯河时的向导，如果没有他之前的学术著作以及热情的向导，我对部落用水权的理解绝对会浅薄很多。查克·波多拉克（Chuck Podolak）和迪斯科·迪恩（Disque Deane）倾尽所能地教导了我关于西部用水和科罗拉多河的知识，而之后杰夫·米尔鲍尔（Jeff Muehlbauer）和泰德·肯尼迪则带着我上了一条筏子顺流而下，让我这个南方人尽可能地理解西部的那些知识。还有就是美国最棒的牧场、让我五体投地的希尔维斯山谷牧场，而牧场的女主人桑迪·坎贝尔是我遇到过最善良慷慨的人之一。

我有幸作为一名弗雷德里克·克拉克学者，在美国陆军工程兵团下的水资源研究所里度过了一年的时光。就是在这里我学习到了大量关于航行、防洪的学院知识，同时还有时间去深究工程兵团的历史，并且有机会缠着盖里·加洛韦询问他各种问题。除此之外，卢纳·利奥波德耐心地和我通信告诉我早年间地貌学的往事，而"阿红"也在我到访他的办公室时用一样的故事盛情地款待了我。遗憾的是,这本书没能在他们离世前出版。

古根海姆学者奖让我有了写作的空间,而纽约普莱森特湖滨公共图书馆的图书管理员给予了我完成初稿的空间。

是道格·希尔德斯(Doug Shields)在密西西比三角洲上很多天的教育,促使我最初选择了河流研究这条道路,他让我知道了汉弗莱斯、马克·吐温、马迪·沃特斯(Muddy Waters)和福克纳(Faulkner),我同时也学习到了剪应力、水生栖息地。从此以后,我就在一流学者乔恩·哈勃(Jon Harbor)和艾米丽·斯坦利(Emily Stanley)的指引下亦步亦趋。我有幸能够在北卡罗来纳州立大学的地理系度过了十多年,在这里我得以从拉里·班德(Larry Band)、约翰·弗罗林(John Florin)、史蒂夫·伯索尔(Steve Birdsall)和查德·布莱恩特(Chad Bryant)的谈话中学到了众多关于水文和历史的知识。

我在其他地方认识的河流领域的朋友和同事,尤其是瑞贝卡·蕾夫(Rebecca Lave)、摩根·罗伯森(Morgan Robertson)、弗兰克·马吉利甘(Frank Magilligan)、罗伦·帕特森(Lauren Patterson)、杰克·施密特(Jack Schmidt)、罗博·雅各布森(Robb Jacobson)和威尔·格拉夫(Will Graf),他们拥有关于河流和社会相关的强大的信息。河狸草甸和拆除水坝这两个内容让我得到结识戈登·格兰特(Gordon Grant)的机会,我从和他的友谊中收获颇丰。

我在过去 15 年里的博士生都非常优秀,没有例外。他们除了自己的学术能力和成就出类拔萃,同时也对我在历史问题中不断分心和跑题表现出了极大的耐心。

马特·维兰(Matt Weiland)和唐·拉姆(Don Lamm)是我的出版社和经纪人,他们穷尽了一切让我成为一名作家,利用他们的能力帮我攻克自己的缺陷。不夸张地说,雷米·考利(Remy Cawley)精准的编辑至关重要。我的一些同事对本书的早期版本提出了无价的建议,他们是吉姆·扎尔兹曼(Jim Salzman)、瑞贝卡·蕾夫(Rebecca Lave)、杰夫·蒙特(Jeff Mount)、威尔·格拉夫(Will Graf)、本·库普(Ben Copp)和布莱恩·查芬(Brian Chaffin)。

我的父母曾经带我去阿肯色州的布法罗河上划船,那是一艘巨大的黄色独木舟,这份经历让我此生走上了正确的方向。他们随后还督促我一遍遍写文章。我的哥哥怀亚特（Wyatt）也是一名水文科学家，他曾教我密苏里河以及河流渔业的知识，他做到了一个哥哥应做的一切。

我的孩子们和我在普莱森特湖上不知花了多少个小时一同划船，在萨坎达加摇桨，在伊诺翻石头。无论他们是乐在其中还是忍受着我，我都非常感激他们对我的陪伴。

最后，20 年前，嘉莉·布劳姆奎斯特（Carrie Blomquist）陪着我一起泛舟在密苏里河的上游，自那时起，她就一直迁就着我对于河流的过分迷恋，我希望她知道，能超过我对河流的这份迷恋的，只有我对她的爱恋。

注 释

第1章 为共和国引路

1. Jefferson to Washington, 15 March 1784, in Thomas Jefferson Papers, *Library of Congress American Memory*, https://memory.loc.gov/. 注意波托马克河的拼写几个世纪以来的变化，我在引文中采用了目前的拼写方式。

2. 一份更长、更可读的华盛顿在该地区的游记收在 J. Achenbach, *The Grand Idea: George Washington's Potomac and the Race to the West* (New York: Simon & Schuster, 2004), 47–120; 引文在第114页。

3. H. Adams, *Life of Albert Gallatin* (Philadelphia, PA: J. B. Lippincott, 1879), 56–58.

4. Washington to Jefferson, 29 March 1784, George Washington Papers, *Library of Congress American Memory*.

5. 这三个人后来在他们帮助建立的政府中担任了职务，汉密尔顿是第一任财政部长，麦迪逊在第一届国会众议院任职，杰伊是最高法院第一任首席大法官。

6. John Jay, Federalist No. 2, in *The Federalist Papers*, ed. C. Rossiter (New York: New American Library, 2003), 32.

7. Alexander Hamilton, Federalist No. 11, in *The Federalist Papers*, 79.

8. 1789年通过的《权利法案》表明，除非明确赋予国家政府某项职能，否则该职能是各个州的责任。

9. C. C. Weaver, "Internal improvements in North Carolina previous to 1860," *Johns Hopkins University Studies in Historical and Political Science* 21, no. 3–4 (1903): 121–27, 161–79.

10. A. Parkman, *History of the Waterways of the Atlantic Coast of the United States* (Alexandria, VA: U.S. Army Corps of Engineers National Waterways Studies, 1983), 20–25.

11. G. R. Taylor, *The Transportation Revolution, 1815–1860* (New York: Rinehart, 1951), 32–55.

12. A. Parkman, *History of the Waterways of the Atlantic Coast*, 33–34.

13. J. F. Stover, *American Railroads* (Chicago: University of Chicago Press, 1997), 6–7.

14. P. L. Bernstein, *Wedding of the Waters: The Erie Canal and the Making of a Great Nation* (New

York: W. W. Norton, 2005), 304.

15. 伊利运河上的定期客船通常由三匹马牵引，不载货，而且航行迅速。缆船的成本较低，大约低三分之二，缆船只有两匹马，它们更重，速度更慢。Letter from Karl Brunnhuber at Erie Canal Museum in Syracuse, New York; additional descriptions of traveling on the Erie Canal in this era can be found in F. Deoch, New York to Niagara, 1836, *The Journal of Thomas S. Woodcock* (New York: New York Public Library, 1938).

16. P. L. Bernstein, *Wedding of the Waters*, 353–55.

17. 波托马克运河税收、支出和经济状况的细节来自 R. J. Kapsch, *The Potomac Canal* (Morgantown: West Virginia University Press, 2007), 242–52.

18. "Valuation, Taxation, and Public Indebtedness, VII," *Tenth Census of the United States, 1880* (Washington, DC: U.S. Government Printing Office, 1884), 523–26.

19. James Madison, Federalist No. 41, in *The Federalist Papers*, 254–55.

20. Alexander Hamilton, Federalist No. 23, in *The Federalist Papers*, 149.

21. Hamilton, Federalist No. 30, in *The Federalist Papers*, 184.

22. Hamilton, Federalist No. 24, in *The Federalist Papers*, 157.

23. Shallat 提供了工程兵团形成年代及其发展的完整历史；详见 T. Shallat, *Structures in the Stream: Water, Science, and the Rise of the U.S. Army Corps of Engineers* (Austin: University of Texas Press, 1994), 30–42, 79–100.

24. K. Baumgardt, "Robert E. Lee: A Personal Look at Baltimore's 'First' Engineer," in *Baltimore Civil Engineering History*, ed. B. G. Dennis and M. C. Fenton (New York: American Society of Civil Engineers, 2005), 53–64.

25. Alexander Hamilton, Federalist No. 78, in *The Federalist Papers*, 465.

26. Alexander Hamilton, Federalist No. 80, in *The Federalist Papers*, 479.

27. W. F. Swindler, *The Constitution and Chief Justice Marshall* (New York: Dodd, Mead and Company, 1978), 77–86, 358–74.

第 2 章　密西西比河上的生活

1. 在 19 世纪 30 年代和 40 年代的一些年份里，从新奥尔良出口的货物价值实际上超过了纽约。G. R. Taylor, *The Transportation Revolution, 1815–1860* (New York: Rinehart, 1951), 7–9.

2. J. Mak and G. Walton, "Steamboats and the great productivity surge in river transportation," *Journal*

of Economic History 32, no. 3 (1972): 619–40.

3. J. Mak and G. Walton, "Steamboats and the great productivity surge in river transportation," 619–40.

4. 这些数值和估计是针对密苏里河下游的，这条河非常难以航行。P. O'Neil, *The Rivermen* (New York: Time-Life Books, 1975): 83, 130, 144.

5. Alexander Hamilton, James Madison, and John Jay, Federalist No. 35 and 36, in *The Federalist Papers*, 207–20.

6. Alexander Hamilton, 引自 Federalist No. 31, in *The Federalist Papers*, 190。

7. F. G. Hill, *Roads, Rail, and Waterways: The Army Engineers and Early Transportation* (Norman: University of Oklahoma Press, 1957), 18–36, 163, 184–85, 195.

8. M. Twain, *Life on the Mississippi* (New York: The Modern Library, 1994), 212.

9. S. B. Carter et al., *Historical Statistics of the United States, Earliest Times to the Present: Millennial Edition* (New York: Cambridge University Press, 2006), chap. Df, table Df, 690–91.

10. National Research Council, *The Missouri River Ecosystem* (Washington, DC: National Academies Press, 2002), 10–11.

11. M. Grunwald, "An Agency of Unchecked Clout; Water Projects Roll Past Economic, Environmental Concerns," *Washington Post*, September 10, 2000; J. A. Hird, "The political economy of pork: Project selection at the U.S. Army Corps of Engineers," *American Political Science Review* 85 (1991): 441–50.

12. 1925 年至 1957 年：C. E. Landon, "Freight Traffic on the Ohio River," *Financial Analysts Journal* (1961): 51–56; 自 1975 年起：U.S. Army Corps of Engineers, *Waterborne Commerce of the United States, Annual Data* (Alexandria, VA: Institute for Water Resources, 2015), table 3-2.

第 3 章　防洪堤的出现

1. W. Wilson, "The study of administration," *Political Science Quarterly* 56 (1941): 505.

2．联邦制的整体演变，见 D. J. Elazar, "Opening the third century of American federalism: Issues and prospects," *Annals of the American Academy of Political and Social Science* 209 (1990): 11–21. 同样可见 J. Kincaid, "From cooperative to coercive federalism," *Annals of the American Academy of Political and Social Science* 509 (1990): 139–52.

3. 堤防区的组织和财务很少受到历史的注意。哈里森的工作主要分析了密西西比河下游地区可用的记录。R. W. Harrison, *Alluvial Empire, Volume One: A Study of the State and Local Efforts Toward Land Development in the Allu- vial Valley of the Lower Mississippi River* (Little Rock, AR: Pioneer Press, 1961), 89–92. 一份财务信息略少的综述可见：R. W. Harrison, "Flood control in the Yazoo-Mississippi Delta," *Southern Economic Journal* 17 (1950): 148–58.

4. 中西部、北部地区和伊利诺伊河谷的许多地区被称为"排水区"，因为它们有多重任务，首先将湿地变成可耕种的土地，然后让河流的水持续流出。J. Thompson, *Wetlands Drainage, River Modification, and the Sectoral Conflict in the Lower Illinois Valley, 1890–1930* (Carbondale: Southern Illinois University Press, 2002), 10–11. 对萨克拉门托河上防洪堤建设的介绍，详见 R. Kelley, *Battling the Inland Sea: American Political Culture, Public Policy, and the Sacramento Valley, 1850–1986* (Berkeley: University of California Press, 1989), 10–15。

5. J. Thompson, Wetlands Drainage, *River Modification, and Sectoral Conflict*, 16. 我校正了原文中的错字。

6. G. D. Lewis, Charles Ellet, Jr.: *The Engineer as Individualist* (Urbana: University of Illinois Press, 1968), 12–23.

7. C. D. Calsoyas, "The mathematical theory of monopoly in 1839: Charles Ellet, Jr.," *Journal of Political Economy* 57 (1950), 170.

8. J. M. Barry, *Rising Tide: The Great Mississippi Flood of 1927 and How It Changed America* (New York: Simon & Schuster, 1997), 33–37.

9. G. D. Lewis, *Charles Ellet*, 134–43.

10. 全称更令人望而生畏：A. A. Humphreys and H. L. Abbot, *Report Upon the Physics and Hydraulics of the Mississippi River; upon the Protection of the Alluvial Region against Overflow; and upon Deepening the Mouths: Based upon Surveys and Investigations Made under the Acts of Congress Directing the Topographical and Hydrographical Surveys of the Delta of the Mississippi, with such Investigations as Might Lead to Determine the Most Practicable Plan for Securing it from Inundation, and the Best Mode of Deepening the Channels at the Mouths of the River* (Washington, DC: United States Army Professional Papers of the Topographical Engineers), 1876. Abbot 的引用来自 M. Reuss, "Andrew A. Humphreys and the development of hydraulic engineering: Politics and technology in the Army Corps of Engineers, 1850–1950," *Technology and Culture* 26 (1985): 9。

11. A. A. Humphreys and H. L. Abbot, *Report on the Physics and Hydraulics of the Mississippi River*, 192.

12. C. Ellet, *The Mississippi and Ohio Rivers: Containing Plans for the Protection of the Delta from Inundation; and Investigating the Practicability and Cost of Improving the Navigation of the Ohio and Other Rivers by Means of Reservoirs* (Philadelphia, PA: Lippincott, Grambo and Company), 1853.

13. M. Reuss, *Wetlands, Farmlands, and Shifting Federal Policy: A Brief Review* (Washington, DC: U.S. Army Corps of Engineers, 1994), 3–5.

14. C. Ellet, *The Mississippi and Ohio Rivers*, 28.

15. 有关密西西比河和密苏里河：U.S. Army Corps of Engineers, *Floodplain Management Assessment of the Upper Mississippi River and the Lower Missouri Rivers and Tributaries* (Minneapolis, MN: Minneapolis–St. Paul District U.S. Army Corps of Engineers, 1995), 2–6. 有关伊利诺伊河：J. Thompson, *Wetlands Drainage, River Modification, and Sectoral Conflict*, 59–60。

第 4 章　防洪

1. 堤防区工程师的科学专业：W. Starling, "Flood heights in the Mississippi River, with especial reference to the reach between Helena and Vicksburg," *Transactions of the American Society of Civil Engineers* XX (1889): 195–228. 根据密西西比堤防区的数据，洪水的概率从大约每 3 年到每 6 年一次。R. W. Harrison, *Alluvial Empire, Volume One: A Study of the State and Local Efforts Toward Land Development in the Alluvial Valley of the Lower Mississippi River* (Little Rock, AR: Pioneer Press, 1961), 116–18, table III-5. 年份包括 1867 年、1882 年、1883 年、1884 年、1890 年、1897 年、1903 年、1912 年、1913 年和 1927 年。

2. 在西北部和中西部的影响，见 J. L. Arnold, *The Evolution of the 1936 Flood Control Act* (Alexandria, VA: Office of History, U.S. Army Corps of Engineers, 1988), 17–18. 有关萨克拉门托河，见 R. Kelley, *Battling the Inland Sea: American Political Culture, Public Policy, and the Sacramento Valley 1850–1986* (Berkeley: University of California Press, 1989), 268–69, 277. 19 世纪末，联邦政府指派两个委员会开始处理有关联邦政府在防洪方面缺乏作用的投诉，这两个委员会分别是密西西比河委员会和加利福尼亚州泥石流委员会。它们都是由工程兵团的军官组成，负责制订抑制洪水的计划，作为维持航行的机制。两个委员会都不进行实际工作，而是提供规划和技术信息，由州负责执行。这两个委员会都试图在国家政府的参与和州政府的责任之间取得平衡，但他们的行动总是打着航运的幌子，联邦政府在航运中有明确的角色。M. D. Mitchell, "Land and water policies in the Sacramento–San Joaquin Delta," *Geographical Review* 84 (1994): 412–18。

3. 1927 年洪水最令人信服的记录是 J. M. Barry, *Rising Tide: The Great Mississippi Flood of*

1927 and How It Changed America (New York: Simon & Schuster, 1997). 有关地区洪水及影响的更多统计，见 Harrison, *Alluvial Empire*, 148–49。

4. Arnold, *Evolution of the 1936 Flood Control Act*, 18; C. A. Camillo, *Divine Providence: The 2011 Flood in the Mississippi River and Tributaries Project* (Vicksburg: Mississippi River Commission, 2012), 16–17.

5. M. Grunwald, *The Swamp: The Everglades, Florida, and the Politics of Paradise* (New York: Simon & Schuster, 2006), 191–96.

6. R. M. Smith, "The politics of Pittsburgh flood control, 1908–1936," *Pennsylvania History* 42 (1975): 5; Arnold, *Evolution of the 1936 Flood Control Act*, 58–65.

7. 1917年的第一部《防洪法》开始打破防洪中的联邦限制，它向密西西比河拨款4500万美元，向萨克拉门托河拨款560万美元。虽然地理范围有限，并且继续只关注堤防，但1917年的法案公开承认防洪是联邦政府感兴趣的，这是革命性的。它的直接影响有限，部分原因是堤防区已经完成了这么多。在1917年的法案之后，没有对亚祖－密西西比防洪堤进行任何工作，因为那里的堤防已经达到了美国政府规定的规格，密西西比河地方区近70%已经达到联邦标准。Harrison, *Alluvial Empire*, 195, 226. 由于防洪堤与航运的紧密联系，防洪堤的作用也很复杂，这可以把工程兵团的作用仅限于州际贸易的航道联系起来。C. A. Camillo and M. T. Pearcy, *Upon Their Shoulders: A History of the Mississippi River Commission from Its Inception Through the Advent of the Modern Mississippi River and Tributaries Project* (Vicksburg: Mississippi River Commission, 2004), 85–101。

8. 了解防洪堤尺寸的增长，见 J. D. Rogers, "Development of the New Orleans flood protection system prior to Hurricane Katrina," *Journal of Geotechnical and Geoenvironmental Engineering* 134 (2008), 615.

9. 卡米洛从美国工程兵团高层的角度，详细记录了2011年的洪水，其中包括一个特别章节重点介绍密西西比州格林维尔地区的河流。Camillo, *Divine Providence*, 164–216.

10. 一些研究集中在国会和工程兵团的关系上。费雷约翰的研究尤其具有批判性和分析性。J. A. Ferejohn, *Pork Barrel Politics* (Stanford, CA: Stanford University Press, 1974), 19–21, 25–46, 233–35. For Missouri River infrastructure, see L. Cartwright, "An examination of flood damage data trends in the United States," *Journal of Contemporary Water Research and Education* 130 (2005): 20–25。

11. National Research Council, *New Directions in Water Resources Planning for the U.S. Army Corps of Engineers* (Washington, DC: National Academy Press, 1999), 19–27.

12. 有关1993年洪水的全面气候学和水文学的回顾，见 S. A. Changon, *The Great Flood of 1993: Causes, Impacts, and Responses* (Boulder, CO: Westview Press, 1996), chaps. 2 到 4. 有关抗洪的工作，见 G. A. Tobin, "The levee love affair: A stormy relationship," *Journal of American Water Resources Association* 31 (1995): 363. 有关洪水的空间和经济影响，及与1927年洪水的比较，见 M. G. Anderson and R. H. Platt, "St. Charles County, Missouri: Federal Dollars and the 1993 Midwest Flood," in *Disasters and Democracy: The Politics of Extreme Natural Events*, ed. R. H. Platt (Washington, DC: Island Press, 1999): 215–18。

13. 城市和区域规划界人士称这种情况为"安全发展悖论"，详见 R. Burby, "Hurricane Katrina and the paradoxes of government disaster policy," *Annals of the American Academy of Political and Social Science* 604 (2006): 171–91。

14. FEMA 的角色演变及其扩张的任务，详见 Platt (ed.), *Disasters and Democracy*, 16–18. 救灾通常与民防联系在一起。冷战期间，人们认为灾害是由战争引起的。随着时间的推移，自然灾害显然是长期性的，所以 FEMA 被设在白宫办公室。因此，FEMA 回到小布什政府领导下的国土安全部并不奇怪：R. Sylves and W. R. Cumming, "FEMA's path to homeland security: 1979–2003," *Journal of Homeland Security and Emergency Management* 1, no. 2 (2004): 11。

15. 《斯塔福法》，详见 Platt (ed.), *Disasters and Democracy*, 23–26. For the number of disaster declarations, see M. A. Mayer, "Congress Should Limit the Presidential Abuse of FEMA," *Heritage Foundation WebMemo* No. 3466 (2012)。

16. U.S. Senate Bipartisan Task Force on Funding Disaster Relief, *Federal Disaster Assistance* (Washington, DC: U.S. Government Printing Office, 1995), 15, 70.

17. J. Chivers and N. E. Flores, "Market failure in information: The National Flood Insurance Program," *Land Economics* 78, no. 4 (2005): 519–20.

18. Platt (ed.), *Disasters and Democracy*, 31.

19. 加洛韦报告被正式称为 The Intergency Floodplain Management Review Committee, *Sharing the Challenge Floodplain Management into the 21th Century* (Washington, DC: U.S. Government Printing Office, 1994). Quote is from p. 180。

20. 有关住房危机的道德讨论，详见 P. Krugman, *The Return of Depression Economics and the Crisis of 2008* (New York: W. W. Norton, 2009), 63. 加洛韦报告提出的联邦政府在自然灾害中的道德危机问题，见 Burby, "Hurricane Katrina," 180。

21. Editorial, "Awash in Tax Dollars," *Raleigh News & Observer*, November 11, 1997; Platt (ed.),

Disasters and Democracy, 40–41.

22. A. Kamen, "Nomination Stuck in the Mud," *Washington Post*, April 28, 1995.

23. 排水基础设施的尺寸，见 Rogers, "Development of the New Orleans Flood Protection System," 612. Saucer 的引用来自 Douglas Brinkley, *The Great Deluge* (New York: William Morrow, 2006), 13.

24. 新奥尔良防洪系统的决策流程可以追溯到 18 世纪，它非常复杂。对档案材料，特别是与所作决定有关的技术和工程文件的最透彻的分析，是由工程兵团承包的一项调查。D. Woolley and L. Shabman, *Decision-Making Chronology for the Lake Pontchartrain and Vicinity Hurricane Protection Project: Final Report for the Headquarters* (Alexandria, VA: U.S. Army Corps of Engineers, 2007), chap. 4: 4-1–4-27. 也可见 J. D. Rogers et al., "Interaction between the U.S. Army Corps of Engineers and the Orleans Levee Board preceding the drainage canal wall failures and catastrophic flooding of New Orleans in 2005," *Water Policy* 17 (2015): 707–23。

25. A. Carrns, "Long Before Flood, New Orleans System Was Prime for Leaks," *Wall Street Journal*, November 25, 2005.

26. Platt (ed.), *Disasters and Democracy*, 175–76.

27. Woolley and Shabman, *Decision-Making Chronology*, 2-49–2-50; M. Derthick, "Where federalism didn't fail," *Public Administration Review* 67 (2007), 39; University of California at Berkeley and American Society of Civil Engineers, *Preliminary Report on the Performance of the New Orleans Levee Systems in Hurricane Katrina on August 29, 2005* (Washington, DC: National Science Foundation Report No. UCB/CITRIS-05/01, 2005), 6–2.

28. 在卡特里娜飓风中最全面和详细的事件时间线是 Brinkley, *The Great Deluge*. 海岸护卫队的工作介绍，详见书中 209—114 页。

29. D. Alexander, "From civil defence to civil protection—and back again," *Disaster Prevention and Management* 11 no. 3 (2002): 209–13.

30. Chertoff 引用 Brinkley, Great Deluge, 634. For the role of the National Response Plan in slowing down response to disaster, see F. F. Townsend, "A Week of Crisis—August 29–September 5," *The Federal Response to Hurricane Katrina: Lessons Learned* (Washington, DC: Office of the White House, 2006), 33–50。

31. 自 1878 年通过《地方保安队法》以来，在美国领土上限制使用联邦军队一直受到严格遵守。

32. A. M. Giuliano, "Emergency federalism: Calling on the states in perilous times," *University of Michigan Journal of Law Reform* 40 (2007): 351.

33. Brinkley, *The Great Deluge*, 413–15, 565. For Jeb Bush's response during Hurri-cane Wilma, see Derthick, "Where federalism didn't fail," 43–45.

34. 美国政府中实验的中心作用可见 T. Ferris, *The Science of Liberty: Democracy, Reason, and the Laws of Nature* (New York: HarperCollins, 2010), 101–5。

35. 早期将各州描述为政策实验室，见 *New State Ice Company v. Liebmann*, 285 U.S. 262, 311。

第5章 水战争

1. 美国副总统迪克·切尼办公室的行动告诉我们克拉马斯水战争最吸引人的观点之一。B. Gellman, *Angler: The Cheney Vice Presidency* (New York: Penguin Press, 2008), 195–213。

2. P. Bump, "That Time Ronald Reagan Joined a 'Rebellion'—but Still Couldn't Change Federal Land Laws," *Washington Post*, January 4, 2016.

3. W. Cronon, *Changes in the Land: Indians, Colonists, and the Ecology of New England* (New York: Hill & Wang, 1984), 69–71.

4. J. W. Dellapenna, "The evolution of riparianism in the United States," *Marquette Law Review* 95 (2011): 53–95.

5. 许多人都写过西部水法的发展和演变。历史学家唐纳德·伍斯特（Donald Worster）的叙述特别容易理解，他认识到优先专用原则几乎同时出现在西部不同地区。D. Worster, *Rivers of Empire: Water, Aridity, and the Growth of the American West* (New York: Oxford University Press, 1985), 87–96。

6. 公共土地在优先专用原则中的作用没有被充分强调。The role of public lands is underemphasized as a factor in prior appropriation. D. J. Pisani, "Enterprise and equity: A critique of western water law in the nineteenth century," *Western Historical Quarterly* 18 (1987): 21–22.

7. 犹他州和怀俄明州的运河尺寸，见 L. J. Arrington and D. May, "A different mode of life: Irrigation and society in nineteenth-century Utah," *Agricultural History* 49 (1975): 8. 沃尔特·韦伯（Walter Webb）有一个著名的观点，他认为优先专用原则纯粹是地理的产物，它是自然法则支配的法则。但沃斯特认为这是时代的产物，布莱斯顿（Bretsen）和希尔（Hill）认为这是资本需求的结果，皮萨尼（Pisani）说这是公共土地的主导地位的影响。W. P. Webb, *The Great Plains* (Boston: Ginn, 1931), 431–52; Worster, *Rivers of Empire*, 87–92; S. N. Bretsen and P. J. Hill, "Irrigation

institutions in the American West," *UCLA Journal of Environmental Law and Policy* 25 (2006): 283–332; Pisani, "Enterprise and equity," 21–22。

8. 里斯费里很可能来自一位被诬告而处决的摩门教徒的名字，它的历史在进入大峡谷的旅行之前非常值得了解。M. Ghiglieri and T. M. Myers, *Over the Edge: Death in the Grand Canyon* (Flagstaff, AZ: Puma Press, 2012), 497–507。

9. A. B. Murphy, "Territory's continuing allure," *Annals of the Association of American Geographers* 103 (2013): 1212–26. The concept of sovereignty applied to the United States—the individual versus the state—has received considerable philosophical attention. J. B. Elshtain, *Sovereignty: God, State, and Self* (New York: Basic Books, 2008), 152–57.

10. 了解哈蒙主义及其在国际水务谈判中被立即放弃的故事，见 S. C. McCaffrey, "The Harmon Doctrine one hundred years later: Buried, not praised," *Natural Resources Journal* 36 (1985): 549–90。

11. Kansas v. Colorado, 185 U.S. 143 (1902). For a brief review of the case: N. Hundley, *Water and the West: The Colorado River Compact and the Politics of Water in the American West*, 2nd ed. (Berkeley: University of California Press, 2009), 74–76.

12. A. T. Wolf, "International water agreements: Implications for the ACT and ACF," in *Interstate Water Allocation in Alabama, Florida, and Georgia*, ed. J. L. Jordan and A. T. Wolf (Gainesville: University Press of Florida, 2006), 139.

13. 《科罗拉多公约》的背景、委员会的事件以及错综复杂的细节繁多。Hundley, *Water and the West* 是极好的历史参考。

14. Hundley, *Water and the West*, 188–89. 这个委员会与制宪会议之间具有有趣的相似，例如它们都通过与世隔绝而允许互相妥协。它们都依赖一个单一的、广泛的妥协，允许后续进行（以前难以解决的）谈判。

15. 额外的 1.5 MAF 用于下游流域，而不是为了里斯费里。事实上，这仍然是一个悬而未决的问题。亚利桑那州认为它代表吉拉河。墨西哥不是最初没有参与谈判。1944 年，美国与墨西哥签署了一份条约，每年向墨西哥分配 1.5 MAF，并使墨西哥成为最优先的拥有者。

16. 加利福尼亚州同意限制在 4.4MAF 的范围直到 2003 年根据《量化和解协议》才真正实现。最高法院将《博尔德峡谷项目法案》解释为，国会分配水，使加利福尼亚州获得 4.4 MAF，但加州在本世纪的大部分时间里继续使用比这更多的水。

17. Arrington and May, "A different mode of life," 3–20.

18. Bretsen and Hill, "Irrigation institutions in the American West," 5–6.

19. 这当然不是当时许多西部领袖的意见，他们认为联邦政府只应该发挥有限的作用，应该把公共土地移交给各州。19 世纪的主要干旱土地科学家约翰·韦斯利·鲍威尔反而推动联邦政府保留所有权，并承担起修建蓄水、输水和灌溉工程的角色，这样小农场主就有机会在西部生活下去。虽然州权利的倡导者把鲍威尔赶下了政治舞台，但他的大部分意见和建议都是在 20 世纪最初的几十年里实现的。具有讽刺意味的是，约翰·艾尔伍德·米德后来成了垦务局局长，他曾经主张在西部水资源开发中实行地方控制和努力。W. L. Graf, *Wilderness Preservation and the Sagebrush Rebellions* (Savage, MD: Rowman and Littlefield, 1990), 19–30; J. R. Kluger, *Turning Water with a Shovel: The Career of Elwood Mead* (Albuquerque: University of New Mexico Press, 1992), 2, 18–23, 115–29。

20. Arrington and May, "A different mode of life," 10.

第 6 章　一个新的水市场

1. J. F. Kenny et al., *Estimated Use of Water in the United States in 2005* (Washington, DC: U.S. Geological Survey Circular 1344, 2005).

2. At 317 *Strickler v. City of Colorado Springs*, 26 P. 313 (Colo., 1891). 这是科罗拉多最早涉及购买农业水产权供市政使用的合法性的案例之一。

3. 国家水市场交易的汇总统计很困难，因为绝大多数交易都是非正式的双向交易，在中央数据库中并不包含。最全面的可用信息是 West Water Research 的数据库：M. Payne and T. Ketellapper, *The 2016 Water Market Outlook: Performance, Growth and Investment Trends in the Water Rights and Water Resource Development Sector* (Phoenix, AZ: West Water Research, 2016). For Freeport-McMoRan purchase of water, see J. W. Miller, "Copper Miners Pressured by Cost of Water as Mineral Prices Slide," Wall Street Journal, May 22, 2014。

4. E. K. Wise, "Tree ring record of streamflow and drought in the upper Snake River," *Water Resources Research* 46, no. 11 (2010).

5. C. W. Stockton and G. C. Jacoby, "Long-term surface water supply and stream-flow levels in the Upper Colorado River Basin," *Lake Powell Research Project Bulletin* (1976): 18; C. A. Woodhouse, S. T. Gray, and D. M. Meko, "Updated streamflow reconstructions for the Upper Colorado River Basin," *Water Resources Research* 42 (2006).

6. J. Garner, "Drought in Colorado Is Foreign to New Residents," *Rocky Mountain News*, May 3, 2002.

7. P. C. D. Mill et al., "Stationarity is dead. Whither water management?" *Science* 319 (2008): 573–74.

8. N. Hundley, *Water and the West: The Colorado River Compact and the Politics of Water in the American West*, 2nd ed. (Berkeley: University of California Press, 2009), 302–3.

第 7 章　流动的水

1. M. Lind, *The Land of Promise: An Economic History of the United States* (New York: HarperCollins, 2012), 46.

2. L. P. Cain, "Raising and watering a city: Ellis Sylvester Chesbrough and Chicago's first sanitation system," *Technology and Culture* 13 (1972): 353–72.

3. J. J. Wallis, "American government finance in the long run: 1790 to 1990," *Journal of Economic Perspectives* 14 (2000): 66–67. 有关伊利运河债券作为一种稳健的货币，见 P. L. Bernstein, *Wedding of the Waters: The Erie Canal and the Making of a Great Nation* (New York: W. W. Norton, 2005), 232–34, 352–54.

4. "Valuation, taxation, and public indebtedness, VII," *Tenth Census of the United States, 1880* (Washington, DC: U.S. Government Printing Office, 1884), 523–26.

5. C. Webber and A. Wildavsky, *A History of Taxation and Expenditure in the Western World* (New York: Simon & Shuster, 1986), 382; R. G. McGrane, *Foreign Bondholders and American State Debts* (New York: MacMillan and Company, 1935), 265–67. 诗歌来自 Webber and Wildavsky, *History of Taxation and Expenditure*, 383。

6. C. Gibson, *Population of the 100 Largest Cities and Other Urban Populations in the United States 1790–1990*; Population Division Working Paper No. 97 (Washington, DC: U.S. Bureau of the Census, 1998).

7. L. Cain, *Sanitation Strategy on a Lakefront Metropolis* (De Kalb: Northern Illinois University Press, 1978), 1–5.

8. J. A. Tarr, J. McCurley, F. C. McMichael, and T. Yosie, "Water and wastes: A retrospective assessment of wastewater technology in the United States, 1800–1932," *Technology and Culture* 25 (1984): 228–30.

9. J. T. Cumbler, *Reasonable Use: The People, the Environment, and the State, New England 1790–1930* (New York: Oxford University Press, 2001), 50–62.

10. Cain, *Sanitation Strategy on a Lakefront Metropolis*, 20–26.

11. Tarr et al., "Water and wastes," 237; in particular see table 1 (p. 238), 它综合了美国人口普查局的统计，详细介绍了雨水管、下水道和综合下水道的长度。

12. Cain, *Sanitation Strategy on a Lakefront Metropolis*, 26–32.

13. E. O. Jordan, "Typhoid fever and water supply in Chicago," *Journal of the American Medical Association* 39 (1902): 1561–66.

14. J. A. Egan, *Pollution of the Illinois River as Affected by the Drainage of Chicago and Other Cities* (Springfield, IL: Phillips Brothers, 1901), xxvii, xx.

15. S. K. Schultz and C. McShane, "To engineer the metropolis: Sewers, sanitation, and city planning in late-nineteenth-century America," *Journal of American History* 55 (1978): 393, 410.

16. 关于 20 世纪初医生和工程师之间不断变化的争端，见 Tarr et al., "Water and wastes," 243–45. 有关 "more equitable" 的引用来自 "Sewage Pollution of Water Supplies," *Engineering News* 48 (August 1, 1903): 117. "a true and greatest conservationist" 的引用来自 "A plea for common sense in the state control of sewage disposal," *Engineering News* 67 (February 29, 1912): 412–13. "sentimentalist" 的引用来自 "Relations between sewage disposal and water supply are changing," *Engineering News Record* 28 (April 5, 1917): 11–12. 有关 90% 的污水未处理，见 W. L. Andreen, "The evolution of water pollution control in the United States—State, Local, and Federal Efforts, 1789–1972: Part I," *Stanford Environmental Law Journal* 22 (2003): 167。

17. Cain, *Sanitation Strategy on a Lakefront Metropolis*, 64.

18. 事实上，早在 1871 年，芝加哥河的水流已经被逆转。但 19 世纪 80 年代的逆流是最明显的，因为它是永久的。

19. Cain, *Sanitation Strategy on a Lakefront Metropolis*, 73.

20. Egan, *Pollution of the Illinois River*, xxviii.

21. Cain, *Sanitation Strategy on a Lakefront Metropolis*, 146–48, 尤其是财务数据，见附录 2。

22. D. Cutler and G. Miller, "Water, water everywhere: Municipal finance and water supply in American cities," in *Corruption and Reform: Lessons from America's Economic History*, ed. E. L. Glaeser and C. Goldin (Chicago: University of Chicago Press, 2006), 171–73. 1873 年的经济恐慌让各州的市政借贷受到限制，从那时到 1890 年的时间里，许多城镇通过私人特许经营为他们的水务工作提供资金。私人资本被用来建造自水务工程，但拥有极具吸引力的权利，比如免税、土地征用权和不受价格管制。这些权利最终也受到了限制。1875 年后，大多数特许经营权授予城市在任何时候购买私人建造的基础设施的选择权，而这些城市最终这么做了。L. Anderson,

"Hard choices: supplying water to New England towns," *Journal of Interdisciplinary History* 15 (1984): 218–21。

23. Cutler and Miller, "Water, water everywhere," 173–76.

24. J. C. Teaford, *City and Suburb: The Political Fragmentation of Metropolitan America, 1850–1970* (Baltimore, MD: Johns Hopkins University Press, 1979), 79.

25. Wallis, "American government finance in the long run," 70.

第 8 章 "熊熊烈河"

1. 厌氧意味着没有游离氧。氧是存在的，但不是大气中的游离氧，而是二氧化碳。

2. C. Webber and A. Wildavsky, *A History of Taxation and Expenditure in the Western World* (New York: Simon & Shuster, 1986), 422–24.

3. J. J. Wallis, "American government finance in the long run: 1790 to 1990," *Journal of Economic Perspectives* 14 (2000): 61–82.

4. M. V. Melosi, *The Sanitary City: Environmental Services in Urban America from Colonial Times to the Present*, abridged ed. (Pittsburgh, PA: University of Pittsburgh Press, 2008), 236.

5. Melosi, *The Sanitary City*, 198–202.

6. E. H. Monkkonen, *The Local State: Public Money and American Cities* (Stanford, CA: Stanford University Press, 1995), 116; C. R. Hulten and G. E. Peterson, "Capital stocks: Needs, trends, and performance," *American Economic Review* 74 (1984): 169.

7. 1972 年法案被命名为《联邦水污染控制法》，在 1977 年修订后，它改名为《清洁水法》。

8. C. E. Colten and P. N. Skinner, *The Road to Love Canal: Managing Industrial Waste before EPA* (Austin: University of Texas Press, 2010), 59–60.

9. G. D. Cooke, ed., *The Cuyahoga River Watershed: Proceedings of a Symposium held at Kent State University* (Kent, OH: Institute of Limnology & Department of Biological Sciences, Kent State University, 1968), 90–91.

10. G. Powell, "Walter B. Jones Memorial Award for Coastal Steward of the Year," NOAA Press Release 2005-R416 (Washington, DC: National Oceanic and Atmospheric Administration), 2005.

11. 在此感谢特丽安·舒尔特（Terrianne Schulte）指导我完成她早先关于妇女选民联盟及其在控制水污染方面的作用的工作，特别是伊迪丝·蔡斯的作用。T. K. Schulte, "Grassroots at the Water's Edge: The League of Women Voters and the Struggle to Save Lake Erie, 1956– 1970" (PhD

dissertation, Department of History, State University of New York at Buffalo, 2006). 关于城市环境卫生的历史中的女性角色，见 S. M. Hoy, "Municipal housekeeping: The role of women in improving urban sanitation practices, 1880–1917," in *Pollution and Reform in American Cities, 1870–1930*, ed. M. V. Melosi (Austin: University of Texas Press, 1980), 173–98; J. Price, *Flight Maps: Adventures with Nature in Modern America* (New York: Basic Books, 1999), 62.

12. League of Women Voters, *Lake Erie, Requiem or Reprieve? A Study of Lake Erie Problems* (Cleveland, OH: League of Women Voters, Lake Erie Basin Commit- tee, 1966).

13. 在《伊利湖，悼念还是拯救?》的第 32 页到第 42 页是有关水质政策和选择的详细分析，达到了大多数当代智囊团的报告水平。

14. A thorough review of the rhetoric and reality around the fire can be found in J. H. Adler, "Fables of the Cuyahoga: Reconstructing a history of environmental protection," *Fordham Environmental Law Journal* 14 (2003): 89–146.

15. C. D. Jacobson and J. A. Tarr, "Ownership and financing of infrastructure: Historical perspectives," Policy Research Working Paper 1466 (Washington, DC: World Bank, 1994), 15.

16. Melosi, The *Sanitary City*, 358.

17. 关于在不同社会中的不同营养限制的概览，见 D. Cordell, J. Dranger, and S. White, "The story of phosphorus: Global food security and food for thought," *Global Environmental Change* 19 (2009): 292–305。

18. Vaclav Smil 提供了一段非常易读的历史，讲述了作为战争的副产品氮是如何合成的，以及它如何改变世界粮食生产，并如何影响环境：V. Smil, *Enriching the Earth: Fritz Haber, Carl Bosch, and the Transformation of World Food Production* (Cambridge, MA: MIT Press), 2001.

19. R. E. Turner, N. N. Rabalais, and D. Justice, "Gulf of Mexico hypoxia: Alternate states and a legacy," *Environmental Science and Technology* 42 (2008): 2323–27.

20. U.S. Environmental Protection Agency, *The National Water Inventory: A Report to Congress for the 2002 Reporting Cycle* (EPA 841-F-07-003), October 2007.

21. W. B. Hildreth and C. K. Zorn, "The Evolution of the State and Local Government Municipal Debt Market over the Past Quarter Century," *Public Budgeting & Finance*, 2005, 127–53.

22. Moody's Investor Service, "U.S. Municipal Bond Defaults and Recoveries, 1970–2009," *Credit Policy*, February 2010, exhibit 10.

23. 市政部门利率交换的法律评论，可见 J. Redmond, "State and local governmental entities:

In search of ... statutory authority to enter into interest rate swap agreements," *Fordham Law Review* 63 (1995): 2177.

24. L. J. Stewart and C. A. Cox, "Debt-related derivative usage by U.S. state and municipal governments and evolving financial reporting standards," *Journal of Public Budgeting, Accounting, and Financial Management* 20 (2008): 466–83; R. Weber, "Selling city futures: The financialization of urban redevelopment policy," *Economic Geography* 86, no. 3 (2010), 251–74.

25. 关于杰斐逊县财务和事件的分析有很多，其中有两个特别提供了一份年表，以及对所用的金融工具的非常有用的介绍：D. V. Denison and J. B. Gibson, "A tale of market risk, false hope, and corruption: The impact of adjustable rate debt on the Jefferson County, Alabama, Sewer Authority," *Journal of Public Bud geting, Accounting, & Financial Management* 25 (2013): 311–45; M. E. Howell-Moroney and J. L. Hall, "Waste in the sewer: The collapse of accountability and transparency in public finance in Jefferson County, Alabama," *Public Administration Review* 71, no. 2 (2011): 232–42.

第9章 能源监管

1. U.S. Department of the Interior, *Proceedings of the Endangered Species Committee* (Washington, DC: U.S. Department of the Interior, January 23, 1979).

2. W. J. Novak, *The People's Welfare: Law and Regulation in Nineteenth-Century America* (Chapel Hill: University of North Carolina Press, 1996), 2.

3. N. Rosenberg, "America's rise to leadership," in *America's Wooden Age: Aspects of Its Early Technology*, ed. B. Hindle (New York: Sleepy Hollow Restorations, 1975), 42–43, 56.

4. D. E. Nye, *Consuming Power: A Social History of American Energies* (Cambridge, MA: MIT Press, 1998), 21–22.

5. B. Hunter, "Wheat, war, and the American economy during the age of revolution," *William and Mary Quarterly* 62 (2005): 506, 508–9, 514–16.

6. 这些特征、角色和责任，随着时间的推移而不断变化，被"监管"一词是概括的用法。磨坊主对其设施的潜在使用受到管制，这被视为公用事业的关键特征。L. S. Hyman et al., *The Water Business: Understanding the Water Supply and Wastewater Industry* (Vienna, VA: Public Utilities Reports, 1998), 171–73。

7. D. M. Gold, "Eminent domain and economic development: The Mill Acts and the origins of laissez-faire constitutionalism," *Journal of Libertarian Studies* 21 (2007): 101–22, 104.

8. P. M. Malone, *Waterpower in Lowell: Engineering and Industry in Nineteenth-Century America* (Baltimore, MD: Johns Hopkins University Press, 2009), 25–42.

9. Malone, *Waterpower in Lowell*, 39–41; T. Steinberg, *Nature Incorporated: Industrialization and the Waters of New England* (Cambridge: Cambridge University Press, 1991), 86–88.

10. Malone, *Waterpower in Lowell*, 48.

11. M. J. Horowitz, "The transformation in the conception of property in American law, 1780–1860," *University of Chicago Law Review* 40 (1978): 254–55.

12. Hunter, "Wheat, war, and the American economy," 506–7.

13. Nye, *Consuming Power*, 45–47.

14. 造纸厂和锯木厂一般视为没有公共目的，许多立法机关和法院不允许这些工厂主利用《工厂法》的规定，或向造纸厂或锯木厂的经营中加入磨坊的功能。Gold, "Eminent domain and economic development," 112。

15. 缅因案例：*Jordan v. Woodward* 40 Me. 317, 1855. 佛蒙特案例：*Williams v. School District No. 6*, 33 Vt. 271, 1860. Broader rejection of mill acts are described in Gold, "Eminent domain and economic development," 117。

第 10 章　河流之能

1. 许多发电量清单显示，蒸汽在 19 世纪下半叶急剧增加，但蒸汽动力中的大部分实际上是备用容量，而不是用电量。W. D. Devine, "From shafts to wires: Historical perspective on electrification," *Journal of Economic History* 43 (1983): 351, 369–70。

2. L. Philipson and H. L. Willis, *Understanding Electric Utilities and De-Regulation*, 2nd ed. (Boca Raton, LA: CRC Press, 2006), 82–83.

3. Philipson and Willis, *Understanding Electric Utilities*, 1–13.

4. L. S. Hyman et al., The Water Business: *Understanding the Water Supply and Wastewater Industry* (Vienna, VA: Public Utilities Reports, 1998), 133–35.

5. G. Tollefson, *BPA and the Struggle for Power at Cost* (Portland, OR: Bonneville Power Administration, 1987), 78–83.

6. W. Wells, "Public power in the Eisenhower administration," *Journal of Policy History*, 20, 2008, 227–62.

7. W. J. Hausman and J. L. Neufeld, "Falling water: The origins of direct federal participation in the

U.S. electric utility industry, 1902–1933," *Annals of Public and Cooperative Economics* 71 (1999): 49–74.

8. S. M. Neuse, David Lilienthal: *The Journey of an American Liberal* (Knoxville: University of Tennessee Press, 1996), 112.

9. D. E. Lilienthal, "The power of governmental agencies to compel testimony," *Harvard Law Review* 36 (1926): 694–724; D. E. Lilienthal, "Needed: A new railroad labor law," *The New Republic*, 1924: 169–71; D. Lilienthal, "The regulation of public utility holding companies," *Columbia Law Review*, 1929, 408, 404–40; D. Lilienthal, "Recent developments in the law of public utility holding companies," *Columbia Law Review*, February, 1931, 189–207.

10. 威斯康星利连索尔的介绍：Neuse, *David Lilienthal*, 47–58. "Regulation with a vengeance" 的引用来自 Neuse, *David Lilienthal*, 54。

11. Franklin D. Roosevelt, "Message to Congress Suggesting the Tennessee Valley Authority," April 10, 1933, *FDR Presidential Library and Museum*.

12. Neuse, *David Lilienthal*, 77–82.

13. *Tennessee Electric Power Co. v. Tennessee Valley Authority*, 206 U.S. 118 (1939).

14. 威尔基的沮丧是基于 TVA 的联邦拨款，这降低了其与私营公司在电力成本上的可比性。TVA 电力的财务基础一直是大量经济分析的来源，有些分析是非常定量的、系统的和谴责性的：W. U. Chandler, *The Myth of the TVA: Conservation and Development in the Tennessee Valley, 1933–1983* (Cambridge, MA: Ballinger Publishing Com-pany, 1984), 87–96，该书的其他章节解析了许多 TVA 的其他财政功能。Willkie 的引用来自 Neuse, *David Lilienthal*, 112. Negotiations are described in Neuse, *David Lilienthal*, 109–13。

15. 利连索尔和 FDR 在不同语境下对标尺的使用随着时间而变化：Neuse, *David Lilienthal*, 84–86。

16. "管理局"这个词（比如 TVA）代表一套政府拥有的生产和传输设施。TVA 是这类设施中最大的。一个电力局（比如波尼维尔电力局）是一个政府机构，它没有生产设备，但出售和管理其他政府资源的电力，比如垦务局或工程兵团。比如，在 TVA 区域，工程兵团运营 9 座发电厂，产生 900MW 的电能。这些电能由东南电力局销售。类似的，西部区域电力局销售由垦务局的格林峡谷水坝产生的电能。

17. Energy Information Administration, "History of the U.S. electric power industry, 1882–1991," in *The Changing Structure of the Electric Power Industry*, 2000 (Washington DC: EIA, 2000), 114.

18. W. B. Wheeler and M. J. McDonald, *TVA and the Tellico Dam: A Bureaucratic Crisis in Post-*

Industrial America (Knoxville: University of Tennessee Press, 1986), 156–57.

19. TVA 从一开始就被认为是一个优化水、电、环境和航运效益的统一计划。泰利库大坝是该流域"统一开发"计划的一部分，是 TVA 成为一个全球性的水资源管理者的标志。Board of Directors of the Tennessee Valley Authority, *Report to the Congress on the Unified Development of the Tennessee River System* (Knoxville: Tennessee Valley Authority, March 1936)。

20. 关于 TVA 和泰利库大坝已经有大量的历史和法律分析。有关 TVA 试图重新定义其使命时，这种情况如何纳入其官僚体系的分析，见 Wheeler and McDonald, *TVA and the Tellico Dam*。从一位领导与 TVA 案件的律师那里的更直接的一手分析，尤其强调了对河谷农场主的影响，见 Z. J. B. Plater, *The Snail Darter and the Dam: How Pork-Barrel Politics Endangered a Little Fish and Killed a River* (New Haven, CT: Yale University Press, 2013)。

21. U.S. Department of the Interior, *Proceedings of the Endangered Species Committee* (Washington, DC: U.S. Department of the Interior, January 23, 1979), 26.

22. Congressional Research Service, *A Legislative History of the Endangered Species Act of 1973, as Amended in 1976, 1977, 1978, 1979, and 1980* (Washington, DC: U.S. Government Printing Office, 1982), 1292.

第 11 章　渠道化

1. S. A. Schumm and H. R. Khan, "Experimental study of channel patterns," *Geological Society of America Bulletin* 83 (1972): 1755–70.

2. 这是一个被深入研究的现象：关于汤普森本人有关深潭和浅滩的研究，见 D. M. Thompson and K. S. Hoffman, "Equilibrium pool dimensions and sediment-sorting patterns in coarse-grained New England channels," Geomorphology 38 (2001): 301–16.

3. J. S. Van Cleef, "How to restore our trout streams," *Transactions of the American Fisheries Society* 14 (1885): 50–55.

4. E. Van Put, *The Beaverkill: The History of a River and Its People* (New York: Lyons & Burford, 1996), 30–35.

5. E. H. Shor, R. H. Rosenblatt, and J. D. Isaacs, *Carl Leavitt Hubbs: 1894–1979: A Biographical Memoir*, Vol. 56 (Washington, DC: National Academies Press, 1987), 241–19.

6. C. Hubbs, C. M. Tarzwell, and J. R. Greely, *Methods for the Improvement of Michigan Trout Streams* (Ann Arbor: University of Michigan Press, 1932); H. Clepper, *Origins of American Conservation*

(New York: Ronald Press Company, 1966), 64–68.

7. 这些科学家采用的技术维持了评估恢复措施的效果的标准，他们采用了之前、之后、控制和干预研究设计。D. S. Shetter, O. H. Clark, and A. S. Hazzard, "The effects of deflectors in a section of a Michigan trout stream," *Transactions of the American Fisheries Society* 76 (1949): 248–78。这种干预研究设计应用于恢复的一个很好的例子是克拉伦斯·塔兹韦尔的工作和职业生涯，他从密歇根大学的项目到阿尔伯克基的美国林业局，再到田纳西河谷管理局工作，但他将在密歇根学派接受的培训贯穿始终：C. M. Tarzwell, "Experimental evidence on the value of trout stream improvement in Michigan," *Transactions of the American Fisheries Society* 66 (1937): 177–87. Quote is from T. K. Chamberlain and W. W. Huber, "Ten years of trout stream management on the Pisgah," *Progressive Fish Culturalist* 9 (1947): 185–91。

8. D. M. Thompson, "Did the pre-1980 use of in-stream structures improve streams? A reanalysis of historical data," *Ecological Applications* 16 (2006): 784–96.

9. D. M. Thompson, *The Quest for the Golden Trout: Environmental Loss and America's Iconic Fish* (Hanover, NH: University Press of New England, 2013), 186–97.

10. 关于纽约，见 U.S. Department of Agriculture, *State Forests for Public Use* (Washington, DC: U.S. Government Printing Office, 1940). For California, see R. Ehlers, "An evaluation of stream improvement devices constructed eighteen years ago," *California Fish and Game* 42 (1956): 203–17. For Wyoming, see J. W. Mueller, "Wyoming stream improvement," *Wyoming Wild Life* 18 (1954): 30–32. Thompson provides an excellent review of the early years of in-stream restoration people and projects. D. M. Thompson, "The history of the use and effectiveness of instream structures in the United States," in *Humans as Geologic Agents*, ed. J. Ehlen, W. C. Haneberg, and R. A. Larson (Boulder, CO: Geological Society of America Reviews in Engineering Geology, 2005)。

11. 引用自 Chamberlain and Huber, "Ten years of trout stream manage- ment on the Pisgah," 185. In fact, the public fishing easements purchased along selected trout streams of the Catskills were intended primarily to provide the Conservation Department with another opportunity to do stream improvement work. Van Put, *The Beaverkill*, 256–57。

12. J. H. Thorp, M. C. Thoms, and M. D. Delong, "The riverine ecosystem synthe- sis: Biocomplexity in river networks across space and time," *River Research and Applications* 22 (2006): 123–47.

13. A. Brookes, *Channelized Rivers: Perspectives for Environmental Management* (Chichester, UK: John Wiley & Sons, 1988), 10, 18–19. National Research Council, *Restoration of Aquatic Ecosystems*

(Washington, DC: National Academies Press, 1992), 194.

14. J. L. Funk and C. E. Ruhr, "Stream channelization in the Midwest," in *Stream Channelization: A Symposium*, ed. E. Schneberger and J. L. Funk (Omaha, NE: North Central Division of the American Fisheries Society, Special Publication No. 2, 1971), 10.

15. C. J. Barstow, "Impact of channelization on wetland habitat in the Obion– Forked Deer Basin, Tennessee," in Schneberger and Funk (ed.), *Stream Channelization: A Symposium*, 23; D. R. Hansen, "Stream channelization effects on fishes and bottom fauna in the Little Sioux River, Iowa," in Schneberger and Funk (ed.), *Stream Channelization: A Symposium*, 41.

16. Committee on Government Operations Report, *Stream Channelization: What Federally Financed Draglines and Bulldozers do to Our Nation's Streams*, Fifth Report by the Committee on Government Operations, House Report No. 93- 530 (Washington, DC: U.S. Government Printing Office, 1973), 7.

17. Brookes, *Channelized Rivers*, 20.

18. Federal Highways Administration, *Restoration of Fish Habitat in Relocated Streams: Federal Highways Administration Report No. FHWA-IP-79-3* (Washington, DC: U.S. Department of Transportation, 1979).

19. C. H. Pennington et al., *Biological and Physical Effects of Missouri River Spur Dike Notching: Army Engineer Waterways Experiment Station Report ADA199779* (Vicksburg, MS: U.S. Army Corps of Engineers, 1988).

20. M. J. Migel, *The Stream Conservation Handbook* (New York: Crown Publishers, 1974), 121–22.

21. M. Ondaatje, *The English Patient* (London: Bloomsbury, 1992), 261–62.

22. L. B. Leopold, J. P. Miller, and G. M. Wolman, *Fluvial Processes in Geomorphology* (San Francisco: Freeman, 1964).

第 12 章　恢复经济学

1. E. S. Bernhardt, et al., "A nationwide synthesis of stream restoration," *Science* 308 (2005): 636–37.

2. J. McPhee, *Encounters with the Archdruid* (New York: Ballantine Books, 1971), 158–59.

3. E. H. Stanley and M. W. Doyle, "Trading off: The ecological effects of dam removal," *Frontiers in Ecology and the Environment* 1 (2003): 15–22.

4. D. Yergin and J. Stanislaw, *The Commanding Heights: The Battle for the World Economy* (New

York: Free Press, 1998), 123–31.

5. J. H. Dales, *Pollution, Property and Prices: An Essay in Policy-making and Economics* (Toronto: University of Toronto Press, 1968).

6. T. E. Dahl, *Wetland Losses in the United States, 1780s to 1980s* (Washington, DC: U.S. Fish and Wildlife Service, 1990); P. Hough and M. Robertson, "Mitigation under Section 404 of the Clean Water Act: Where it comes from, what it means," *Wetlands Ecology and Management* 17 (2009): 15–33.

7. M. W. Doyle and F. D. Shields, "Compensatory mitigation for streams under the Clean Water Act: Reassessing science and redirecting policy," *Journal of the American Water Resources Association* 48 (2012): 494–509.

8. 关于道路建设、土地开发和河流和湿地概览，见 T. K. BenDor, J. A. Riggsbee, and M. W. Doyle, "Risk and markets for ecosystem services," *Environmental Science and Technology* 45 (2012): 10322–30。

9. J. Ott, " 'Ruining' the rivers of the Snake Country: The Hudson's Bay Company's Fur Desert Policy," *Oregon Historical Quarterly* 104 (2003): 166–95; D. Muller-Schwarze, *The Beaver: Its Life and Impact*, 2nd ed. (Ithaca, NY: Cornell University Press, 2011), 160–64.

索 引

（词条后的页码为本书旁码）

1837 年经济恐慌 Panic of 1837, 33-34, 53, 163, 165, 181, 182, 191

1893 年经济恐慌 Panic of 1893, 182

2008 年经济大衰退 Great Economic Recession of 2008, 95, 213

"9·11"事件 September 11, 2001, terrorist attack, 106-7

A

阿巴拉契亚山脉 Appalachian Mountains 17-19, 28-30, 31, 34

阿伯特，亨利 Abbot, Henry 73-74

阿查法拉亚河 Atchafalaya River, 69, 76

阿肯色河 Arkansas River 81

阿勒格尼河 Allegheny River 11, 17

阿勒格尼运输线路 Allegheny portage route 30

艾奥瓦河 Iowa River, 49, 275

埃拉姆，威廉 Elam, William, 63

埃勒贝溪 Ellerbe Creek, 186, 188, 190

埃利特，小查尔斯 Ellet, Charles, Jr 70-77, 81-82, 89, 96

艾尔瓦河 Elwha River, 289, 297

艾森豪威尔，德怀特 Eisenhower, Dwight, 107, 245

爱达荷州 Idaho, 142, 149, 273, 283, 285, 301

爱迪生，托马斯·A. Edison, Thomas A., 232

安大略湖 Ontario Lake, 32, 290

安德鲁飓风 Hurricane Andrew, 96

奥阿希坝 Oahe Dam, 88

奥巴马政府 Obama administration, 93

奥布赖恩，鲍勃 O'Brien, Bob, 284

奥尔良堤防区 Orleans Levee District, 101, 104

奥尔良地方行政区 Orleans Parish, 104

奥尔尼，理查德 Olney, Richard, 128

奥格登，亚伦 Ogden, Aaron, 39

奥林匹克国家森林 Olympic National Forest, 289

奥斯韦戈运河 Oswego Canal, 32

B

巴比特，布鲁斯 Babbitt, Bruce, 289

巴尔的摩和俄亥俄铁路公司 Baltimore and Ohio Railroad Company, 161

巴尔的摩 Baltimore, Md., 38, 227, 279-80

巴拉布河 Baraboo River, 288

巴勒斯坦 Palestine, 126

《巴黎条约》Treaty of Paris, 17, 47

巴拿马运河 Panama Canal, 80

保护 conservation

　　环境、资本主义 environmental, capitalism

and, 283-86, 290-98

女性活动家 women as activists in, 196-200

物种 species, 248-53, 286

保护局 Conservation Department, 270, 333n

保护中的女性活动家 women activists in conservation, 196-200

鲍尔瑟姆湖俱乐部 Balsam Lake Club, 263

《鲍威尔湖研究项目简报》Lake Powell Research Project Bulletin 150

鲍威尔，约翰·韦斯利 Powell, John Wesley, 323n

北卡罗来纳 North Carolina, 29

    20 世纪 90 年代洪水 floods in the 1990s in, 96

    达勒姆污水处理厂 Durham wastewater treatment plant, 185-86, 188-91, 193-94, 205-6

    河流恢复 stream restoration in, 270, 295, 296-97

    河流积分 stream credits in, 294

    水坝拆除 dam removal in, 289, 295-96

    无名支流 1 号 Unnamed Tributary 1 in, 257

贝克，霍华德 Baker, Howard, 251-53

本顿堡 Fort Benton, Mont., 48

比维奇尔河 Beaverkill River, 258, 260, 262, 267, 275

比维奇尔俱乐部 Beaverkill Club, 263

宾汉，乔治 Bingham, George, 51

宾夕法尼亚电力照明公司 Pennsylvania Power and Light, 233

宾夕法尼亚州 Pennsylvania, 11, 78, 80, 164, 195, 228, 287

《濒危物种法》（ESA）Endangered Species Act (ESA), 248-53, 286

濒危物种委员会（"上帝委员会"）Endangered Species Committee ("God Committee"), 247, 251-52

冰川侵蚀 glacial erosion, 30-31

波科莫克河 Pocomoke River, 22

波塔基特瀑布 Pawtucket Falls, 220-23

波塔基特运河 Pawtucket Canal, 223-24

波托马克公司 Potomac Company, 21-22

波托马克河 Potomac River, 11, 18-19, 21-22, 32-33, 80

驳船拖船 tows, barge, 44-46, 50, 51, 315n

驳船运河 Barge Canal, 23-26, 34

    见伊利运河 see also Erie Canal

博恩湖 Borgne Lake 75, 98

博尔德峡谷工程法案（1928）Boulder Canyon Project Act (1928) 134-36, 323n

补偿银行 mitigation banks, 294-95, 297

布法罗 Buffalo, NY 31-32, 203

布法罗河 Buffalo River 200

布莱克利奇河 Blackledge River 264-65, 268

布兰代斯，路易斯 Brandeis, Louis, 109, 239

布兰迪万河 Brandywine River, 228

布兰科，凯瑟琳 Blanco, Kathleen 107-8

布里格斯之家 Briggs House 170

布伦胡伯，弗雷德里克 Brunnhuber, Frederick 32

布伦胡伯，卡尔 Brunnhuber, Karl 32

布什，乔治·H. W. Bush, George H. W., 292

布什，乔治·W. Bush, George W., 54, 108

C

CAP（中央亚利桑那工程）(Central Arizona Project), 135-36, 142-44, 151

CCC（民间资源保护队）(Civilian Conservation Corp),193-94, 265, 269-70, 275, 286, 302

Conowingo hydroelectric project, 233

财产 property, 120-21, 141

财产权 property rights

 水 for water, 120-21, 123-24, 128

 土地征用权和私有 eminent domain vs. private, 226-27, 229, 329n

财产税 property taxes, 183-84, 192-93

蔡斯，伊迪斯 Chase, Edith, 196-98, 200, 201

测流槽 flumes, 259-60, 264

茶党运动 Tea Party movement, 116-17

宠物主义公司 PetSmart Stores, 300

船闸 locks 25-25, 29

船闸及运河公司 proprietors of the Locks and Canals, 223-26

D

达勒姆 Durham, N. C., 185-86, 188, 190-91, 193-94, 205-6

大本德大坝 Big Bend Dam, 88

大古力水坝 Grand Coulee Dam, 9, 287

大瀑布 Great Falls, 19

大天鹅堤防区 Big Swan Levee District, 67-68

大峡谷 Grand Canyon, 125, 133, 179, 322n

大萧条 Great Depression, 77, 191, 264

 河流恢复 stream restoration during, 269-70

 河流项目的劳动力 labor for river projects during, 53-54,87, 298

 洪水 floods during, 81, 110

 税收 taxation and, 192-93

 新政 New Deal and, 53-54, 82, 192-94, 202, 241-43

大沼泽地 Everglades, 42, 80

大芝加哥都市卫生区 Metropolitan Sanitary District of Greater Chicago, 183-84

戴尔斯，约翰 Dales, John, 290-93, 295

氮肥 nitrogen fertilizer, 203-6

道德风险 moral hazard effect, 95-96

得克萨斯州 Texas, 80, 115, 142, 182

德斯普兰斯河 Des Plaines River, 179

邓肯，约翰 Duncan, John, 252

堤防区 levee districts

 地方政府 local governments and, 66-69, 74

 发展 growth in, 76

 工程兵团的角色 Corps' role in, 60-62, 64, 76, 81, 101-2, 318n

 角色 role of, 62, 64-67

 溃堤 failures in, 78-80, 84-86, 98, 105-7, 317n

 密西西比河下游河谷 lower Mississippi River Valley, 61, 68, 83-86

形成 formation of, 66, 76, 109

伊利诺伊 in Illinois, 67-68, 109, 316n

中西部北部地区 Upper Midwest, 316n

见密西西比河防洪堤委员会 see also Mississippi Levee Board levees, 59-60

迪蒂，罗伯特（豪迪·迪蒂）Duty, Robert ("Howdy Duty"), 43-46, 50-51, 55-58

迪普河 Deep River, 296-97

底特律 Detroit, Mich., 165, 196, 230

地方政府 local government

    堤防区，见堤防区 levees districts and, see levee districts

    对联邦政府资金的依赖 dependency on federal government funds, 203, 207-14

    救灾 disaster relief and, 93, 96

    联邦制 in federalism, 103

    市政债券 municipal bonds and, 30, 162-65, 181-82, 193, 199, 207-14

    债务 debt of, 163, 181

地貌学 geomorphology, 259, 276-78, 280, 284-85

《地貌学中的河流过程》（利奥波德、米勒和沃尔曼）Fluvial Processes in Geomorphology (Leopold, Miller, and Wolman), 280-81

第二次世界大战 World War II, 12, 193, 246-47

第十六修正案 Sixteenth Amendment, 191

第一次世界大战 World War I, 191, 235

电力 electric power, 231-32

    TVA，田纳西河谷管理局 TVA and, see Tennessee Valley Authority (TVA)

    合并公司提供 consolidation of companies providing, 233-35, 238

    监管 regulation of, 232-33, 240-42, 330n

    增加需求 increase in demand for, 245-46

电力公司 power companies, 224-29, 232-35, 238, 247, 249-54

电力托拉斯 trusts, power, 234-35, 238

电力与燃气公共服务 Public Service Electric and Gas, 233

电力证券股份公司 Electric Bond & Share, 234

钓鱼 fishing, 260, 285

定居者 settlers

    灌溉 irrigation used by, 137

    密西西比河谷 in Mississippi valley, 66

    摩门教 Mormon, 124-25, 137, 322n

    瀑布线运输 in Fall Line ports, 10-11

    水坝使用 dams used by, 12

定量和解协议 Quantitative Settlement Agreement, 323n

东部城市供水区 Eastern Municipal Water District (Riverside, Calif.), 210

杜邦，E. I. DuPont, E. I., 228

多德森，约翰 Dodson, John, 185-91, 194, 206

E

ESA（《濒危物种法》）(Endangered Species Act), 248-53, 286

俄亥俄河 Ohio River, Tenn., 10, 11, 17, 18, 46, 50

    1936年《防洪法》Flood Control Act of

1936 and, 81

工程兵团在提高航运中的角色 Corps' role in improving navigation of, 41, 52

洪水 floods on, 78-80

俄亥俄环境委员会 Ohio Environmental Council 196

俄亥俄州阿克伦 Akron, Ohio 196

俄亥俄州克利夫兰 Cleveland, Ohio 165, 196, 199-202, 258

俄克拉何马 Oklahoma, 115, 122-23

俄勒冈 Oregon

 干旱 droughts in, 153, 155, 303

 河狸水坝 beaver dams in, 301

 家畜烙印 cattle branding in, 298-99

 克拉马斯河 Klamath River and, 115, 119-20, 154

 舍直取弯河流 re-meandered rivers in, 283, 285

 水坝拆除 dam removal in, 288-89

 希尔维斯山谷牧场 Silvies Valley Ranch in, 299, 301-4

F

FEMA（联邦能源管理局）(Federal Emergency Management Agency), 92-93, 106, 107, 319n

法国 France, 47, 71

范德比尔特，科尼利厄斯 Vanderbilt, Cornelius, 39

范·克莱夫，詹姆斯·斯宾塞 Van Cleef, James Spencer, 261-63, 267, 269-71, 275, 285, 303

防洪 flood control, 78-111

 埃利特 Ellet on, 74-77

 成本收益率 cost-benefit ratio in justifying, 91-93

 出口或支流 outlets or bypasses in, 69, 73-74, 81-82

 汉弗莱斯 Humphreys on, 73-74, 76-77

 洪水中 in flood in 2011, 83, 85-86

 《加洛韦报告》Galloway Report on, 94-97, 320n

 截弯取直 removing meanders for, 54, 68-69

 联邦政府 by federal government, 80-83, 87-88, 110, 317n

 联邦制 federalism for, 65-69, 74-77, 80, 86, 88, 108

 密西西比河调查 Mississippi River survey on, 70, 72, 73-77, 81, 89, 95-96

 渠道化 channelization in, 272

 水库 reservoirs in, 69, 81-82, 83, 86

 新奥尔良 in New Orleans, 60, 69, 99-105

《防洪法》(1917) Flood Control Act (1917), 318n

《防洪法》(1928) Flood Control Act (1928), 80-81

《防洪法》(1936) Flood Control Act (1936), 80-81, 87-88, 91, 272

《防洪法》(1944) Flood Control Act (1944), 87

纺织工业 textile industry, 12, 223-27, 296

飞钓 fly-fishing, 260, 285

菲尔角航运公司 Cape Fear Navigation Company, 29

菲尼克斯 Phoenix, Ariz., 135-36, 143, 144, 220

废除种族隔离 desegregation, 107

废物管理 waste treatment

 处理前的争论 before disposal, debate over, 174-76

 介入的时间 time as key in, 179-80, 186-87

费城电气公司 Philadelphia Electric, 233

分流洪水 bypasses, flood, 69, 73-74, 81-82

丰塔纳大坝 Fontana Dam, 246

佛罗里达州 Florida, 79-80, 115, 204, 210, 286

佛蒙特州 Vermont, 229

弗里德曼，米尔顿 Friedman, Milton, 290-91, 295

弗格森，S. W. Ferguson, S. W., 63

弗吉尼亚大学 University of Virginia, 37

弗吉尼亚州 Virginia, 80, 164

弗拉特溪 Flat Creek, 301-4

弗莱明峡谷水库 Flaming Gorge Reservoir, 138

弗农山 Mount Vernon, 17, 21-22

《弗农山契约》 Mount Vernon Compact, 22

浮动利率的债券 variable-rate bonds, 209-12

福尔斯湖 Falls Lake, 190

福克斯河 Fox River, 232

福特，亨利 Ford, Henry 236

妇女选民联盟 League of Women Voters, 197-200

富尔顿，罗伯特 Fulton, Robert, 38-39

富兰克林，本杰明 Franklin, Benjamin, 35

G

改善密歇根鳟鱼生活的河流的方法 Methods for the Improvement of Michigan Trout Streams (Hubbs, Tarzwell, and Greely), 267

干旱 droughts, 118-19, 150-51, 153, 155, 299, 303

戈特尔先生 Goettel, Herr, 32

哥伦比亚河 Columbia River, 9-10, 12, 42, 244-45, 260

格兰峡谷水坝 Glen Canyon Dam, 138, 331n

格雷洛克工程 Grayrocks project, 251-52

格里利 Greely Colo., 124

格林河 Green River, 138

格林维尔 Greenville, Miss., 45, 61, 62-64, 103

工厂 mills

 纺织 textile, 12, 225-26, 296

 谷物 grist, 221-23, 227, 232-33

 面粉 flour, 219, 221-22, 227-28

 水力驱动 water-powered, 221-22

 蒸汽驱动 steam-powered, 230

工厂村 mill villages, 228, 258

工厂法 mill acts, 226, 229

工程兵团 Corps of Engineers, 38, 41-42, 52, 70, 317n

 防洪堤中的角色 levees, role in, 60-62, 64, 76, 81, 101-2, 318n

 防洪中的角色 flood control, role in, 80-83, 86-87, 101-4, 110

雇佣劳动力 workforce employed by, 54

建立 establishment of, 37-38

批准零净损失 no net loss permits issued by, 292-94, 298

渠道化 channelization by 272, 274-75

舍直取弯 re-meandering by, 286

提高俄亥俄河航运 Ohio River, improving navigation of, 41, 52

提高密西西比河航运 Mississippi River, improving navigation of, 41, 52, 54-56

威尔逊大坝 Wilson Dam and, 236

州际贸易 interstate commerce and, 318n

资助 funding for, 54

《工程记录》Engineering Record, 176

工程师 engineers

    环境 environmental, 174-76

    训练 training for, 35-38, 70-71

《工程新闻》Engineering News, 176

工业废物 industrial Waste, 195-96, 199-203

工业河流起火 fires on industrial rivers, 200-201

公共服务委员会 Public Services Commission, 238-39

公共工程管理局 Public Works Administration (PWA), 193-94, 242

公共事业 public utilities, 223

公共卫生工程师 sanitary engineers, 174-76

固定利率的债券 fixed-rate bonds, 209-11, 212

关税 imports, taxation of, 52, 160-61, 163

灌溉 irrigation, 116-19, 136-39, 299

国家海洋和大气管理局（NOAA）National Oceanic and Atmospheric Administration (NOAA), 196, 251

国家洪水保险计划（NFIP）National Flood Insurance Program (NFIP), 94

《国家环境政策法》（1970）National Environmental Policy Act (1970), 202, 247

国家气象局 National Weather Service, 82, 83, 86

《国家应急计划》National Response Plan, 106

国立路桥学校 Ecole des Ponts et Chaussses, 71

国民警卫队 National Guard, 106-8

国土安全部 Department of Homeland Security, 106, 319n

H

哈布斯，卡尔 Hubbs, Carl, 266-71, 275, 285, 297, 303

哈得孙河 Hudson River, 18, 23, 30-31, 34-35, 39-41

哈得孙河谷 Hudson Valley, 31, 34-35

哈得孙河派 Hudson River School, 50-51

哈夸哈拉河谷灌溉区 Harquahala Valley Irrigation District, 142-43

哈蒙，贾德森 Harmon, Judson, 128

"哈蒙主义" Harmon Doctrine, 128, 130, 131

哈瓦苏湖 Havasu Lake, 135, 138, 151

哈耶克，弗里德里希·冯 Hayek, Friedrich von, 290-91

海岸警卫队 Coast Guard, U. S., 55-57, 105-6

海军 navy, standing, 36-37

海伊溪 Hay Creek, 300

汉弗莱斯，安德鲁 Humphreys, Andrew, 13, 72-74, 76-77, 95

汉密尔顿，亚历山大 Hamilton, Alexander 26-27, 36, 42, 51-52, 160-161

河岸原则 riparian doctrine 121, 127

河狸 beavers, 300-301, 303

河流 rivers

 冲突，见水战争 conflicts over, see water wars

 工业废物污染 industrial wastes polluting, 195-96, 199-203

 工业火灾 industrial, fires on, 200

 河流地貌学 fluvial geomorphology and, 276-77, 279-82, 284-86

 美国概览 of the United States, overview of, 9-14, 10, 19

 曲流 meanders of, see meanders

 渠道化 channelization of, 272-75, 292

 舍直取弯 re-meandered, 275-77, 279, 280-86, 289

 微生物生态系统 microbial ecosystems in, 171-72

 自净化 self-purification of, 172-74, 179-80, 186, 273

 见水，具体河流 see also water; specific rivers

河流 streams

 清除沙砾堤、障碍物和大石块 cleating gravel bars, snags, and boulders in, 261

 渠道化 channelization 272-75, 292

河流保护手册 Stream Conservation Handbook (Migel),275-76

河流地貌学 fluvial geomorphology, 259, 276-77, 279-82, 284-85

《河流法》 Law of the River, 133, 134

河流航运公司 river navigation companies 28-29, 33

河流恢复 river restoration

 consulting firms on, 283-86, 290

 河流恢复市场 stream restoration markets in, 292-98

 见舍直取弯，河流恢复 see also re-meandered rivers; stream restoration

 资金 funding of, 290

河流恢复 stream restoration, 258

 20世纪90年代 in the 1990s, 284-87

 范·克莱夫和卡茨基尔的钓客 by Van Cleef and Catskills fishermen, 261-63, 266, 267, 303

 哈布斯和密歇根学派 by Hubbs and the Michigan School, 266-71, 303

 零净损失政策 no net loss policy and, 292-94

 市场 markets, 292-98

 水坝拆除 dam removal as part of, 289

 通过CCC by the CCC, 269-70

 希尔维斯山谷牧场 at Silvies Valley Ranch, 300-5

 资金 funding of, 290

河流恢复的咨询公司 consulting firms in river

河流积分 stream credits, 293-98
河流中的有毒废物 toxic waste in rivers, 195-96
河流自净化 self-purification, river, 172-74, 179-80, 186, 273
河漫滩 floodplains
 财产保险 insurance for properties in, 93-94
 开发 development of, 91-92, 96
 作为环境走廊 as environmental corridors, 97
河漫滩管理 floodplain management, 94-97, 320n
洪水 floods
 1927 年 in 1927, 63, 79, 85, 90
 1933 年 in 1993, 90, 92, 94, 97-98
 2011 年 in 2011, 82, 83, 85-86
 溃堤 levee failures (1897-1938) and, 78-80, 83, 317n
 研究的联邦资金 federal funding of research on, 70
 在卡特里娜飓风中 in Hurricane Katrina, 98, 105-7
洪水保险 insurance, flood, 93-96, 109-10
洪水救灾 flood disaster relief, 92-96, 105-8
胡佛大坝 Hoover Dam, 134, 135, 138, 236, 241, 287
胡佛，赫伯特 Hoover, Herbert, 129, 131-32, 134
华盛顿纪念碑 Washington Monument, 80
华盛顿，乔治 Washington, George, 17-18, 19-22, 35, 37
华盛顿水电公司 Washington Water Power Company, 234
华盛顿特区 Washington, D. C., 11, 35, 80
《华盛顿邮报》Washington Post, 97
华盛顿州 Washington, 80, 146, 289
怀德，劳拉·英格尔斯 Wilder, Laura Ingalls, 123
怀俄明州 Wyoming, 125, 132, 134, 286
 比格霍恩盆地 Big Horn basin, 124
 格雷洛克工程 Grayrocks project in, 251-52
 河流恢复 stream restoration in, 270, 286
 水的州际冲突 interstate conflict over water, 131
 斯内克河的年轮 tree rings from Snake River in, 149
 温德河 Wind River in, 261
怀斯，艾里卡 Wise, Erika, 147-50, 152
怀特斯特金河 White Sturgeon River, 234
环境保护，见保护 environmental conservation, see conservation
环境保护局（EPA）Environmental Protection Agency (EPA), 190, 202, 205, 286
环境法规 environmental regulation, 247-54
 见《清洁水法》（1972）see also Clean Water Act (1972)
环境工程师 environmental engineers, 174-76
环境市场 environmental markets, 290-98
恢复系统公司 Restoration Systems, 293-97
霍华德，乔治 Howard, George, 293-97

霍乱疫情 cholera outbreak, 171

霍洛维兹，米尔顿 Horowitz, Milton, 226

I

Inter-Fluve, 284-87, 290

J

J. P. 摩根 J. P. Morgan, 211-14, 234

基西米河 Kissimmee River, 286

吉本斯诉奥格登 Ogden, Gibbons v., 39-42

吉本斯，托马斯 Gibbons, Thomas, 39-41

计算流量的年轮研究 tree-ring studies in calculating streamflow, 149-52

《寂静的春天》（卡森）Silent Spring (Carson), 279

加勒廷，艾伯特 Gallatin, Albert, 20-21

加勒廷河 Gallatin River, 21

加里森大坝 Garrison Dam, 88

加利福尼亚州 California, 125, 138

 《防洪法案》Flood Control Act and, 81

  互换利率 on interest rate swaps, 210

  产奶 milk produced by, 145

  堤防区 levee districts in, 109

  河流恢复 stream restoration in, 270, 286

  水的州际冲突 interstate conflicts over water, 128-31, 133-36, 151, 323n

  水市场 water market in, 142

  淘金 gold mining in, 121-23, 141

加利福尼亚州泥石流委员会 California Debris Commission, 317n

加利福尼亚州萨克拉门托 Sacramento, Calif., 11, 67

《加洛韦报告》"Galloway Report, The," 94-97, 320n

加洛韦，格里（将军），Gerry ("the General"), 89-91, 94-97

加拿大 Canada, 18

加利福尼亚州里弗赛德 Riverside, Calif., 210

加文斯点大坝 Gavins Point Dam, 88

杰斐逊地方行政区 Jefferson Parish, 104-105

杰斐逊郡 Jefferson County, Ala., 207-8, 210-14

杰斐逊，托马斯 Jefferson, Thomas, 18-19, 35, 37-38, 47, 160-61, 163

杰克逊，安德鲁 Jackson, Andrew, 109

杰伊，约翰 Jay, John, 26-27, 42, 313n

金斯顿 Kingston, N, Y.. 35

经济 economy, 29-30, 56, 70

 1837 年经济恐慌 Panic of 1837 and, 33-34, 53, 163, 165, 181, 182, 191

 1893 年经济恐慌 Panic of 1893 and, 182

 2008 年经济衰退 Great Economic Recession of 2008, 95, 213

 大萧条，见大萧条 Great Depression and, see Great Depression

 工业化 industrialization and, 224-29

 河流恢复市场 stream restoration markets and, 258, 292-98

 交换利率 interest rate swaps and, 207-14

 里根革命 Reagan Revolution and, 88, 203,

206-7

密西西比河流域 of Mississippi River basin, 48-49

水市场 water markets and, 142-47

税收，见税收 taxation and, see taxation

殖民 colonial, 221-22

自由市场的环境主义 free-market environmentalism and, 283-86, 290-98

"旧金山49人" "forty-niners," 67, 122

救灾 disaster relief 92-96, 105-8

锯木厂 sawmills, 221-222

军校 Military Academy, U. S., 35, 38

K

卡本顿大坝 Carbonton Dam, 296-98

卡茨基尔山脉 Catskill Mountains, 258, 270, 333n

卡哈巴河 Cahaba River, 206-7, 210

卡哈巴河协会 Cahaba River Society, 207

卡柳梅特河 Calumet River, 179

卡鲁克部落 Karuk Tribe, 117, 119, 120, 154

卡纳瓦河 Kanawha River, 80

卡森，蕾切尔 Carson, Rachel, 279

卡特，吉米 Carter, Jimmy, 253

卡特里娜飓风 Hurricane Katrina, 97-98, 105-7

卡特里娜飓风后打劫 looting after Hurricane Katrina 107-8

凯霍加河 Cuyahoga River, 196, 200-202, 290

堪萨斯和科罗拉多 Kansas v. Colorado, 127

堪萨斯河 Kansas River, 11, 90

堪萨斯市 Kansas City, Kans., 11

堪萨斯州 Kansas, 11, 79-80, 127-128, 153

坎贝尔，桑迪 Campbell, Sandy, 300

坎贝尔，斯考特 Campbell, Scott, 298-305

坎伯兰河 Cumberland River, 83

坎普溪 Camp Creek, 304

康迪特大坝 Condit Dam, 234

康科德河 Concord River, 220

康涅狄格河 Connecticut River, 80, 167

康沃利斯的围城战役 Cornwallis, Siege of, 35

科罗拉多河 Colorado River, 10, 244-45

美洲原住民部落的水产权 water rights of Native American tribes, 152-53

气候学梯度 climatological gradients spanned by, 9

水的州际冲突 interstate conflicts over water, 115, 125-35, 138-39, 144, 151

作为一个水市场 as a water market, 141

科罗拉多河调蓄工程 Colorado River Storage Project, 139

《科罗拉多河公约》 Colorado River Compact (1922), 132-35, 138-39, 144, 151

科罗拉多河流域 Colorado River basin, 125, 132, 150-51

科罗拉多河委员会 Colorado River Commission, 129-32

科罗拉多泉 Colorado Springs, Colo., 141-42

科罗拉多州立大学 Colorado State University, 259

科佩奇内，玛丽·乔 Kopechne, Mary Jo, 201

科斯，罗纳德 Coase, Ronald, 290-91

克拉马斯河 Klamath River, 115-20, 125, 127, 153-54

克拉马斯郡 Klamath County, Ore., 116

克拉马斯瀑布 Klamath Falls, 119

克莱门斯，塞缪尔，见马克·吐温 Clemens, Samuel, see Twain, Mark

克里斯托弗·帕森内奇号 Cbristopher Parsonage, 43-46, 55-56, 57

克林顿，比尔 Clinton, Bill, 90

克林顿政府 Clinton administration, 93

肯尼迪，泰德 Kennedy, Ted, 200-2

肯特 Kent, Ohio, 196-197

控股公司 holding companies, 233-35, 237-39, 241, 243

库恩斯，格雷格 Koonce, Greg, 283-85, 297-98

L

拉勒米河 Laramie River, 131, 251

拉姆，理查德 Lamm, Richard, 151

拉瑟，丹 Rather, Dan, 250

兰德尔堡 Fort Randall Dam, 88

兰德曼，唐尼 Randleman, Donnie, 43-46, 51, 55-57

劳伦斯 Lawrence 172

雷德河 Red River, 10, 92

李，罗伯特·E. Lee, Robert E., 38

里奥格兰德河 Rio Grande River, 10, 128

里根革命 Reagan Revolution, 88, 203, 206, 207

里根，罗纳德 Reagan, Ronald, 119, 207, 209, 292

里士满 Richmond, Va., 11, 57

里斯费里 Lee's Ferry, 125, 127 132, 133, 138, 150, 151, 322n

立法机关 Legislative branch, 40

　　见美国国会 See also congress u.s.

立法机关的角色 judicial branch, role of, 40

利奥波德，奥尔多 Leopold, Aldo, 279

利奥波德，卢纳 Leopold, Luna, 277-82, 284-86, 300

利连索尔，戴维 Lilienthal, David, 13, 236-46

利率互换 interest rate swaps, 207-14

利文斯顿，罗伯特 Livingston, Robert, 39

《联邦党人文集》（汉密尔顿、杰伊和麦迪逊）Federalist Papers (Hamilton, Jay, and Madison), 53

　　宪法 On the Constitution, 26-28, 42, 109

　　第 41 篇 No. 41 on armies, 36

　　第 11 篇 No. 11 on commerce, 27

　　第 51 篇 No. 51 on government, 111

　　第 78 篇 N0. 78 on judicial branch's role, 40

　　第 2 篇有关国家 No. 2 on nation as a union, 27, 58

　　税收 on taxation, 51-52

联邦公路管理局 Federal Highway Administration, 274

联邦紧急事务管理局 Federal Emergency Management Agency (FEMA), 92-93, 106, 107, 319n

联邦南方公司 Commonwealth & Southern Company, 236-37 241, 244

联邦能源 Federal Power Commission, 266

《联邦条例》Articles of Confederation, 21-23,108-9

联邦政府 federal government

 flood control and, 80-83, 87-88, 110, 317n

 TVA and, see Tennessee Valley Authority (TVA) tion, 274

 到19世纪30年代的债务 debt by the 1830s, 163-64

 堤防区 levee districts and, 66, 69

 河流恢复 stream restoration and, 265-66, 269-70, 290, 333n

 救灾 in disaster relief, 92-93, 95-96, 106-8

 密西西比河调查 Mississippi River survey and, 70

 渠道化资助 channelization funding by, 273-74

 税收使用 taxation, use of, 51-52

  税收 See also taxation

 宪法 Constitution and, 28, 65

 越权 overreach by, perceived, 119

 在大萧条时期 during the Great Depression, 53-54, 87, 298

  见大萧条 see also Great Depression

联邦制 federalism, 14, 65, 103

 1837年经济恐慌 Panic of 1837 and, 33-34

 采用 adaptability of, 108-10

 防洪 for flood control, 65-9, 74-77, 80, 86, 88, 108

 卡特里娜飓风 Hurricane Katrina and, 106-8

宪法 Constitution and, 28

林肯纪念堂 Lincoln Memorial, 80

林肯，亚伯拉罕 Lincoln, Abraham, 71

磷肥 phosphorus fertilizer, 203-4, 206

零净损失政策 no net loss policy, 292-94

刘易斯，梅里韦瑟 Lewis, Meriwether, 21

鲁日河 Rouge River, 200

路易斯安那购地案 Louisiana Purchase 13, 47, 138

路易斯安那州 Louisiana 66, 75, 79, 85, 107, 108, 195 见新奥尔良 See also new orleans, la

路易斯安那州野生动植物和渔业部门 105

《伦敦时报》London Times 164

伦斯勒理工学院 Rensselaer Polytechnic Institute 37

罗阿诺克河公司 Roanoke River Company, 29

《罗利新闻与观察家》Raleigh News & Observer, 96

罗马体育名人堂博物馆 Rome Sports Hall of Fame Museum, 23

罗切斯特 Rochester, N, Y., 31

罗斯福，富兰克林·德拉诺 Roosevelt, Franklin Delano, 53, 192, 214, 235, 239-42, 244

罗斯福，西奥多（泰迪）Roosevelt, Theodore ("Teddy"), 23, 136, 234-35, 265, 266

洛厄尔 Lowell, Mass., 220-22, 225-26, 230, 245

洛克菲勒，约翰·D. Rockefeller, John D., 196

洛杉矶河 Los Angeles River 266

索 引 | 279

M

马拉姆斯，汤姆 Mallams, Tom, 116-19, 153-54

马龙，帕特里克 Malone, Patrick, 225

马歇尔，约翰 Marshall, John, 40-41, 50, 52

马修，詹姆斯 Marshall, James, 121

麦迪逊，詹姆斯 Madison, James 22, 26, 36, 42, 111, 313n

麦克菲，约翰 McPhee, John, 287

麦克莱伦，乔治·B. McClellan, George B., 71

曼哈顿计划 Manhattan Project, 246-47

梅里马克河 Merrimack River, 12, 172, 220-24, 226, 254

梅里马克制造公司 Merrimack Manufacturing Company, 223, 224-25

美国 United States

    独立战争后与英国的敌对 post-Revolutionary War hostility between Britain and, 37

    工业化中的水坝 dams in industrialization of, 220-21, 223-29

    河流概览 overview of rivers in 9-14, 19

    人口密度 population density in, 12

    与墨西哥的谈判 Mexico's negotiations with 128, 323n

美国北方司令部 Northern Command, U, S., 107

美国地质调查局 U. S. Geological Survey, 83, 132, 278

美国独立战争 American revolution 34-35, 47, 160

美国国会 Congress, U. S.

    第十六修正案 Sixteenth Amendment and, 191

    《防洪法案》Flood Control Acts and, 80-81

    工程兵团 Corps of Engineers and, 41-42, 52, 54-55, 101

    科罗拉多河协定 Colorado River Compact and, 133-35

    密西西比河调查 Mississippi River survey and, 70

    《鸟粪岛法》U. S. Guano Act and, 204

    渠道化听证会 channelization hearing of, 274

    亚祖河回水工程 Yazoo Backwater Project and, 87-88

    伊利运河 Erie Canal and, 42

    中央亚利桑那工程 Central Arizona Project and, 135

美利坚河 American River 11, 121

美国军事学院 U. S. Military Academy, 35, 38

美国科学院 National Academy of Sciences, 266, 279-80

美国垦务局 U. S. Bufeau of Reclamation, 136-39, 236, 245, 266, 330n

美国林务局 Forest Service, U. S., 73, 122, 265, 266, 270, 299

美国陆军 Army U.S. 35-38, 106-7

美国陆军工程兵团 Army Corps of Engineers, U. S.

见工程兵团 see Corps of Engineers

美洲原住民 Native Americans, 115-20, 126-127, 152-54

蒙大拿 Montana, 53, 195, 234, 283, 285, 289, 295, 297

蒙大拿电力公司 Montana Power, 234

孟菲斯 Memphis, Tenn., 11, 45, 59, 66, 273

孟山都化学品公司 Monsanto Chemical Company 195

米德湖 Mead Lake, 151

米德，约翰·埃尔伍德 Mead, John Elwood, 323n

米勒，戴尔 Miller, Dale, 284

米勒，格兰特 Miller, Grant, 182

米勒，约翰 Miller, John 278

密苏里河 Missouri River, 11, 21, 49
 洪水 flood in 1993, 90, 94
 渠道化 channelization of, 275
 水坝 dams on, 53, 87-88

密苏里河流域 Missouri River basin 13, 47

密西西比电力公司 Mississippi Power, 241

密西西比防洪堤委员会 Mississippi Levee Board, 111
 2011年洪水 flood of 2011 and, 82, 85-86
 创立 creation of, 65-66
 面积 area protected by, 78
 职责 responsibilities of, 64-65, 68, 101, 104
 总部 headquarters of, 62-63

密西西比河 Mississippi River, 11, 18, 46-48
 防洪 flood control for, 13, 38, 60-62, 64, 81, 101, 318n
 洪水 flooding from, 78-79, 83, 85-86
 驾驶驳船拖船 piloting barge tows on, 44-46
 建设兵团在提高航运中的职责 Corps' role in improving navigation of 41, 52-53, 54, 55-56
 密西西比河上游 Upper, 53-54, 76, 83
 密西西比河下游 Lower, 44, 48, 54, 70, 72, 78, 83-84, 101, 272
 吐温 Twain on, 271
 蒸汽船船长 steamboat pilots on, 49-50

密西西比河调查 Mississippi River survey, 70-77, 81, 89, 95-96

密西西比河谷 Mississippi River Valley, levee districts of lower, 61, 68, 83-86

密西西比河流域 Mississippi River basin, 47-48, 60

《密西西比河上的生活》（吐温）Life on the Mississippi (Twain), 271

密西西比河委员会 Mississippi River Commission, 317n

密西西比州 Mississippi
 堤防区成立 levee districts in, formation of, 66
 格林维尔 Greenville, 45, 61-64, 103
 国民警卫队 National Guard, 107, 108
 洪水 flooding in 1927 in, 79, 90
 纳奇兹 Natchez, 11, 56-57
 水污染 water pollution in, 195
 维克斯堡 Vicksburg, 11, 45, 59, 60, 62, 66

亚祖河回水工程 Yazoo Backwater Project in, 86-88

密歇根大学 University of Michigan, 266-70, 275, 302, 332n

密歇根湖 Michigan Lake, 166-69, 171, 177-79, 183, 190

缅因州 Maine, 229

面粉厂 flour mills, 219, 221-22, 227-28

民间资源保护队（CCC）Civilian Conservation Corps (CCC), 193-94, 265, 269-70, 275, 286, 302

摩根，小 J. P. Morgan, J. P., Jr, 234

摩门教定居者 Mormon settlers, 124-25, 137, 322n

磨坊 gristmills, 221-23, 227, 232-33

莫霍克河 Mohawk River, 23-24, 31

莫农格希拉河 Monongahela River, 11, 17

墨西哥 Mexico, 10, 128, 132-33, 323n

墨西哥湾 Gulf of Mexico, 69, 98, 177, 178, 204-5

苜蓿市场 Alfalfa market 145-46

穆迪公司 Moody's, 208, 213, 214

N

NFIP（国家洪水保险计划）NFIP (National Flood Insurance Program), 94

NOAA（国家海洋和大气局）National Oceanic and Atmospheric Administration (NOAA), 196, 251

纳奇兹 Natchez, Miss., 11, 56-57

纳舒厄 Nashua, N. H., 226

纳瓦霍湖水库 Navajo Lake Reservoir, 138

南北战争 Civil War, 33, 53, 71, 76, 78, 196, 296

内华达 Nevada, 119, 125, 132, 134, 136

尼姆罗德，彼得 Nimrod, Peter, 63-64, 82, 85-87, 90, 103, 108

尼亚加拉河 Niagara River, 197-98

尼亚加拉瀑布 Niagara Falls, 198

年轮宽度计算流量 streamflow, tree-ring widths in calculating, 149-50

鸟粪 guano, 204

《鸟粪岛法》U. S. Guano Act, 204

纽斯河公司 Neuse River Company, 29

纽约 New York 19

　　1935年洪水 floods in 1935 in, 80

　　1936年《防洪法》Flood Control Act of 1936 and, 81

　　冰川侵蚀 glacial erosion in, 31

　　布法罗河火灾 Buffalo Rive fire in 200

　　鸟粪运输 guano shipments to, 204

　　伊利运河 Erie canal in (set Erie Canal)

　　蒸汽船交通垄断 monopoly on steamboat traffic, 39-41

《纽约时报》New York Times, 239

《纽约时报》New York Times Magazine, 244

纽约市 New York City 32, 48, 140, 171, 315n

纽约州奥尔巴尼 Albany N.Y. 23, 30, 32, 34, 57

纽约州高速公路 New York State Thruway, 24, 26

诺里斯大坝 Norris Dam, 246

P

PJN 交换网 PJN Interchange, 233

帕里什，肯特 Parrish, Kent, 60-62, 64, 82-83, 87, 108

拍卖利率证券 auction rate securities, 211, 212

排水区 drainage districts, 316n

派克水坝 Parker Dam, 138

叛乱 insurrection, 107-8

庞恰特雷恩湖 Pontchartrain Lake, 98-102

佩克堡大坝 Fort Peck Dam, 53, 87

喷水冒砂 sand boils 84-86

皮德蒙特 Piedmont, 10, 28, 30, 31

毗斯迦国家森林 Pisgah National Forest, 268

匹兹堡 Pittsburgh, Pa., 11, 78, 80

平肖，吉福特 Pinchot, Gifford, 265-66

普尔曼，乔治 Pullman, George, 170

普莱尔，约翰 Preyer, John, 293-97

普通债券 vanilla bonds, 210-11

瀑布线 Fall Line, 17-19, 31, 34, 49, 221

Q

气候变化 climate change, 149-52

浅滩 Riffles, 260-61, 264-65, 280, 285, 295, 297

"抢占土地的人" "Sooners," 122

切尔托夫，迈克尔 Chertoff, Michael, 106

切萨布鲁夫，埃利斯·西尔维斯特 Chesbrough, Ellis Sylvester, l61-62, 164, 166-69, 170-72, 175-77, 191

切萨皮克和俄亥俄运河 Chesapeake and Ohio Canal, 30, 70

切萨皮克湾 Chesapeake Bay, 22

《清洁空气法》（1970）Clean Air Act (1970), 202, 247, 250, 292

《清洁水法》（1972）Clean Water Act (1972), 194, 202, 230, 247, 272, 326n

 工程兵团的实施角色 Corps' role in implementation of 42

 杰斐逊郡 Jefferson County and, 210

 盲区 blind spot of 203

 违反公民能力诉讼 violations of citizens' ability to sue in, 207

曲流 meanders

 飞钓 fly-fishing and, 285

 去除 removing, 54, 68-69, 74, 76, 260-61, 271-72

 深度 depth of, 260

 问题 problems with, 260-61

渠道化 channelization, 272-75, 292

《权利法案》Bill of Rights, 313n

R

人口增长 population growth, 141, 165

S

萨凡纳 Savannah, Ga., 38

萨克拉门托河 Sacramento River 11, 79, 80-81, 115, 259, 318n

萨克拉门托河谷 Sacramento Valley 76

萨斯奎哈纳河 Susquehanna River, 12, 233

萨斯奎哈纳运河 Susquehanna Canal, 70

萨特磨坊 Sutter's Mill, Calif., 121, 122

塞奇威克，威廉 Sedgwick, William, 172-74, 179-80, 186, 191

三十年战争 Thirty Years' War, 126

《森林与河流》 Forest and Stream, 262

《沙郡年鉴》（利奥波德）Sand county Almanac, A (Leopold) 279

山艾树叛乱 Sagebrush rebellions 119

伤寒 typhoid, 171, 173

上帝委员会（濒危物种委员会）God Committee (Endangered Species Committee), 247, 251-52

舍直取弯的河流 re-meandered rivers, 275-77 279-286, 289

深潭-浅滩 pool-riffle sequence, 260-61, 280

生态系统恢复 ecosystem, restoration of, 300, 301-3, 305

圣胡安河 San Juan River, 138

圣华金河 San Joaquin River, 115

圣劳伦斯河 St. Lawrence river 18, 244-45

圣路易斯 St, Louis, Mo 11, 38, 66, 90, 179-80, 195, 203

湿地积分 wetland credits, 292-93, 297

《时代周刊》Time Magazine, 201

史塔林，威廉 Starling, William, 63

市政废物 municipal waste, 197-98, 203

市政债券 municipal bonds, 30, 162-65, 181-82, 193, 199, 207-14

市政债务市场 municipal debt markets, 210-14

受污染的水和疾病 contaminated water and disease, 171, 173

输水系统 water-carriage sewer system, 168-69, 174, 180, 205

树木年代学 dendrochronology, 147-52

衰退 depressions

    1837年经济恐慌 Panic of 1837 33-34, 53, 163, 165, 181-82, 191

    1893年经济恐慌 Panic of 1893, 182

    大萧条时期 Great Depression, see Great Depression

水 water

    冲突，见水战争 conflicts over, see water wars

    分配 dividing, 120

    污染和疾病 contaminated, disease and, 171, 173

    作为财产 as property, 120-21

水坝 dams

    拆除 removal of 287-89, 295-98

    定居者使用 settlers' use of, 12

    哥伦比亚河 on the Columbia River, 42

    河狸水坝 beaver 300-1

    建造 building of, 136, 138-39

    联邦 federal regulation of, 219

    美国工业化中 in U. S. industrialization, 220-21, 223-29

    密苏里河上 on the Missouri River, 53, 87-88

水坝和工业化 Industrialization, dams and, 220-21, 223-29

水产权市场 water rights markets, 142-47

水法 water law, 120-21

    东部 eastern, 121, 123

    西部 western, 122-24

水过滤 water filtration, 173-74

水库 reservoirs 69, 73-76, 81-83, 86, 138-39

水能 hydropower, 12, 82

    从哥伦比亚河大坝 from Columbia River dams, 9

    从胡佛大坝 from Hoover Dam, 138

    监管 regulation of, 219-20, 226-29, 329n

    建设水坝 construction of dams for, 42

    脱离使用 movement away from using, 230

    在美国工业化中 in u. s. industrialization, 220-21, 223-29

水污染 water pollution, 214

    肥料 from fertilizer, 203-6

    工业废物 from industrial waste, 195-96, 199-203

    河流自净化 river self-purification to justify, 174

    里根革命 Reagan Revolution and, 203

    联邦监管 federal regulations on, 202

    女性作为活动家 women as activists in battling, 196-200

    市政废物 from municipal waste, 197-98, 203

    "总量控制与交易""cap and trade" approach to reducing, 291

水战争 water wars

    克拉马斯河 over Klamath River, 115-20, 127, 153-54

    州的主权 states' sovereignty in, 124, 127, 153-54

    州际 interstate, 115, 125-35, 138-39, 144, 151

水资产管理（WAM）Water Asset Management (WAM) 140, 142-47

《水资源开发法》Water Resources Development Act (1986), 88

税收 taxation, 14

    财产 property, 183-84, 192, 193

    大萧条 Great Depression and, 192-93

    进口 of imports, 52, 160-61, 163

    《联邦党人文集》Federalist Papers on, 51-52, 160

    收入 income, 191, 193, 203, 207

私人化粪池系统 privy vault system, 166, 168, 180

斯库尔基河 Schuylkill River 71, 200

斯密，亚当 Smith, Adam, 258, 291, 298

斯内克河 Snake River, 149

《斯塔福法》(1988) Stafford Act (1988), 93

斯托克顿，查尔斯 Stockton, Charles, 150-51

所得税 income taxes, 191, 193, 203, 207

T

TEPCO, 243

TVA（田纳西河流域管理局）TVA, see Tennessee Valley Authority (TVA)

塔尔河公司 Tar River Company, 29

塔兹韦尔，克拉伦斯 Tarzwell, Clarence, 332n

泰利库大坝 Tellico Dam, 249-54,

汤普森，鲍比 Thompson, Bobby, 64, 86

汤普森，道格 Thompson, Doug, 259-60, 264-65, 268-69, 271, 297

汤普森，约翰 Thompson, John, 67

淘金 gold mining, 121-23, 141

特拉华河 Delaware River, 11

特拉华郡 Delaware County, Pa., 228

特洛伊 Troy, N, Y., 23-24, 31

田纳西电力能源公司 Tennessee Electric Power Company 241

田纳西河 Tennessee River, 12, 46, 49, 83, 244-45, 249

田纳西河流域管理局（TVA）Tennessee Valley Authority (TVA), 197, 239-47, 253-54
　　成立 founding of, 235, 240
　　后来的批评 later criticism of, 245
　　环境监管 environmental regulation and, 247, 249-54
　　利连索尔任局长 Lilienthal as director of, 13, 237, 239-46
　　设定利率 rates set by, 240-42, 330n
　　泰利库大坝 Tellico Dam and, 249-54, 331n
　　威尔逊大坝 Wilson Dam and, 235-36, 240-43, 246
　　最高法院裁决 Supreme Court decisions on, 243, 250

通行费 tolls, 30

通信行业 telephone industry, 238-39

土地征用权 eminent domain, rights of, 226-27, 229, 329n

土壤保持局 Soil Conservation Service, 272

吐温，马克 Twain, Mark, 51-53, 271

托伦顿 Trenton, N. J., 11

W

WAM（水资产管理）(Water Asset Management), 140, 142-47

瓦斯凯，文斯 Vasquez, Vince, 140, 142-47, 152

威尔基，温德尔 Willkie, Wendell, 236-37, 239, 241-44, 250, 330n

威尔明顿 Wilmington, Del., 228

威尔逊大坝 Wilson Dam, 235-36, 240-43, 246

威尔逊，伍德罗 Wilson, Woodrow, 65

威洛韦莫克俱乐部 Willowemoc Club, 263, 266, 302

威斯康星 Wisconsin, 145, 232, 234, 238-42, 279, 287-88

威斯康星电话公司 Wisconsin Telephone Company, 238

《威斯特伐利亚和约》Treaty of Westphalia, 126-27

微生物 microbes, 187-90

微生物生态 microbial ecology, 172

韦伯，沃特 Webb, Walter, 322n

维克斯堡 Vicksburg, Miss., 11, 45, 59, 60, 62, 66

温德河 Wind River, 261

翁达杰，迈克尔 Ondaatje, Michael, 277

蜗牛镖鲈 snail darters, 248-53

沃尔曼，阿贝尔 Wolman, Abel, 279-80

沃尔曼，戈登（"阿红"）Wolman, Gordon ("Reds"), 278-82, 284-86, 300

沃萨奇山脉 Wasatch Mountains, 124

乌尔巴尼，乔 Urbani, Joe 284

污染 pollution, water, see water pollution

污水 sewage

    对倾倒前的处理的争论 debate over treatment before disposal of, 174-76

    由一个典型的新英格兰工厂村制造 produced by a typical New England mill village, 167

    芝加哥 in Chicago, 166-67, 170-71, 177-80

污水处理厂 wastewater treatment plants

    达勒姆 in Durham, N. C., 185-86, 188-91, 193-94, 205-6

    到1900年的数量 number of, by 1990, 202-3

    杰斐逊郡使用交换 Jefferson County's use of swaps to finance, 207-8, 210-14

    联邦资金 federal funding for, 202

    现代 modern, 186-90

污水处理厂操作员 wastewater treatment plant operators, 185

无名支流1号 Unnamed Tributary 1, 257

五大湖 Great Lakes, 18, 34, 164, 166, 177, 290-91

X

西班牙 Spain, 18, 36, 47

西北电力公司 Northwestern Electric Company, 234

西点军校 West Point, 35, 37-38, 72, 89, 90, 97

西弗吉尼亚 West Virginia, 80

希尔曼，利夫 Hillman, Leaf, 117-20, 127, 154

希尔斯伯勒 Hillsborough, N. C., 257-258

希尔维斯山谷牧场 Silvies Valley Ranch, 299, 301-4

希拉河 Gila River, 323n

锡尔弗博溪 Silver Bow Creek, 283, 286, 289

锡拉丘兹 Syracuse, N.Y., 31-32

系统性的道路清洁工程 street-cleaning programs, systematic, 197

下水道 sanitary sewers, 168, 176

下水道系统 sewer systems, 214-15

    杰斐逊郡利用交换提供资金 Jefferson County's use of swaps to finance, 207-8, 210-14

    水运输 water-carriage, 168-69, 174, 180, 205

    芝加哥 in Chicago, 166, 168-69, 171, 174, 177, 180-81

宪法 Constitution, U. S., 23

    筹划者 framers of, 26, 57, 65, 108-9

    军队 on armies, 35-36

    理解水冲突 in understanding water conflicts, 120

    《联邦党人文集》Federalist Papers on, 26-28, 42, 109

    贸易条款 commerce clause of, 40-41

    司法机关的解释角色 judiciary in

interpreting, role of, 40
橡树岭 Oak Ridge, Tenn., 246
小布什政府 Bush Jr. Administration, 93, 107, 319n
小田纳西河 Little Tennessee River, 248-49
谢尔曼，威廉·特库姆塞 Sherman, William Tecumseh, 296
新奥尔良 New Orleans, La., 11, 44, 48, 57, 58, 70, 97-99, 315n
 防洪基础设施 flood control infrastructure of, 60, 69, 97, 99-105
 卡特里娜飓风 Hurricane Katrina and, 98, 105-7
 在法国控制下 under French control, 47
 在西班牙控制下 under Spanish control, 18, 47
新罕布什尔州 New Hampshire, 29, 223, 226
新墨西哥州 New Mexico, 125, 131-32, 134, 140, 278
新泽西州 New Jersey, 39-41, 44, 195, 233
新政 New Deal, 53-54, 82, 192-94, 202, 241-43

Y

雅各比，戈登 Jacoby, Gordon, 150-51
亚拉巴马 Alabama 115, 206-8, 210-14, 235-36, 240-43
亚拉巴马电力和光公司 Alabama power and light 236-37, 240-43
亚拉巴马河 Alabama river 206
亚利桑那大学 University 150
亚利桑那州 Arizona 138
 首蓿市场 Alfalfa market in 145-46
 水的州际冲突 Interstate conflict over water 125-26, 130-31, 134-35
 水市场 Water market in 142
 中央亚利桑那工程 Central Arizona project of 135-36, 142-44, 151
亚祖河回水工程 Yazoo Backwater Project, 86-88
堰 weirs, 263, 267, 271, 284, 300-2
伊利湖 Erie Lake, 32, 196, 197-99
伊利湖流域委员会 Lake Erie Basin Committee, 198
伊利诺伊河 Illinois River, 49, 76, 166, 167, 179, 180, 275
伊利诺伊州 Illinois
 堤防区 levee districts in, 67-68, 109, 316n
 渠道化 channelization in, 272
 运河建设的债务 debt from canal building, 164
 见芝加哥 see also chicago
伊利运河 Erie Canal, 24, 30-32, 34, 41-42, 48
 成功 success of, 31-32, 163
 尺寸 dimensions of, 49
 交通 traffic on, 32-33
 交通类型 types of transport on, 32, 314n
 路线 route, 23-25, 30-31, 34
 完工 completion of, 32
 现代 modern, 23-26, 34
 资金 financing of, 34, 162-63

伊利运河村博物馆 Erie Canal Village Museum, 23, 34

伊提纳，戴维 Etnier, David, 248-49

移民 immigrants, 10-11, 32

英国 England, 121, 227, 231

英国 Great Britain, 34-37 121, 164, 227, 231

《英国病人》English Patient, Tbe (Ondaatje), 277

优先占用原则 Appropriation doctrine 123-24, 141

尤蒂卡 Utica, N. Y., 31

犹他州 Utah, 119, 124, 125, 132, 134, 137

犹太复国主义者 Zionists, 126

鱼类 fish

    渠道化的影响 impacts of channelization on, 274-75

    蜗牛镖鲈 snail darters, 248-53

    见鳟鱼生活的河流 see also trout streams

渔业研究所 Institute for Fisheries Research, 266-70, 275

《与荒野同行》（麦克菲）Encounters witb tbe Arcbdruid (Mcphee), 287

雨水管 storm sewers, 168, 176

约克敦 Yorktown, Va., 35

运河 canals. 29-30, 33, 41, 163-64

运河公司 canal companies 28-29, 33, 163-64

Z

詹姆斯和卡诺瓦运河公司 James and Kanawha Canal Company, 71

詹姆斯河 James River, 11, 30, 57, 80

沼泽 swamplands, 75

《沼泽地法》Swamp Land Acts, 75

蒸汽船 steamboats, 38-42, 48-51, 261

蒸汽船船长 steamboat pilots, profession of, 49-50

证券交易委员会 Securities and Exchange Commission (SEC) 214

政府监管 regulation, government, 219-20, 253, 286

    电力公司 of power companies, 226-29, 232-35, 238-42, 247, 249-54, 330n

    工厂 of mills, 222-23, 232-33

    控股公司 of holding companies, 234-35, 238-39

《政治经济学杂志》Journal of Political Economy, 71

芝加哥 Chicago, Ill.

    1871 年大火 Great Fire of 1871, 78

    19 世纪中期的快速发展 rapid growth in mid-nineteenth century, 165-66

    大萧条 Great Depression and, 193

    工厂转变成使用电力 factories' shift to electric power in, 232

    切萨布鲁夫的方法 Chesbrough's approach to issuer of, 1667-71, 175-77

    水道设备 waterworks, 166-71, 177-82

    卫生区 Sanitary District of, 182-84, 214

芝加哥大火 Great Chicago Fire of 1871, 79

芝加哥的废物管理 waste management in Chicago, 166, 168, 170-71, 177-79

芝加哥河 Chicago River, 167-69, 171, 177-80,

193, 325n

芝加哥卫生和航行运河 Chicago Sanitary and Ship Canal, 178-79

芝加哥卫生区 Sanitary District of Chicago, 182-84, 214

制宪会议 Constitutional Convention, 22-23, 26, 40, 322n

制造业中的蒸汽能 steam power in manufacturing, 230-31

中央亚利桑那工程（CAP）Central Arizona Project（CAP）, 135-36, 142-44, 151

州际贸易 commerce, interstate, 22-23, 26-28, 39-42

州政府 state govetnments

 电力公司的监管 power companies, regulation of, 226-29, 232-33

 对联邦政府资金的依赖 dependency on federal government funds, 203

 防洪 flood control by, 65-69, 74, 76-77, 80, 86, 88, 95, 97

 工厂的监管 mills, regulation of, 222-23

 救灾 disaster relief and, 93, 96

 水战争中的主权 sovereignty in water wars, 124, 127, 153-54

 宪法 Constitution and, 28

 运河和河流航运公司 canal and river navigation companies and, 28-30

 债务 debt, 33-34, 163-64

 资产收入作为财政策略 asset incomes as fiscal strategy for, 162-63

"主教小屋" Bishop's Lodge 131-32

主权 sovereignty, 120, 124, 126-30, 152-54

住房和城市发展部（HUD）Housing and Urban Development (HUD), 94

自然保护协会 The Nature Conservancy, 263

自由市场环保主义 free-market environmentalism, 290-98

总量控制与交易 cap and trade appproach, 291, 293

最高法院 Supreme Court

 TVA on TVA, 243, 250-51

 《博尔德峡谷工程法案》on Boulder Canyon Project Act, 136, 323n

 吉本斯诉奥格登案 on Gibbons v. Ogden, 40-42

 堪萨斯州和科罗拉多州 on Kansas v. Colorado, 127

 拉勒米河的州际冲突 on interstate conflict over Laramie River, 131

 美洲原住民部落的水产权 on water rights of Native American tribes, 152-54

鳟鱼生活的河流 trout streams, 259

 卡茨基尔钓客的恢复 Catskills fishermen's restoration of, 261-63, 266-67, 303

 坎贝尔的恢复 Campbell's restoration of, 300-5

 密歇根学派的恢复 Michigan School's restoration of, 266-69, 303

 咨询公司的恢复 consulting firms' restoration of, 286

 鳟鱼数量下降 decrease in trout in, 258, 261

佐治亚电力公司 Georgia Power, 241

著作权合同登记号 图字：01-2019-6427

图书在版编目（CIP）数据

大河与大国 /（美）马丁·道尔著；刘小鸥译. —北京：北京大学出版社，2021.1

ISBN 978-7-301-31697-9

Ⅰ.①大… Ⅱ.①马… ②刘… Ⅲ.①流域经济 – 经济史 – 美国 Ⅳ.①F171.29

中国版本图书馆CIP数据核字（2020）第188184号

Copyright © 2018 by Martin Doyle
This edition arranged with C. Fletcher & Company, LLC through Andrew Nurnberg Associates International Limited
Simplified Chinese edition © 2020 Peking University Press

书 名	大河与大国 DAHE YU DAGUO
著作责任者	〔美〕马丁·道尔（Martin Doyle）著　刘小鸥 译
责任编辑	王立刚
标准书号	ISBN 978-7-301-31697-9
出版发行	北京大学出版社
地　　址	北京市海淀区成府路205号　100871
网　　址	http://www.pup.cn　　新浪微博：@北京大学出版社
电子信箱	sofabook@163.com
电　　话	邮购部 010-62752015　发行部 010-62750672　编辑部 010-62755217
印 刷 者	北京中科印刷有限公司
经 销 者	新华书店
	880毫米×1230毫米　16开本　18.75印张　300千字 2021年1月第1版　2021年1月第1次印刷
定　　价	89.00元

未经许可，不得以任何方式复制或抄袭本书之部分或全部内容。
版权所有，侵权必究
举报电话：010-62752024　电子信箱：fd@pup.pku.edu.cn
图书如有印装质量问题，请与出版部联系，电话：010-62756370